COLLECTION MICHEL LÉVY
— 1 franc le volume —
1 franc 25 centimes à l'étranger

ALEXANDRE DUMAS FILS

LA BOITE
D'ARGENT

UN PAQUET DE LETTRES — LE PRIX DE PIGEONS
LE PENDU DE LA PIROCHE — CE QUE L'ON VOIT TOUS LES JOURS
CÉSARINE

NOUVELLE ÉDITION

PARIS
MICHEL LÉVY FRÈRES, LIBRAIRES-ÉDITEURS
RUE VIVIENNE, 2 BIS

—

1858

LA

BOITE D'ARGENT

Paris. — Imprimerie A. Wittersheim, 8, rue Montmorency.

LA
BOITE D'ARGENT

UN PAQUET DE LETTRES

LE PRIX DE PIGEONS — LE PENDU DE LA PIROCHE

CE QUE L'ON VOIT TOUS LES JOURS

CÉSARINE

PAR

ALEXANDRE DUMAS FILS

PARIS

MICHEL LÉVY FRÈRES, LIBRAIRES-ÉDITEURS

RUE VIVIENNE, 2 BIS.

—

1858

LA BOITE D'ARGENT

CONTE FANTASTIQUE

On peut voir, à six lieues de Paris, sur la route du Nord, un château ravissant, construction de Louis XIII, ce qui dit murs de briques, tourelles aux angles, aux toits d'ardoises allongés en forme d'éteignoir et surmontés de bouquets de fleurs en fer ciselé d'un goût très-heureux. Ce château, qui a commencé par être un couvent, a tout le confortable que certaines communautés monacales savaient donner, bien avant l'influence anglaise, à ce qu'elles appelaient leur humble retraite, si bien que le premier acquéreur de ce bâtiment n'a pas eu beaucoup de peine à en faire une des plus agréables résidences qui se puissent imaginer. Les cellules du premier étage sont devenues de belles chambres d'amis ; l'escalier de pierre à rampe sculptée s'est simplement réchauffé d'un tapis, et les réfectoires et parloirs du rez-de-chaussée se sont aisément transformés en salon, salle de billard et salle à manger. Quant aux cuisines, elles étaient dans des conditions telles qu'elles ne pouvaient

1

que perdre aux modifications : aussi les a-t-on respectées
comme elles le méritaient. J'ignore si les premiers hôtes de
cette demeure étaient hospitaliers, mais s'ils ont laissé un
arriéré de ce côté-là, le propriétaire actuel l'a liquidé depuis
longtemps, car il est impossible d'inviter avec plus de
goût, de noblesse et d'affabilité. Malheureusement ce n'est
pas, comme je le voudrais, du châtelain actuel que j'aurai
à vous entretenir ; sa modestie me fait un devoir de taire
tout ce que je pense et tout ce que j'ai vu, mais je puis vous
raconter une histoire dont une partie s'est passée dans cette
maison, du temps du propriétaire antérieur.

Un jour d'un des mois de septembre qui se sont écoulés
depuis cinquante ans (inutile, comme vous le verrez, d'as-
signer une date précise à une histoire du genre de celle
que vous allez lire), plusieurs personnes étaient réunies
au salon de ce château : une dame de quarante-cinq ans
environ, veuve, mais supportant assez philosophiquement
le veuvage, grâce à une grande fortune et à de nombreux
amis, ayant été belle, étant encore bien, marquise pardessus le marché, voilà pour cette dame, qui n'était autre que
la châtelaine. A côté d'elle, une jeune femme, la baronne
d'Ange ; un joli nom, n'est-ce pas ? et une jolie personne,
je vous en réponds. Cependant, ne comptez pas sur une
description de beauté, palette connue, invariable, qui
donne le blanc, le bleu, le rose pour premiers tons, et pour
comparaisons l'azur du ciel, la perle des mers, l'or des
blés, l'éclat de la neige, le noir comme l'ébène et le blanc
comme le lis. Aimez-vous les brunes ? Eh bien, représen-
tez-vous votre idéal de brun dans une jeune femme. Pré-
férez-vous les blondes ? A votre aise ! je vous dirai que ma

baronne était blonde. Vous voyez que je suis conciliant. C'est que je tiens avant tout à ce qu'elle vous plaise, d'autant plus que je ne sais vraiment pas si elle était blonde ou brune. Du reste, peu importe. La grâce peut être blonde ou brune, le charme brun ou blond, et la baronne était la grâce et le charme incarnés. Où est son mari? Où est son amant? me direz-vous, car, pauvres historiens du cœur que nous sommes, dès que nous mettons une jeune et jolie femme en scène, tout de suite il nous faut dire qu'elle aime et qui elle aime, comment, pourquoi, et de là entrer dans les différentes péripéties de l'amour, jusqu'à ce que nous la laissions heureuse ou morte dans la dernière ligne de notre livre. Eh bien! soyez désappointés. La baronne n'a ni mari ni amant, et j'ajouterai qu'elle ne se sent pas plus de goût pour l'un que pour l'autre. Cependant, elle ne répond pas de l'avenir. En attendant, elle est veuve comme la marquise.

Il y a encore trois autres personnages dans le salon : un médecin de trente-cinq ans à peu près, du nom de Claudin, un vieux général du nom de Saint-Brun, et un riche banquier qu'au dix-huitième siècle j'eusse été forcé d'appeler Mondor, mais dont le nom véritable était Carillac.

Je crois, moi, que le général voudrait épouser la marquise, que le banquier voudrait épouser la baronne, et que le médecin, si cela arrivait, voudrait soigner la femme du banquier ; mais ceci ne nous regarde pas.

— Messieurs, le temps est superbe, disait la marquise ; vous ferez une belle chasse demain.

— Qui attendez-vous encore? demanda M. Claudin.

— M. de Montidy.

— Charmant jeune homme, fit le général.

— Qui devrait être ici depuis une bonne heure, ajouta Mᵐᵉ d'Ange, car voici que cinq heures vont sonner.

— C'est étonnant, il n'est jamais en retard. Pourvu qu'il ne lui soit rien arrivé.

— Comment vient-il?

— Toujours à cheval.

— Il n'y a pas de danger, la route est superbe.

— Et il est fort bon cavalier.

— Il aura été retenu par quelque affaire.

— Voulez-vous que nous fassions une promenade en l'attendant?

— Oui, certes.

— Joseph, dit la marquise à un domestique en mettant le pied sur le sable fin de la grande allée de son parc, si M. de Montidy vient, vous lui direz que nous sommes du côté de la faisanderie.

Les promeneurs s'éloignèrent en deux groupes. Ils étaient de retour à six heures et demie. Pas de M. de Montidy.

On commença à s'inquiéter. A sept heures, rien encore.

— Il ne viendra pas aujourd'hui, dit la marquise.

On venait de s'asseoir à table, car on dînait à sept heures au château, quand un laquais ouvrit la porte de la salle à manger et annonça :

— M. Julien de Montidy.

— Ah! c'est bien heureux, s'écria la baronne, et vous arrivez à temps!

M. de Montidy serra la main que la marquise lui tendait, baisa celle de Mᵐᵉ d'Ange, dit familièrement bonjour au docteur, s'inclina respectueusement devant le général et salua le banquier, qu'il ne connaissait pas ; puis il vint s'asseoir à la place qui l'attendait.

M. de Montidy était un jeune homme assez élégant, assez riche, assez beau, assez bon.

— Maintenant expliquez un peu comment il se fait que vous soyez en retard de trois heures, lui demanda la marquise.

— Oh ! ce n'est pas de ma faute. Regardez-moi.

— Le fait est que vous êtes un peu pâle.

— C'est mon excuse.

— Vous avez été malade?

— Non, pas tout à fait.

— Qu'est-il donc arrivé?

— Peu s'en est fallu que je ne vinsse ni aujourd'hui ni jamais.

— Expliquez-vous.

— Après dîner. Je ne veux couper l'appétit de personne.

— C'est donc bien dramatique ?

— Oui.

— Soit ; mais si l'excuse n'est pas bonne, nous n'en serons que plus sévères.

On dîna gaiement comme on dîne entre amis, à la campagne, et, le dîner achevé, on passa de nouveau dans le salon.

— Voyons l'excuse, dit la marquise.

— Que supposiez-vous en ne me voyant pas venir?

— Que vous l'aviez oublié, fit la baronne.

— Ceci est invraisemblable.

— Qu'il vous était arrivé un accident.

— A la bonne heure !

— Serait-ce vrai ?

— Vous brûlez, comme on dit aux jeux innocents.

— Mais le danger est passé ?

— Oui.

— Allons, on vous écoute.

— Avez-vous jamais vu quelqu'un tomber d'un quatrième étage ?

— Jamais, heureusement.

— Eh bien ! j'ai vu cela, moi, aujourd'hui.

— Où donc ?

— Rue Saint-Honoré.

— Ah ! mon Dieu ! un homme ou une femme ?

— Une femme.

— Jeune ?

— De vingt ans.

— La pauvre créature ! Est-ce un accident ou un suicide ?

— Un suicide.

— Elle est tombée près de vous ?

— Un pas de plus, j'étais dessous. Elle est tombée à mes pieds.

— C'est affreux !

— Je vous en réponds !

— Elle s'est tuée ?

— Sur le coup.

— Et sait-on pourquoi elle s'est jetée par la fenêtre ?

— Non. On faisait toutes sortes de commentaires autour de ce pauvre corps, mais vous comprenez bien que je ne me suis pas amusé à les entendre.

— C'est en venant que vous avez vu cela ?

— Non. Je rentrais chez moi prendre mon cheval pour

venir ici. J'étais avec un de mes amis. Nous marchions assez vite. Tout à coup une chose tombe devant nous avec un grand bruit et un cri déchirant. C'était une femme. On s'empressa autour d'elle. Quant à moi, je n'en eus pas la force, je me sentis évanouir, je fus forcé de m'appuyer au mur pour ne pas tomber et je me détournai pour ne pas voir. J'avais un tremblement nerveux, et de retour chez moi, je suis resté deux heures à étouffer.

— Et votre ami?

— Oh! mon ami était bien calme, lui!

— Comment, bien calme? Ce qu'il a vu là ne lui a rien fait?

— Rien du tout.

— C'est impossible!

— C'est comme je vous le dis. Mais il est ainsi fait, rien ne l'émeut. C'est lui qui a ramassé le cadavre. Tandis que les uns fuyaient, que les autres accouraient curieux, mais inutiles, que les femmes criaient, que personne n'osait toucher à cette malheureuse femme, et que moi, je buvais un verre d'eau pour me remettre, lui se baissait tranquillement, relevait ce corps tout brisé, le prenait dans ses bras, sur lesquels ruisselait le sang, et le déposait dans une boutique, en disant: Si elle en revient, elle aura du bonheur. Puis, il m'a rejoint, et comme si rien ne s'était passé, il a continué de me narrer une aventure qu'il me racontait quand l'événement a eu lieu. Il n'avait même pas changé de couleur.

— Il y a des hommes comme cela!

— Il n'y en a qu'un, je crois; et j'ai mis la main dessus, à ce qu'il paraît.

— Et vous l'appelez votre ami?

— Pourquoi pas?

— Mais cet homme est indigne d'amitié!

— Mais il n'a pas de cœur!

— Quel âge a-t-il?

— Il a mon âge.

— C'est le bourreau!

— Je ne crois pas.

— Que lui avez-vous dit, vous?

— Rien. Je l'ai toujours vu aussi tranquille dans des circonstances où tout le monde était ému.

— C'est là une nature effroyable.

— Et il a vingt-deux ans?

— Oui.

— C'est impossible!

— Nous sommes rentrés chez moi. Il s'est fait servir à déjeuner, et il a mangé du plus parfait appétit.

— C'est un franc-maçon!

Julien se mit à rire.

— Enfin, reprit-il, voilà ce qu'il a fait, tandis que moi je ne pouvais plus me tenir sur mes jambes, et je me crois aussi brave que qui que ce soit.

— Aussi n'est-ce pas une preuve de courage qu'il a donnée, dit M. de Saint-Brun, qui se connaissait en courage.

— C'est une preuve d'insensibilité dont moi je serais incapable, quoique médecin, dit M. Claudin.

— Et j'affirme, moi, qu'il y aurait moyen d'émouvoir cet insensible, ajouta M. Carillac, qui parlait comme un homme qui croit qu'il y a de l'or dans ses paroles.

Il y a des émotions auxquelles on n'échappe pas, continua Mme d'Ange. Votre ami s'amuse de vous; c'est ce qu'on appelle un poseur, en termes communs.

— C'est possible, reprit Julien, mais alors c'est bien joué.

— Je parierais bien l'émouvoir, ce monsieur.

— Je ne crois pas.

— Est-il riche? demanda le financier.

— Non.

— S'est-il battu? interrogea le militaire.

— Jamais.

— A-t-il aimé? dit à son tour la jeune femme.

— Personne.

— C'est un enfant, reprit le richard; je demande deux heures pour le mettre hors de lui.

— Et moi, cinq minutes pour le faire évanouir.

— Et moi deux mots pour le faire pleurer.

— Eh bien! fit Julien, il y a une chose à faire.

— Laquelle?

— Si madame la marquise le permet, je vais lui écrire de venir chasser avec nous.

— Oui, je vous le permets. Eh bien?

— Eh bien! chacun fera une épreuve sur lui, et s'il est ému un instant, si son cœur bat une fois, je perds le pari. Est-ce convenu?

— Vous ne le préviendrez de rien?

— De rien.

— Chacun fera son épreuve comme il l'entendra?

— Bien entendu.

— Mais acceptera-t-il l'invitation?

— Il n'a rien à faire.

— Et il viendra?

— Dès demain.

— Soit !

Julien prit une plume et écrivit aussitôt à son ami. Il remit la lettre à un domestique, chargé de la porter le soir même, afin que le jeune homme pût être à la campagne le lendemain à midi.

On passa le reste de la soirée à questionner Julien sur cet étrange personnage.

— Est-il beau ? Est-il petit ? Est-il grand ? Est-il brun ? Est-il blond ? Est-il pâle ?

Questions auxquelles Julien se contentait de répondre :

— Je ne veux rien dire. Vous verrez.

Chacun put donc à son aise se figurer comme il l'entendait celui qui faisait la préoccupation générale, et d'après les suppositions qu'on se communiqua, il fut à peu près convenu qu'il devait être grand, mince, pâle, vêtu de noir, avec des yeux brillants, des dents blanches, des cheveux longs rejetés en arrière, et une démarche fantastique propre aux créatures d'Hoffmann.

Le lendemain à midi tout le monde était réuni au salon, et l'on attendait curieusement, quand un domestique ouvrit la porte et annonça :

— Monsieur le chevalier d'Ilo.

A cette époque-là, il y avait encore des chevaliers.

Tous les yeux se tournèrent vers la porte et l'on vit entrer un jeune homme de taille moyenne, blond, souriant, joufflu, et dont l'œil bleu, limpide, ouvert, accompagna d'un regard plein de douceur et de grâce le salut qu'il fit en entrant. Petits pieds, jolies mains, dents blanches, lèvres vermeilles, air de santé, teint rose, costume élégant, barbe à peine naissante, tout faisait du chevalier un être sympathique au premier abord. Il avait l'aspect d'un garçon bien nourri, d'un Apollon grassouillet, sans conséquence et bon à embrasser. C'était le vivant démenti de l'âme qu'on lui supposait. On se regarda avec étonnement; quelques sourires dédaigneux s'échangèrent et la conviction universelle fut que M. de Montidy s'était moqué de tout le monde. Julien à qui l'effet inattendu que produisait son ami ne pouvait échapper, se leva, vint au-devant de lui, et l'amena vers la marquise, à qui il dit :

— Permettez-moi, madame, de vous présenter un de mes bons amis, M. le chevalier d'Ilo, qui pourra vous dire que mon retard d'hier a été complétement indépendant de ma volonté.

— C'est vrai, madame, fit le chevalier, et Julien mérite toute indulgence, surtout s'il veut bien en réclamer un peu pour moi, qui n'ai d'autre titre que son amitié à la gracieuse invitation que vous avez bien voulu me faire.

— C'en est un suffisant, monsieur, auquel, il faut vous l'avouer, se joignait une certaine curiosité.

Et en même temps la marquise, se faisant l'écho du désir de tous en abordant franchement la question, faisait signe au chevalier de s'asseoir, ce que celui-ci faisait avec une habitude parfaite du monde le plus scrupuleux.

Madame d'Ange ne le quittait pas des yeux. Quant au chevalier, il ne se doutait pas de l'intérêt qu'il excitait.

— Oui, reprit la marquise, M. Julien nous a raconté l'événement auquel vous avez assisté avec lui, et nous étions tous curieux d'en apprendre la suite.

—Mon Dieu, madame, je l'ignore complétement ; mais elle ne peut pas être bien intéressante, puisque la jeune fille était morte.

— Et c'est vous qui l'avez relevée, monsieur?

— Oui, madame, répondit M. d'Ilo du ton le plus naturel.

— Elle avait le crâne brisé ?

—Entièrement ouvert, et la cervelle s'en répandait comme l'eau d'un vase.

— Pardonnez-moi, fit la marquise en pâlissant malgré elle devant cette tranquille comparaison, pardonnez-moi si, dès votre arrivée, je vous entretiens de ce fait; mais depuis hier au soir, il n'est pas question d'autre chose ici et du sang-froid que vous avez eu le bonheur de conserver et qui est si peu en rapport avec votre âge.

— Oui, madame, heureusement, j'ai assez de sang-froid.

—Mais la véritable raison pour laquelle vous êtes ici, monsieur, c'est que nous aimons tous M. de Montidy, qu'il vous aime et que ses amis sont les nôtres. Vous nous donnerez autant de temps que lui, n'est-ce pas?

— Disposez de moi, madame.

— C'est bien. Vous êtes chasseur?

— Un peu.

Julien présenta personnellement son ami aux autres personnes qui se trouvaient là, et dix minutes après son entrée dans le salon, M. d'Ilo y avait l'aisance d'un ancien familier.

La journée était belle. On commença la promenade dans le parc.

La chasse était pour le lendemain.

Pendant cette promenade, on laissa M. d'Ilo causer avec

le médecin et le général. Le banquier et la jeune dame que nous connaissons, prenant la marquise et Julien à part, leur dirent :

— Il s'agit d'un pari ; tous les moyens sont autorisés ?

— Tous.

— A une condition, objecta la marquise, c'est que, les épreuves faites, que M. d'Ilo succombe ou non, on lui dira la vérité, et, s'il y a lieu, on lui fera les excuses qu'on lui devra.

— C'est bien convenu.

— Est-ce que vous vous le figuriez tel qu'il est, marquise ?

— Certes, non.

— Et vous tenez toujours le pari, Julien ?

— Je le double, si vous voulez.

La marquise, Julien et les trois autres personnes rejoignirent le chevalier et le médecin.

Madame d'Ange l'aborda franchement.

— De quoi causez-vous là, docteur, avec monsieur le chevalier ? demanda-t-elle.

— De l'âme, répondit M. d'Ilo.

— Y croyez-vous, monsieur ?

— Oui, madame, surtout quand je vois une personne dont la beauté ne serait rien si l'âme ne s'épanouissait sur elle comme un parfum.

— Voilà de la poésie, Dieu me pardonne.

— Du sentiment tout au plus.

— Et sans doute, monsieur le chevalier, il y a quelque part une âme qui vous inspire plus que les autres ?

— Non, madame.

— N'aimeriez-vous rien, ni personne?

Le chevalier regarda madame d'Ange sans lui répondre.

— Pourquoi me regardez-vous ainsi ?

— C'est votre question qui m'étonne, madame.

— En quoi ?

— En ce qu'elle me demande une confidence sérieuse qu'en vous faisant je ne ferais qu'à de la curiosité et non à de l'intérêt, puisqu'il n'y a que dix minutes que j'ai l'honneur de vous connaître.

Madame d'Ange rougit un peu.

— Comment, reprit-elle, quelque chose vous étonne, monsieur ?

— Pourquoi pas, madame ?

— Je croyais que rien ne pouvait plus avoir d'effet sur vous.

— Et qui a dit cela, grand Dieu !

— Je le supposais, d'après ce que j'ai entendu raconter de vous, d'après cette aventure d'hier, devant laquelle vous êtes resté si impassible.

— Quoi d'étonnant à cette impassibilité?

— C'est pourtant assez émouvant de voir une femme se briser la tête sur le pavé.

— Devant un accident arrivant à une personne que l'on ne connaît pas du tout, il y a deux choses à faire : ou s'émouvoir, ce qui est inutile et commun, ou lui porter secours, ce qui est charitable et utile. J'ai relevé cette femme, et je l'ai retirée à la curiosité stupide des passants. Je crois avoir fait ce que je devais. Maintenant, fallait-il verser des larmes ou me trouver mal, parce qu'il avait plu à cette femme de se jeter par la fenêtre et qu'elle avait failli me tuer en tombant? C'eût été ridicule. Si elle s'est jetée par la fenêtre, c'est que la mort était un bonheur pour elle. Elle était morte, donc elle était heureuse. La charité m'ordonnait de me réjouir. Je remarque dans le monde cette incroyable habitude d'être bien plus ému par un fait physique que par un fait moral. Les os brisés, la vue du sang, font évanouir des gens qui riraient d'une douleur sérieuse de l'âme. Je ne suis pas comme ces gens-là, voilà tout.

— Vous avez une grande force sur vous-même; mais je vous plains.

— Pourquoi, madame.

— Parce que cette force et ce raisonnement doivent vous mettre au-dessus des joies vulgaires, et que ce sont les plus douces.

— Ai-je l'air bien malheureux, madame?

— Non. Le fait est que si la santé est le bonheur, vous devez être très-heureux. C'est à donner envie d'être égoïste.

— Veuillez me dire ce que c'est qu'un égoïste, madame.

— C'est un être inaccessible à toute douleur qui ne lui est pas personnelle, c'est un être qui, en dehors de lui, ne s'inquiète de rien.

— Oui, voilà une des milles définitions qu'on peut donner de ce vice. N'est-ce pas de ce nom que le monde flétrit l'égoïsme?

— Et il a raison.

— Eh bien! madame, j'accepte cette définition et j'admets que je sois un égoïste, car c'est cela que vous avez voulu dire. A qui ce vice fait-il du mal?

— A tous ceux que vous pourriez aider, secourir, aimer, et dont vous ne vous occupez pas.

— Où sont-ils ceux-là? Veuillez me les nommer.

— Je ne les connais pas, c'est l'humanité tout entière.

— Croyez-vous qu'elle s'occupe plus de moi que je ne m'occupe d'elle ?

— Vous ne le mériteriez pas, avouez-le.

— Donc elle se soucie peu de moi. Quelle condition plus heureuse que celle de l'homme dont personne ne s'occupe ?

— Celle de l'homme du bonheur duquel le monde entier s'occuperait.

— Cet homme n'existe pas ; existât-il, je mets en fait qu'il serait le plus infortuné de tous les mortels. Chacun voudrait lui donner un bonheur selon sa propre fantaisie, et bien certainement ce ne serait pas celui qu'il aurait voulu avoir, l'idée sur le bonheur variant selon les différentes organisations. Or, puisque le bonheur est une chose tout individuelle, il vaut mieux laisser chaque individu le comprendre et se l'appliquer à sa façon.

— Mais, pour se l'appliquer, l'individu a souvent besoin du concours d'un ou de plusieurs, et si ce concours lui est refusé, il restera malheureux.

— Probablement parce qu'il demandera aux autres un concours qui contrariera leurs intérêts, leurs passions, leurs habitudes, leurs projets. Puis, entre nous, l'homme qui a besoin des autres pour être heureux est un sot. L'admirable organisation de l'homme renferme tout ce qu'il lui faut pour toute sa vie. C'est à lui de limiter ses désirs au lieu d'étendre ses ambitions. Néanmoins, il faut l'avouer, il y a des hommes qui obligent leurs semblables à leur première réquisition, et leur rendent ainsi neuf fois sur dix un service des plus dangereux. Outre qu'ils font naître l'ingratitude dans un cœur qui, en échange d'un refus, n'eût engendré qu'une rancune passagère, ils aident presque toujours à des passions inutiles, pernicieuses, qui se fussent éteintes sans cet aliment étranger. Sans compter que rendre un service est encore quelquefois faire preuve d'égoïsme. Que de gens ne veulent pas prendre la peine de refuser et trouvent plus facile et plus vite fait d'accorder ce qu'on leur demande! Croyez-le bien, madame, il y a une raison d'égoïsme à tout, et c'est si vrai que notre civilisation a été forcée de faire des métiers des différentes assistances nécessaires, indispensables, que les hommes se doivent les uns aux autres, et que ces métiers s'exercent avec le plus grand sang-froid. Un chirurgien nous coupe la jambe sans nous plaindre, un avocat nous défend sans nous connaître, une nourrice nous allaite sans nous aimer.

L'habitude peut naître de ces relations fortuites et l'affection réciproque sortir de cette habitude; mais c'est bien rare, et il vaut mieux que cela ne soit pas. Les plus pures affections elles-mêmes reposent sur l'égoïsme. Les passions les plus grandes de deux individus l'un pour l'autre ne sont que les exigences de leurs deux égoïsmes mis en contact. Dans l'union de deux personnes, soit par le mariage, soit par l'amour, qu'est-ce qu'il y a? Dans le premier cas, il n'y a souvent qu'une communion d'intérêts, de positions ou de fortunes; dans le second cas, il y a toujours le besoin de posséder une affection qui aide au bonheur tel qu'on le rêve. Or, tout ce que la créature humaine, vous l'avez dit vous-même, madame, veut se procurer pour son bonheur personnel, résulte de l'égoïsme. Que d'égoïsme dans l'amour, qui au premier abord semble la preuve la plus évi-

dente de toutes les générosités de l'âme! D'abord il faut
que l'homme soit tout entier à la femme, que la femme
soit tout entière à l'homme; ils se doivent compte de leurs
actions mot pour mot, minute par minute. Qu'on dise à
l'homme le meilleur : « Votre unique ami va mourir, mais
il vivra si vous voulez lui donner, un jour seulement, la
femme que vous aimez. » Que fera cet homme ! il laissera
mourir son ami. Dites à la femme la meilleure : « L'homme
que vous aimez a un moment de passion fatale pour une
autre femme que vous; il en mourra s'il ne cède à cette
passion, mais il faut votre consentement. » Que répondra-
t-elle ? « J'aime mieux le voir mort qu'à une autre. » Savez-
vous quelle différence il y a entre l'amour et l'égoïsme?
L'égoïsme c'est l'amour à soi tout seul, et l'amour, c'est
l'égoïsme à deux.

— Ainsi, vous êtes parvenu à vous mettre au-dessus de
toutes ces aberrations humaines?

— Oui, madame.

— Vous n'aimez rien.

— Rien.

— Que vous?

— Pas même moi.

— Autant mourir alors!

— Non.

— Pourquoi ?

— Parce que je suis heureux.

— L'état où vous dites être et vous plaire n'a qu'une
excuse, c'est une grande douleur dans le passé.

— Peut-être, madame; mais en tous cas, je suis parvenu
à me faire insensible, parce que ça a été ma façon d'envisa-

ger le bonheur sur la terre. J'ai réduit la vie aux besoins physiques, j'ai annihilé l'âme, et par là je suis devenu le plus inoffensif et le moins dangereux des hommes.

— Comment cela?

— Certainement. Au nom de leur âme, les hommes se croient tout permis. C'est l'âme qui a inventé les passions; le corps n'a inventé que les vices et les défauts. Les vices et les défauts ne font de tort qu'à l'individu qui les a, tandis que les passions d'un seul peuvent et doivent nuire à une foule d'individus. Les vices de mon corps, c'est la paresse, c'est l'intempérance, c'est le sensualisme enfin. Si je bois trop, si je mange trop, si je cède trop à mes sens, moi seul en souffre, et personne n'a rien à me dire. Les passions de l'âme, les plus nobles, c'est l'ambition, c'est l'amour. L'ambitieux est impitoyable: il marchera sur les cadavres de vingt peuples pour arriver à son but: il fera de grandes choses peut-être; mais que de victimes innocentes il laissera sur son chemin! Quant à l'homme qui aime, il est terrible, il faut le fuir. Son amour lui sert d'excuse éternelle et lui donne le droit de commettre mille infamies. S'il aime ma femme et qu'il soit aimé d'elle, il faut que j'en souffre, moi qui ne lui ai rien fait, il faut que je me batte avec lui, ou bien que je sois ridicule. S'il me tue, il dira: « Que voulez-vous? cette passion était plus forte que moi. » Et cependant, cet homme qui peut faire tant de mal, vous l'estimerez parce qu'il aura dans les autres relations de la vie des expansions faciles, étincelles de son grand foyer d'amour, tandis que moi, qu'on peut toujours voir venir sans danger, moi à qui le mari peut confier sa femme, la mère sa fille, le frère sa sœur, parce que n'aimant rien, je ne songerai pas à les séduire, vous m'appellerez égoïste et me fuirez.

— Ainsi, vous ne faites jamais la cour à une femme?

— Jamais ! à quoi bon d'ailleurs? Il arrive toujours un moment où toutes les femmes se ressemblent. Ouvrez les phrases les plus sentimentales, les périphrases les plus adroites qu'un homme dit à une femme à qui il fait la cour, phrases et périphrases voudront toujours dire : « Madame, je voudrais bien être votre amant. » Nous décorons nos fantaisies du nom de passions, de sentiments, d'amour ; mais quand ces fantaisies sont passées, l'homme le plus poétique est tout étonné de ne plus voir dans la femme qui les faisait naître qu'une femme comme les autres, moins l'inconnu. Il est même des moments où la femme la plus aimée se ferait haïr de son amant, si elle lui parlait de cet amour dont il faisait son ambition.

— Voilà d'étranges théories et que je suis tout étonnée d'entendre. Où vous mèneront-elles, chevalier ?

— Où les vôtres vous mèneront, madame, où la vie mène tout le monde ; à cette chose que les philosophes appellent le repos, que le vulgaire appelle la mort, que les croyants appellent l'éternité, que les sceptiques appellent le néant, et que moi j'appelle la fin.

— Savez-vous, chevalier, qu'une femme qui vous aimerait serait bien malheureuse ?

— Je le crois ; mais je crois aussi qu'une femme n'aurait pas l'idée de m'aimer.

— Qui sait ? fit madame d'Ange, en jetant sur M. d'Ilo un regard plein de langueur.

— Vous avez de beaux yeux, madame, lui dit le chevalier.

— Chevalier...

— Madame ?

— Il est impossible que ce que vous m'avez dit soit complétement vrai.

— Vous en doutez ?

— Je ne veux pas y croire.

— Libre à vous, madame.

— Et si cela est, je veux vous transformer, je veux faire tomber votre désenchantement, votre philosophie, votre égoïsme, vos théories enfin !

— N'essayez pas, madame, vous perdriez votre temps.

— J'ai du temps à perdre.

— Vous n'aimez donc personne, non plus, madame?

— Personne. Mais moi, je ne suis pas libre de ne pas aimer, malgré ce que vous m'avez dit. Nous reprendrons donc cette conversation, et nous verrons qui de nous deux convaincra l'autre. Mais il faut que rien ne nous distraie, tandis qu'ici nous pouvons être à chaque instant interrompus. Ce soir, je vous attendrai.

— Bien, madame.

Le visage du chevalier n'exprima pas l'ombre de l'étonnement.

— Vous serez discret? reprit la baronne.

— Je ne dis jamais rien.

— A minuit, vous quitterez votre chambre.

— A minuit, soit.

— Et vous viendrez dans mon appartement.

— Oui, madame.

Madame d'Ange serra la main du jeune homme. Cette main était parfaitement calme et froide.

Les autres promeneurs avaient rejoint nos deux interlo-
cuteurs.

— Eh bien ? dit le général tout bas à la baronne.

— Eh bien ! c'est un homme extraordinaire, s'il est ce
qu'il dit être.

— Vous renoncez, alors ?

— Non pas. Oh ! je vaincrai cette nature. Je suis femme.
A onze heures et demie, ce soir, venez tous chez moi : vous
pourrez tout entendre ; prévenez la marquise, le docteur,
M. de Montidy et notre gros Crésus.

A onze heures et demie, en effet, tout le monde était
réuni chez la baronne, et celle-ci, exaltée, défiée par la
conversation qu'elle avait eue avec le chevalier, était prête
à employer toutes les ressources que son esprit, sa beauté
et, comme elle l'avait dit, sa qualité de femme mettaient à
sa disposition. Il s'agissait de se faire aimer, ne fût-ce
qu'une minute. De quoi n'est pas capable une femme quand
son amour-propre est en jeu ! La baronne était dans le costume le plus coquet. Assise dans sa causeuse, vêtue d'un
long peignoir blanc à manches larges qui laissaient voir
presque jusqu'au coude un bras ferme et rond, chaussée
de pantoufles ou plutôt de mules retenues seulement par le
bout du pied, les cheveux roulés et dégageant l'ovale de sa
gracieuse tête, elle attendait, sûre de vaincre.

Onze heures et demie sonnèrent.

On passa vingt-cinq minutes à causer tout bas, de façon
à ne pas être entendu et à entendre dans le cas peu probable où le chevalier serait en avance sur l'heure du rendez-
vous. A minuit moins cinq minutes, on laissa la baronne
seule, et l'on se retira sans bruit dans la chambre voisine.

L'horloge du château tinta minuit.

Personne encore, mais il eût été exigeant de demander tant d'exactitude, et l'on devait s'attendre à un peu de retard, en raison des précautions à prendre pour cacher cette visite tardive.

Un quart d'heure se passa.

La baronne commença à froncer le sourcil.

Le général rouvrit doucement la porte.

— Eh bien? demanda-t-il d'un air un peu étonné, un peu railleur même.

— Vous voyez, je suis seule.

— Il n'ose pas venir sans doute.

— Il s'assure que tout le monde dort.

Le général referma la porte et entra dans le salon.

Il sembla à la baronne que l'on y riait et chuchotait.

A minuit et demi, elle se leva, et ce fut elle à son tour qui vint retrouver ses amis. Son dépit se lisait sur son visage.

— Il sera venu, dit-elle, il aura entendu des voix et se sera retiré.

— Probablement. Éloignons-nous alors; il guette sans doute. Quand il nous aura entendu partir, il paraîtra.

On se retira sur la pointe du pied.

Il fallait passer devant la chambre de M. d'Ilo.

— Attendez, dit Julien à ses compagnons, je vais entrer doucement chez lui, voir ce qu'il fait.

Et, tenant une bougie à la main, M. de Montidy entra chez le chevalier en laissant la porte ouverte. On le vit, marchant à pas de loup, s'approcher du lit et presque aussitôt faire signe qu'on vînt le rejoindre avec précaution.

Tout le monde entra.

— Tenez, dit Julien à voix basse, regardez.

Et levant la lumière au-dessus de sa tête pour qu'on vît mieux, il montra le chevalier couché, dormant du plus profond sommeil.

Le lendemain à dix heures, tout le monde était réuni au salon, en costume de chasse.

Le chevalier ne s'apercevait pas de l'attention dont il était l'objet; il avait l'attitude d'un homme qui a bien dormi et qui mangera bien. Il ne laissait pas paraître le moindre embarras; il avait l'air d'ignorer qu'il avait, la veille, commis une impolitesse en manquant au rendez-vous donné. Pour madame d'Ange, c'était même plus qu'une impolitesse, mais je ne trouve pas le mot. Dire qu'elle ne se promettait pas de s'en venger, ce serait mentir. Quelle femme saurait pardonner à un homme de l'avoir rendue ridicule, et en somme, la baronne l'avait été un instant aux yeux de ses amis. Cependant elle avait ri en apprenant le sommeil bruyant de M. d'Ilo, mais il n'eût pas fallu se fier à ce rire-là.

Après le déjeuner, auquel le chevalier fit largement honneur, on se disposa à se mettre en chasse. La marquise, la baronne et le docteur, qui ne chassaient pas, devaient accompagner les chasseurs et assister aux premiers exploits qu'ils promettaient de faire, car le terroir était excellent.

La baronne s'isola un instant dans l'espérance que M. d'Ilo viendrait s'excuser. En effet, il s'approcha d'elle et lui demanda comment elle avait passé la nuit.

Madame d'Ange le regarda.

— Est-ce une ironie, chevalier? demanda-t-elle.

— Une ironie, madame? Je ne comprends pas.

—Eh bien ! chevalier, j'ai mal passé la nuit. J'ai attendu.

— Quoi donc ?

— Qu'il vous plût de venir au rendez-vous que vous aviez accepté.

—Oh ! c'est vrai, répondit M. d'Ilo du ton le plus naturel. Pardonnez-moi, madame, j'ai complétement oublié cette promesse.

Et le chevalier s'excusa de cet oubli en homme bien élevé, mais comme si cet oubli eût été sans importance ; puis il demanda à la baronne la permission de rejoindre les chasseurs.

— Allons ! j'ai perdu, se dit madame d'Ange, car, en vérité, je ne puis faire plus que ce que j'ai fait. Il n'y a rien dans cet homme, pas même un homme.

Et elle suivit du regard le chevalier qui s'éloignait tranquillement. Ce regard était celui d'une femme qui cherche un moyen de prendre une revanche.

La chasse se prolongea jusqu'à cinq heures. Puis on rentra, puis on dîna, et le dîner terminé, madame d'Ange ayant déclaré aux autres parieurs qu'ils pouvaient commencer leurs épreuves, le financier proposa une partie de lansquenet.

Il faut juger un homme au vin et au jeu, dit un proverbe allemand.

— Jouez-vous, chevalier ? demanda la marquise.

— Oui, madame, quelquefois.

— Le jeu vous amuse-t-il ?

— Le plaisir du jeu est dans l'émotion qu'il donne, et le jeu ne m'émotionne pas.

— C'est ce que nous allons voir, se dit M. Carillac en

2

faisant un signe aux joueurs déjà assis autour de cet appétissant festin d'or qu'on appelle une table de jeu.

— Ainsi, vous ne ferez pas notre partie? reprit la marquise.

— A moins que cela ne puisse vous faire plaisir, madame.

— Oui, je désire que vous jouiez avec nous.

— Seulement, madame, je vous demanderai la permission de me retirer à dix heures; j'ai beaucoup marché aujourd'hui.

— Soit, chevalier, à dix heures vous serez libre.

Le chevalier prit place entre la marquise et madame d'Ange.

Le jeu commença. Au bout de dix minutes, il avait atteint des proportions énormes : l'or circulait par poignées ; on eût dit que le Pactole traversait le tapis, un fleuve d'or dans une prairie verte.

Le chevalier causait. Le jeu semblait n'être pour lui que la distraction de ses mains. Il ne jouait pas, il jouait avec le jeu.

— Perdez-vous, chevalier? lui demanda madame d'Ange.

— Je ne sais pas, madame.

— Le chevalier gagne.

— Combien donc ?

— Trois cents louis que je lui dois, répondit le banquier.

— Vous voyez, madame, il paraît que je gagne trois cents louis.

— Quitte ou double, chevalier, si vous voulez?

— Oui, monsieur, répondit M. d'Ilo, qui en ce moment tenait les cartes.

M. Carillac s'était levé ; les autres joueurs paraissaient

fort attentifs. Trois cents louis sur une carte, c'est assez sérieux.

— Allons, fit le banquier en regardant fixement le chevalier qui venait de tirer la carte qui le faisait gagner, allons, j'ai encore perdu. Cela fait trois cents louis de plus, c'est-à-dire que je vous dois douze mille francs.

— Oui, monsieur.

— Continuons-nous?

— Tant que vous voudrez.

Regardez le joueur le plus exercé, celui qui sait le mieux commander à son visage, le plus beau joueur enfin, capable de ne rien laisser voir de ce qu'il éprouve quand il perd, regardez-le dans le gain : malgré lui sa main aura un léger tremblement au contact de la carte qui le fait gagner. Tout le monde avait les yeux fixés sur le chevalier. On eût dit une statue. Un croupier de maison de jeu n'eût pas retourné des cartes avec plus de tranquillité.

Il gagna encore.

Ce fut le banquier qui commença à s'émouvoir. Non-seulement il ne gagnait pas son pari, mais il perdait son argent.

— Je dois douze cents louis, dit-il. Allons, je les joue, si monsieur le chevalier y consent.

Pour toute réponse, M. d'Ilo recommença à tourner les cartes.

Le général surtout ne revenait pas de cette tranquillité, lui dont le cœur battait à tout rompre quand il gagnait un louis. Il est à remarquer, en effet, que les hommes les plus braves sur les champs de bataille sont timides devant les étroites émotions d'une table verte. Leur courage ne leur

sert plus de rien devant cette impassible adversaire de car-
ton que rien ne peut arrêter dans sa course, devant ce
danger muet que rien ne peut combattre, ni l'intelligence
ni la force, et qui déplaçant un instant l'honneur de
l'homme, le fait descendre de son cœur dans sa poche.

— Le chevalier gagne encore ! s'écria la marquise, il lui
est dû quarante-huit mille francs. C'est là un beau gain,
chevalier ; passez la main, vous allez reperdre.

— Que décidez-vous, chevalier ? demanda le partner.

— Vous me devez quarante-huit mille francs ?

— Oui.

— Eh bien ! jouons-en cinquante-deux mille ; si je gagne, cela fera un compte rond ; si je perds, au moins vous
gagnerez autre chose que votre argent.

Cette phrase fut dite avec une tranquillité inouïe. Un
sphinx de granit qui jouerait aux cartes dans le désert ne
serait pas plus calme que l'était le chevalier.

— Soit ! monsieur, va pour cinquante-deux mille francs.

En trois cartes le compte rond était fait. Le chevalier gagnait cinq mille louis.

— J'y renonce, fit le banquier assez pâle, tandis que
M. d'Ilo était toujours du même ton rose qui avait frappé
tout le monde, la veille, quand il était arrivé.

Le : *J'y renonce* du Crésus voulait dire pour le chevalier : « Restons-en là, » et pour les spectateurs : « Décidément rien n'émeut cet homme. Je me reconnais
vaincu. »

— A mon tour alors, se dit le général. Ah ! tu ne sour-
cilles pas, chevalier ; eh bien ! je vais te faire sourciller, moi.

Et le général se levant, dit au banquier :

— Vous avez raison de ne plus jouer, vous perdriez toujours.

— Pourquoi ?

— Parce que M. le chevalier triche.

Et en même temps le général ramassant un paquet de cartes, les jeta au visage de M. d'Ilo.

Les cartes volèrent tout autour du chevalier comme des feuilles autour d'un arbre sous le souffle de l'ouragan; mais comme le tronc de l'arbre, le chevalier resta debout et insensible.

La scène était si inattendue que les femmes poussèrent un cri et que les hommes se levèrent pour se jeter entre le général et celui qu'il venait d'insulter.

Tout le monde y fut trompé : nul ne pouvait se figurer que le général en arriverait à un pareil moyen.

— Général, fit la marquise d'un ton sévère, devenez-vous fou ? Et se tournant franchement vers M. d'Ilo, elle lui dit :

— Au nom du ciel, chevalier, soyez calme.

— Mais je le suis, madame, répondit le jeune homme en accompagnant sa phrase du sourire le plus gracieux et le plus rassurant. Je ne regrette qu'une chose, c'est que me jetant des cartes à la figure, le général ait atteint madame la baronne, qu'il aurait pu blesser.

Et se penchant vers madame d'Ange :

— C'est à moi de vous faire des excuses, madame, lui dit-il, puisque le général est si ému qu'il ne songe pas à vous en faire.

Puis se tournant vers le général :

— Vous disiez donc, monsieur, que je trichais ?

2*

Pendant ce temps, le général avait rassuré par un regard les témoins de cette scène, qui commençaient à comprendre qu'il s'agissait encore du pari.

— Oui, monsieur, je le disais et je le répète.

— Vous l'avez vu ?

— Oui, monsieur.

— Alors je ne me permettrai pas de donner un démenti à un homme de votre âge et de votre position, surtout devant madame la marquise, qui me fait l'honneur de me recevoir pour la première fois.

— Ainsi, monsieur, vous avouez ?

— Non, répliqua le chevalier en riant, je ne dis ni que vous avez menti ni que j'ai triché.

— Que dites-vous alors ?

— Je ne dis rien.

— Alors, monsieur, vous êtes un lâche !

— Pourquoi ?

— Parce qu'ayant reçu un affront comme celui que je viens de vous faire, vous devriez me dire quelque chose.

— Quoi donc ?

— Vous devriez m'en demander raison.

— Et me battre avec vous ?

— Oui, monsieur !

— Ainsi, parce qu'il vous a plu de croire et de dire que je trichais, de me jeter des cartes au visage et de faire devant des femmes une scène de mauvais goût, il faut absolument que je vous tue ou que vous me tuiez ?

— Oui, monsieur.

— Bien, bien, bien. Je ne demande pas mieux, moi ; arrangez cela comme vous l'entendrez,

En ce moment dix heures sonnèrent.

— Vous savez, madame la marquise, dit M. d'Ilo, que vous m'avez permis de me retirer à dix heures.

— Oui, chevalier, vous êtes libre.

Le chevalier salua et se retira comme si rien ne s'était passé.

Quand il fut parti :

— Eh bien ! dit Julien, comment le trouvez-vous ?

— Je n'ai rien vu d'aussi fort que lui, dit madame d'Ange.

— C'est un beau joueur, dit le banquier.

— Et un grand courage, ajouta le général, mais ce n'est pas fini.

— Que comptez-vous faire ?

— Pousser la chose jusqu'au bout. Un homme reste insensible aux coquetteries d'une femme, dit le général en regardant madame d'Ange, à l'amour de l'or, continua-t-il en regardant le banquier, à l'affront d'une insulte comme celle que je lui ai faite, mais devant la mort, c'est une autre chose.

— Comment devant la mort ! vous voulez le tuer !

— Non, mais je veux le lui faire croire.

— Il ne bronchera pas, dit Julien.

— Que comptez-vous faire ? demanda la baronne.

— Le docteur va aller trouver le chevalier tout à l'heure.

— Bien.

— Il lui dira qu'après son départ, pour écarter toute supposition de rencontre dans l'esprit de ces dames, j'ai reconnu mes torts et promis de lui faire des excuses.

— Parfaitement.

— Mais que demain matin, à six heures, avant que per-

sonne soit levé au château, nous nous rendrons sur le terrain ; M. de Montidy sera son témoin, et le docteur sera
le mien. Deux témoins suffiront.

— Parfaitement.

— Que le duel aura lieu au pistolet, à cinq pas, et qu'il
n'y aura qu'un seul pistolet chargé.

— A merveille.

— Vous comprenez bien qu'il n'y aura de balle ni dans
l'un ni dans l'autre des pistolets. Je le ferai tirer le premier, puisqu'il est offensé, et quand il verra le canon de
mon arme sur sa figure, il perdra sa petite couleur rose, je
vous en réponds.

— Allez le trouver tout de suite, docteur, dit Julien :
dans un quart d'heure il dormirait.

Le docteur quitta le salon.

Cinq minutes après, il était de retour.

— Quelle réponse?

— Il accepte.

— Sans hésitation?

— Sans la moindre. Il dit seulement qu'il aurait autant
aimé se battre à onze heures, parce qu'il a l'habitude de
dormir jusqu'à dix.

— Allons, à demain.

— A demain.

Le lendemain, à cinq heures du matin, M. de Montidy
entra chez le chevalier et le réveilla.

— Nous n'avons pas de temps à perdre, lui dit-il, habille-
toi vite.

M. d'Ilo se frotta les yeux.

— Ah ! je dormais bien, dit-il.

Et sautant à bas de son lit, il s'habilla sans dire un mot de ce qui le faisait lever si matin.

A cinq heures et demie il quittait le château avec Julien. Il était sur le terrain à six heures moins cinq minutes. Le général arriva presque en même temps que lui, accompagné du docteur.

Le chevalier bâillait, et tandis que les témoins chargeaient ou plutôt faisaient semblant de charger, il s'assit au pied d'un arbre et ferma les yeux comme pour gagner une minute de sommeil.

Personne n'eût pu soupçonner que ce jeune homme venait là pour un duel à mort.

Julien mesura les cinq pas, fit deux raies, et s'approchant de son ami :

— Viens prendre ton pistolet, lui dit-il, et tâche de prendre le bon.

M. d'Ilo se leva et prit au hasard une des deux armes que tenait le docteur. Le général prit l'autre.

Le chevalier demanda où il fallait se placer.

— Ici, lui dit Julien, et il le plaça lui-même.

— Qui est-ce qui tire le premier ? demanda-t-il encore.

— C'est vous, monsieur, lui dit le docteur, car vous êtes l'offensé.

Le chevalier remercia d'un signe de tête et il étendit le bras pour viser, mais il ne put retenir un long bâillement.

— Je vous demande pardon, messieurs, dit-il, de bâiller ainsi, mais je tombe de sommeil.

En même temps il lâchait la détente de son pistolet, dont la capsule seule s'enflammait avec un bruit sec.

—Tiens, dit-il, c'est moi qui ai le mauvais.

Et il ferma les yeux comme un homme qui dort debout.

Le général étendit le bras à son tour.

— Vous allez mourir, monsieur, lui dit-il d'une voix grave.

M. d'Ilo ne répondit rien.

Le général lâcha la détente, le coup partit.

Le chevalier rouvrit les yeux.

— Recommençons-nous, monsieur? demanda-t-il.

— Non, dirent les témoins, l'honneur est satisfait.

— Alors je vais me recoucher, fit M. d'Ilo, et il reprit en bâillant plus fort que jamais le chemin du château.

Le docteur, le général et Julien le suivirent.

— Nous avons perdu, dirent les deux premiers à la marquise. Voilà un homme étrange!

Et ils racontèrent ce qui venait de se passer.

Après le déjeuner, le général s'approcha du chevalier, et devant tout le monde il lui dit :

— Monsieur, laissez-moi vous faire mes excuses de la scène d'hier et vous expliquer ce qui se passe ici depuis deux jours. Votre ami nous avait assuré qu'il était impossible de vous donner une émotion. La baronne, M. Carillac et moi, nous avons parié trouver le moyen de vous émouvoir. Nous avons perdu notre pari. Nous vous demandons pardon des moyens que nous avons employés, mais en échange nous vous prions de nous expliquer comment il se fait qu'à votre âge vous soyez ainsi au-dessus des sensations qui nous agitent encore, nous les vieux.

— Vous voulez absolument le savoir?

— Oui.

— Vous ne me croirez pas si je vous dis la vérité.

—C'est donc bien incroyable?

—Moi, je trouve que c'est bien simple, mais tout le monde n'est pas comme moi.

—Voyons, dites.

—Eh bien, général, donnez-moi votre main.

Le général obéit, M. d'Ilo prit la main et la posa sur sa poitrine.

—Que sentez-vous? lui dit-il.

—Rien.

—Mon cœur ne bat pas?

—Non.

—Pas du tout?

—Pas du tout. Mais d'où cela vient-il?

—Cela vient tout bonnement, messieurs, de ce que je n'ai plus de cœur.

—Qu'en avez-vous donc fait? demanda la baronne avec une sorte d'effroi.

—Je l'ai donné, madame.

—A qui?

—A un de mes amis qui n'avait pas assez du sien.

—Vous plaisantez!

—Pas le moins du monde.

—Vous avez donné votre cœur?

—Oui, madame.

—A propos de quoi?

—A propos d'une grande douleur que j'ai eue autrefois, à la mort de mon père. Je me suis dit alors que l'homme le plus heureux serait celui qui n'aurait pas de cœur, et je me suis fait enlever le mien comme étant un organe dangereux. Depuis ce temps, comme vous l'avez vu, je suis insensible naturellement à tout ce qui fait battre le cœur des autres.

Si le chevalier n'avait parlé avec le plus grand sang-froid, on eût pu croire qu'il était fou.

— Et qui vous a enlevé votre cœur?

— Un chirurgien très-habile.

— C'est impossible!

— Tenez, madame, voici la cicatrice de l'opération : et découvrant une poitrine blanche, unie et mate comme l'ivoire, M. d'Ilo montra une marque blanche faisant sillon en forme de croix; après quoi il s'inclina, laissant fort ébahis ceux à qui il venait de faire cette confidence inattendue.

Quelques jours après la scène que nous venons de raconter, le chevalier, de retour à Paris, était tranquillement assis dans sa chambre et lisait, les pieds étendus vers le feu. Cette chambre toute coquette, tendue d'une étoffe de l'Inde, aux larges bouquets épanouis sur un fond blanc, faisait partie d'un pavillon que le jeune homme habitait rue de l'Ouest, près du Luxembourg, et duquel dépendait un jardin déjà dépouillé par les premiers froids d'automne. La rue de l'Ouest est triste; elle l'était encore davantage à cette époque. Quant au pavillon, il ne déparait en rien la tristesse de la rue. Composé d'un rez-de-chaussée, d'un premier étage et d'une espèce de belvéder, il ouvrait sur la rue une porte à deux battants verts, deux fenêtres en œil-de-bœuf au rez-de-chaussée et trois croisées assez hautes au premier. La partie vraiment logeable du rez-de-chaussée regardait le jardin. Le temps était gris ce jour-là. De temps en temps, le soleil, qui cherchait à se montrer, éclai-

rait d'un long rayon jaunâtre le brouillard d'un ton écru
qui enveloppait Paris. Quelques moineaux courant dans
les feuilles sèches, une statue en pierre de la Vénus pudi-
que avec deux doigts de moins et le nez cassé, sous un
feuillage couleur de rouille, tel était le spectacle que
M. d'Ilo trouvait sous ses yeux quand, abandonnant sa
lecture, il lui arrivait de tourner la tête du côté de ce jardin qu'enfermait un mur noirci, sur la crête duquel la
mousse était venue se mêler aux tessons de bouteilles dont
on l'avait fortifié. Plus loin, de hautes maisons calmes,
inanimées, bornaient la vue. Tout cela n'était pas d'une
gaieté folle. C'était un de ces jours d'automne qui commencent tard, qui finissent vite et qui cependant durent deux
fois plus qu'un long jour d'été. Il pouvait être deux heures.
La lecture du chevalier ne l'intéressait que médiocrement.
Il l'abandonna tout à fait et se mit à tisonner. Cette grave
occupation servait de cadre et de fond à sa pensée, s'il pensait, quand son domestique lui annonça Julien.

— Ma foi, tu arrives bien, lui dit le chevalier.

— Tu t'ennuyais donc?

— A peu près. A quoi dois-je ta visite?

— Au désir que j'avais de te voir d'abord, puis à un autre motif.

— Je t'écoute.

— Je viens de chez la baronne d'Ange.

— Elle va bien?

— Très-bien. Comment la trouves-tu?

— Elle m'a paru jolie, mais je t'avoue que je l'ai peu
regardée.

— Eh bien! mon ami, elle parle beaucoup de toi.

3

— Vraiment?

— Oui.

— L'histoire que tu lui as racontée à l'endroit de ton cœur l'a fort émue.

— Après?

— Après ! Elle brûle de te revoir.

— Elle m'envoie chercher?

— Non, elle va faire mieux.

— Quoi donc?

— Elle va venir ici.

— Sous quel prétexte?

— Sous le prétexte qu'elle est dame de charité, et qu'à l'entrée de l'hiver, elle va quêter pour ses pauvres.

— Et quand viendra-t-elle?

— Demain.

— Elle t'a chargé de me prévenir?

— Non, mais je te préviens pour que tu te trouves chez toi.

— C'est bien. J'y serai.

— Maintenant, ce n'est pas tout.

— C'est vrai. Tu as l'air d'avoir encore quelque chose à me dire, mais tu hésites.

— J'ai une confidence à te faire et un service à réclamer de toi.

— Parle.

— J'aime madame d'Ange.

— Depuis longtemps?

— Depuis deux mois.

— Tu le lui as dit ?

— Pas encore.

— Alors tu ne sais pas si elle t'aime ?

— Non ; mais j'en doute, d'autant plus...

— D'autant plus...

— L'œil de l'homme qui aime voit ce que d'autres ne voient pas... D'autant plus que je crois qu'elle en aime un autre, et cet autre, c'est toi.

— Moi !

— Toi-même.

— Allons donc ! elle me connaît trop bien pour faire cette folie.

— C'est peut-être parce que c'est une folie qu'elle est prête à la faire. Chez les femmes, l'amour n'est souvent que l'entêtement. Elles s'exaltent elles-mêmes pour l'homme qui leur résiste, surtout quand, comme la baronne, elles sont dans des conditions de jeunesse, de position et de beauté à devoir ignorer toujours la résistance d'un homme. Elles sont entourées de tant de gens qui les importunent d'assiduités, qu'elles doivent naturellement remarquer l'homme qui ne les remarque pas. Elles regardent cette inattention comme un défi ; leur amour-propre s'éveille, et pour que ce sentiment se change en amour, il n'a besoin que de perdre un des deux mots qui composent son nom. La baronne t'a donné un rendez-vous auquel tu n'es pas venu, tu lui as dit ne pas avoir de cœur, tu as prouvé que tu étais insensible à tout ; elle n'entend pas rester sur cette première défaite, et comme tu le vois, elle recommence l'attaque. Avec ton sang-froid et, de plus, sûr comme tu l'es de ne pas aimer, Dieu sait combien tu aurais de chances d'être aimé de cette femme. Si elle t'aimait, je serais bien malheureux, j'en mourrais peut-être ; je viens donc te supplier de ne pas user de ta position.

— Sois tranquille ; tu n'avais même pas besoin de faire cette démarche.

— Merci, cher ami !

— Il n'y a pas de quoi me remercier, je t'assure.

— La marquise est à Paris pour quelques jours.

— Ah !

— Vas-tu la voir ?

— J'irai me faire inscrire chez elle.

— Elle ne fait que parler de toi.

— Elle aussi ?

— Dans un autre sens : tu lui fais peur. Elle te prend pour un vampire. Le fait est que ton histoire est drôle. Comment ne me l'avais-tu jamais racontée ?

— A quoi bon ?

— Voyons, entre nous, es-tu heureux ?

— Très-heureux.

— Et celui à qui tu as donné ton cœur, est-il heureux aussi ?

— Oui, à ce qu'il paraît.

— Cependant, de deux choses l'une : si l'on est heureux sans cœur, deux cœurs ne doivent pas rendre heureux.

— Cela ne prouve qu'une chose, c'est que la nature a été trop avare, et pour être heureux, il faut ou avoir deux cœurs ou n'en pas avoir du tout, ou ne rien éprouver ou éprouver doublement.

— Peut-être. Mais quel est cet ami à qui tu as fait cet étrange cadeau ?

— C'est Valentin.

— Valentin, qui a épousé mademoiselle d'Amy ?

— Lui-même. Cela s'est fait le jour même de son mariage.

— Et comment cela s'est-il fait?

— Mon père venait de mourir, j'étais dans la désolation. Valentin allait se marier, il était dans la joie. La douleur m'étouffait, il étouffait de bonheur. C'est un malheur que le cœur, lui disais-je ; on n'en a pas assez d'un, disait-il. Je lui ai offert le mien, puisqu'il en avait besoin de deux pour contenir sa joie. Il a accepté. Un de ses amis, espèce de chimiste allemand, tout vêtu de noir, avec un grand front et un visage pointu, est venu ici, m'a endormi à l'aide d'un philtre ; quand je me suis réveillé, je ne souffrais plus, et Valentin dansait comme un fou, faisait des vers, chantait, riait, voyait du soleil là où il y avait de l'ombre, appelait l'humanité sa sœur, jetait son argent aux mendiants et faisait mille extravagances. Bref, il avait deux cœurs et je n'en avais plus.

— Et depuis ?

— Depuis, il est venu me remercier dix fois ; sa reconnaissance est même quelquefois assez ennuyeuse ; mais il y a bien deux mois que je ne l'ai vu, et je ne demande pas à le voir. Je ne sais comment cela se fait, mais il est le seul être devant lequel je ne sois pas complétement à mon aise.

Pendant cette conversation, le jour avait baissé, et seul le reflet rougeâtre du foyer détachait dans l'ombre les silhouettes des deux causeurs.

Le silence se fit, et l'on eût dit que tout était inanimé dans cette chambre, quand le domestique parut de nouveau.

— Monsieur le chevalier, dit-il, il y a là un monsieur qui voudrait vous parler.

— Son nom ?

— M. Valentin.

— M. Valentin?

— Oui, le voilà justement, dit M. d'Ilo à Julien. Et il ajouta en s'adressant au domestique :

— Qu'il entre.

— C'est que ce monsieur voudrait parler à monsieur le chevalier seul.

M. de Montidy se leva.

— Adieu, dit-il à son ami.

— Reviens dîner avec moi. Je te dirai ce que Valentin vient me dire.

Julien se retira par une porte, tandis que le domestique allait chercher le visiteur par une autre.

Resté seul un instant, le chevalier eut comme un frisson et ralluma le feu qui s'éteignait.

M. Valentin entra. Autant que la demi-obscurité permettait de le voir, voici quels étaient les traits de cet homme : d'abord, il était tout vêtu de noir, et quoique jeune, avait déjà la démarche et l'attitude d'un vieillard. Autour de son front dégarni et sillonné de deux ou trois rides précoces et profondes tombaient raides et secs ses cheveux jadis bruns et grisonnants déjà ; ses yeux semblaient prêts à s'éteindre entre leurs paupières fatiguées ; sa barbe, poussant au hasard, à partir de ses pommettes saillantes et empourprées, encadrait comme une broussaille une bouche pâle et toujours entr'ouverte, comme si une grande douleur avait en s'exhalant disjoint, faussé pour ainsi dire à tout jamais les lèvres de cet homme. Ajoutez à ce premier aspect une grande négligence de mise, non pas cette négligence qui accuse la misère, mais celle qui dénote la très-grande indifférence ou la très-grande préoccupation, et vous verrez un homme dont la cravate laisse apercevoir un cou maigri, dont les manchettes chiffonnées retombent sur des mains longues, et qui, voûté, les genoux en avant comme s'il s'affaissait sous un invisible fardeau, n'a vraiment l'air que d'un paralytique en convalescence.

Cet homme tenait à la main une petite boîte d'argent ciselé.

— Me reconnaissez-vous, chevalier? dit-il à M. d'Ilo en entrant.

— A peine, mon cher Valentin. Quel changement! Asseyez-vous donc, et contez-moi ce qui vous arrive.

M. Valentin s'assit ou plutôt se laissa aller sur le fauteuil que lui présentait le chevalier.

— Oh! je suis bien malheureux! dit-il en regardant le foyer, qui éclaira deux grosses larmes.

— Que vous arrive-t-il donc?

— Rénée est partie!

— Votre femme?

M. Valentin fit un signe affirmatif. Il n'avait pas la force de parler.

— Comment, partie? reprit le chevalier.

— Elle s'est sauvée!

— Mais elle reviendra?

— Non, il ne me la ramènera plus, allez!

— Qui, il?

— Lui, son amant!

— Elle avait un amant?

— Oui, c'est affreux, n'est-ce pas? Moi qui l'aimais tant, elle n'a pas pensé à m'aimer.

Et deux nouvelles larmes suivirent les deux premières,

comme ces sources mystérieuses qui filtrent goutté à goutte
de la sécheresse aride d'un rocher.

— Oh ! j'ai bien souffert, chevalier, reprit le pauvre
homme, tant souffert même en apprenant cette nouvelle
au milieu de mon bonheur, que je suis presque devenu fou
et que j'ai failli mourir. Pourquoi ne suis-je pas mort !

— Le temps vous consolera.

Valentin secoua la tête.

— Jamais, dit-il.

Ce mot de désespoir ne fut peut-être pas prononcé deux
fois dans le monde avec une aussi lamentable intonation.

— Voyez, mes cheveux sont tombés, ceux qui n'ont pas
blanchi ; mes joues sont creuses. On ne revient pas de ces
malheurs-là. Alors je vous rapporte...

Et M. Valentin montrait la boîte d'argent.

— Que me rapportez-vous ? demanda le chevalier.

— Vous savez bien.

— Je ne comprends pas.

— Ce que vous m'aviez donné.

— Mon cœur ?

— Oui.

Il sembla au chevalier qu'il ressentait une secousse dans
la poitrine.

— Et mon cœur est dans cette boîte ? demanda-t-il.

— Oui.

— Qui l'a mis là ?

— Moi.

— Comment ?

— Vous comprenez que lorsque je suis tombé malade

en apprenant la fuite de Rénée, ma mère a envoyé chercher un médecin, et ce médecin, voyant l'exaltation où j'étais, a cherché les causes de cette maladie. Il a senti deux cœurs dans ma poitrine ; il m'a demandé ce que cela voulait dire, je le lui ai expliqué. Alors il a déclaré qu'il ne pouvait me guérir tant que j'aurais en moi un organe étranger qui ne servait plus qu'à me faire souffrir deux fois là où je ne devais souffrir qu'une. De même que mon bonheur avait été double avec mes deux cœurs, de même ma douleur se doubla, ayant, au lieu d'un, deux siéges où se placer. En outre, il était resté entre votre cœur et vous une affinité secrète des plus étranges, si bien que, tout à coup, il se mettait à me battre dans la poitrine pour des choses qui ne me regardaient certainement pas, puisque le mien restait muet. Ainsi, il y a quelque temps, je ne sais pas ce qui vous est arrivé, mais deux soirs de suite et un matin votre cœur a fait les plus bizarres évolutions. Il a dû se passer quelque fait extraordinaire dans votre vie. Ce n'était là qu'une raison de plus de vous restituer ce cœur, car j'avais bien assez de mes chagrins sans accepter les vôtres. Bref, l'opération a été assez heureuse ; j'ai mis votre cœur avec le plus grand soin dans cette boîte d'argent et je vous le rapporte. Si vous voulez le mien, continua M. Valentin avec un sourire amer, je vous le donne, car ou je me trompe fort ou il me tuera. Oh ! Dieu m'a bien puni d'avoir voulu pousser le bonheur en dehors des lois communes à l'humanité !

Le chevalier devint tout pensif et regarda presque avec tristesse cet homme courbé devant lui.

— Adieu, fit Valentin en se levant je n'ai plus rien à

vous dire. Vous m'avez fait du mal en croyant me faire du
bien ; ce n'est pas votre faute, et je vous remercie de l'intention.

— Qu'allez-vous faire maintenant ?

— Je n'en sais rien ; mais vous ne me reverrez plus. Je
vais marcher tout droit devant moi, jusqu'à ce que je ne
trouve plus un homme.

Et le jeune homme tendit la main au chevalier, qui, se
levant à son tour, regarda sortir de chez lui cette espèce de
fantôme hébété par la douleur. Puis quand il fut seul, il
considéra longtemps le coffre qui contenait son cœur ; il
fut deux ou trois fois sur le point de l'ouvrir, mais recula
toujours, en sentant, chaque fois qu'il en approchait la
main, une secousse qu'il ne s'expliquait pas. Enfin, il le
laissa où il était et se remit à songer. Quand M. de Montidy
reparut, le chevalier était si absorbé qu'il ne l'entendit pas
ouvrir la porte. Il lui raconta ce qui venait de se passer, et
deux heures après, il ne restait plus de traces en lui de
cette impression qui, après tout, ne pouvait être que passagère. Cependant, le soir, les deux amis sortirent, et M. d'Ilo
ne rentra qu'assez tard. Il rapportait assez de fatigue physique pour s'endormir vite; mais, la nuit, il se passa quelque chose de curieux. Le chevalier eut un rêve dans lequel
il voyait sa mère mourante et l'entendait l'appeler à plusieurs reprises.

Tout autre, sous un rêve pareil, se fut réveillé en sur-
saut, mais ce rêve n'émotionnait pas notre héros. Il en
supportait la vue et le développement sans émotion, comme
il supportait tout; seulement il se faisait un tel bruit dans
sa chambre qu'il fut bien forcé de rouvrir les yeux. Il se

mit sur son séant, écoutant dans l'ombre d'où venait ce bruit et demandant qui était là. Personne ne répondit, mais le bruit continuait toujours. Il sembla au chevalier que ce bruit, assez semblable à des coups de marteau répétés, venait du côté de la cheminée. Il alluma sa lampe, se leva et marcha vers l'endroit d'où le bruit partait. Le coffret d'argent était à la place où il l'avait laissé, et, à n'en pas douter, c'était le contenu du coffret qui faisait ce bruit. Ainsi, tandis que le chevalier continuait à dormir, malgré le rêve de son esprit, son cœur séparé de lui battait comme c'était son devoir, se heurtant aux parois de sa prison comme il se fût heurté aux parois de la poitrine qui l'eût contenu. Le chevalier tressaillit, lui que rien n'émouvait.

—C'est étrange, murmura-t-il, et il considéra quelque temps cette boîte animée pour ainsi dire de sa vie, et dont les pulsations allaient décroissant peu à peu.

Quand elles se furent éteintes tout à fait.

—Il faut en finir, continua-t-il, et prenant sa lampe d'une main et le coffret de l'autre, il descendit dans son jardin, qu'éclairait une lune pleine et dont les arbres rayaient de lignes noires l'azur sombre du ciel, constellé d'étoiles brillantes et sèches. Les rares feuilles que les branches supportaient encore, détachées par la brise nocturne, tombaient une à une, et comme avec un soupir, sur la terre durcie. Le silence était partout. La nature paraissait endormie de façon à ne se réveiller jamais. Si d'une des maisons voisines on eût aperçu le chevalier dans le costume où il était, marchant seul et courbé, on l'eût pris pour un somnambule. Il se dirigea vers un petit hangar où le jardinier serrait les outils de jardinage, et ayant pris une bêche, il

commença de creuser un trou. En ce moment, le vent gé-
missait peut-être plus tristement encore dans les arbres.
Quand le trou fut creusé, M. d'Ilo y déposa le coffret d'argent que, pendant cette opération, il avait laissé auprès de
sa lampe ; puis, il le couvrit de terre, piétina dessus pour
cacher que le sol eût été remué en cet endroit, et revint se
mettre au lit en disant : « Il faut espérer que maintenant je
dormirai tranquille. » Et, en effet, il s'endormait d'un sommeil que rien ne devait plus troubler. Quand le jour parut,
le chevalier dormait encore, et quand, à dix heures, il se
réveilla, il avait presque oublié son rêve et l'événement qui
en avait été la suite. C'est à peine s'il se souvenait que
madame d'Ange devait venir. Heureusement Julien le lui
rappela par une lettre, et à deux heures, la baronne arriva.

— Vous devez être bien étonné de ma visite, monsieur,
dit la baronne au chevalier, mais la charité a des droits
que les autres vertus théologales n'ont pas. Avant tout,
dites-moi si, vous qui ne croyez à rien, vous croyez à la
charité. Si vous n'y croyez pas, je me retire.

— J'y crois, madame, du moment que vous l'exercez.

— Comment ! j'aurais déjà assez d'influence sur vous
pour vous faire douter du doute ? Quel changement ! Est-
ce le seul ?

— Voulez-vous me permettre d'être franc avec vous,
madame ?

— Oui.

— De vous dire tout ?

— Dites.

— Eh bien ! donnez-moi votre main.

— La voici.

Le chevalier la porta à ses lèvres. La baronne fit un mouvement. Alors M. d'Ilo détacha un billet de mille livres d'un paquet de billets qui se trouvaient sur la cheminée et le déposa dans l'escarcelle de la quêteuse.

—Pour les pauvres, dit-il.

—Continuez, répondit madame d'Ange en souriant.

—Baronne, on n'est heureux que par le cœur.

—Vous dites?

—Je dis qu'en dehors des joies du cœur, il n'y a rien de réel en ce monde.

—Vous raillez.

—N'est-ce pas ce que vous disiez l'autre jour?

—Oui, mais...

—Eh bien, je le répète. Voyons, baronne, est-ce la charité seule qui vous amène ici?

—Et pourquoi viendrais-je?

—Vous rougissez.

—Vous me dites des choses si étranges !

—Vous m'avez permis de tout vous dire.

—Jusqu'à un certain point.

—Alors je ne dis plus rien; et cependant...

—Cependant?

—Je vous aurais dit des choses bien intéressantes...

—Sur le cœur ?

—Oui.

—Vous n'en avez pas.

—Aimez-vous quelqu'un, madame?

—Personne.

—A quoi vous servent alors votre beauté, votre jeunesse et votre cœur?

— Je n'aimerai que si l'on m'aime.

— Et si je vous disais que je vous aime, baronne ?

— Je ne vous croirais pas.

— Qu'il faut que votre amour m'appartienne ?

— Chevalier !...

— Pour les pauvres, dit une seconde fois M. d'Ilo en déposant une seconde offrande.

— Vous avez une bizarre façon de faire la charité !

— Qu'importe, pourvu que les pauvres en profitent ?

— Vous disiez donc ?...

— Vous voyez que vous y revenez de vous - même, madame. Je disais, continua le chevalier en se mettant aux genoux de madame d'Ange, je disais que si vous ne m'aimez, je ne sais que devenir ; que j'ai rêvé avec vous, baronne, l'avenir le plus charmant, le bonheur le plus complet. Vous êtes jeune, je le suis ; vous êtes libre, et moi je ne demande qu'à faire de ma liberté un esclavage éternel à votre profit. Voyons, madame, laissez-vous persuader. La vie est si courte ! avons-nous le droit de perdre du temps à douter et à craindre ? Croyons plutôt tout de suite, ce sera autant de gagné sur le sort jaloux. Quelles preuves d'amour voulez-vous que je vous donne ? Vous offrirai-je ma vie ? Quel présent banal ! et quoi de plus facile que de donner sa vie à la personne qu'on aime ? C'est cependant ce que tous les amants offrent en pareil cas ; mais disposez de moi selon votre fantaisie, je ne verrai que par vos yeux, je ne penserai que par votre esprit, je serai votre esclave, votre reflet, cette chose maniable et obéissante que toute femme comme vous a besoin d'avoir auprès d'elle.

Ces paroles avaient été dites d'une voix si entraînante,

avec une émotion apparente si inattendue, qu'un instant la baronne crut le chevalier fou.

— C'est vous qui parlez ainsi? lui dit-elle.

— C'est moi, baronne.

— Et c'est à moi que vous parlez?

— A vous-même. Ne sont-ce pas là les paroles que vous préférez entendre au lieu de celles que je disais l'autre jour?

— Et si j'étais assez faible pour vous croire?

— Oh! alors, il serait l'homme le plus heureux du monde.

— Qui, il?

Et cette fois madame d'Ange pensa réellement que le chevalier n'avait plus son sens commun.

— Julien, répondit tranquillement M. d'Ilo.

— Comment, Julien?

— Oui, c'est lui qui vous parle par ma voix.

— Je ne comprends plus.

— Julien vous aime, madame.

— Qui vous l'a dit?

— Lui, qui est venu m'annoncer votre visite hier, et comme il n'ose vous avouer son amour, je vous l'ai avoué pour lui.

La baronne se leva rougissante et dédaigneuse.

— C'est presque une lâcheté que vous venez de faire là, monsieur.

— Au nom des pauvres, écoutez-moi, madame.

Et le chevalier, prenant le reste des billets auxquels il avait déjà puisé deux fois, les envoya rejoindre les autres.

Une larme brillait dans les yeux de la baronne. Le chevalier détourna un instant les yeux pour ne pas la voir.

— Oui, j'ai été bien imprudente, murmura madame

d'Ange, mais je crois que la punition aura dépassé la faute. Une pareille insulte à une femme qui ne vous a rien fait, monsieur, c'est plus qu'un manque de cœur, c'est une preuve de cruauté.

— Écoutez-moi, madame, et vous m'excuserez. Vous savez quel homme je suis, je vous l'ai dit; ma conduite chez la marquise l'a prouvé. Insensible à tous les sentiments communs de l'humanité, je suis incapable de ressentir l'amour et ne tiens pas à l'inspirer. De toutes les personnes que j'ai vues depuis que je suis en cet état, vous êtes la seule pour qui j'ai ressenti une impression à laquelle ma position exceptionnelle ne saurait trouver une véritable signification. Quoi qu'il en soit, bien loin de vouloir vous faire de la peine, j'essayerais au contraire de vous en épargner une, si cela était en mon pouvoir. C'est tout ce qu'on peut me demander. Or, je vous vois menacée d'un grand danger, madame.

— D'un danger?

— De celui de m'aimer.

— De vous aimer !

— Oui, je le répète. La raison qui vous amène chez moi, — votre rougeur m'en a fait la confidence au début de votre visite, — n'est pas puisée dans la charité seule. Après ce qui s'est passé entre nous et devant vous à la campagne, il vous est venu cette curiosité, mêlée d'un peu de dépit, de vous amuser à triompher de cet homme sans cœur qu'on appelle le chevalier d'Ilo. C'est là une distraction comme une autre pour une femme inoccupée dont la puissance est incontestable. Puis, quand vous auriez remporté ce petit triomphe, vous laisseriez le chevalier se désespérer un peu, beaucoup même, si c'est possible, bien sûre à votre tour de rester insensible à ses prières, comme il est resté insensible à des galanteries qui n'avaient pour élément qu'un pari à gagner. C'était là jouer un jeu dangereux, madame, en vous habituant à une lutte où j'aurais toujours triomphé, et où votre cœur, pris entre votre amour-propre et mon indifférence, eût fini par tomber esclave de ma fantaisie. Heureusement, je ne l'ai pas voulu, et pour vous-même, pour vous seule, je vous ai détrompée tout de suite, et comme vous venez ici chercher des expressions de tendresse et de dévouement, je vous ai parlé comme un homme qui aime, seulement au nom d'un autre que moi. Vous voici maintenant, madame, sur la route que votre cœur a tout intérêt à suivre. Julien vous aime ; essayez de l'aimer, et si le cœur a réellement encore des joies en ce monde, profitez-en ensemble, vous deux qui les méritez si bien.

— Merci, monsieur le chevalier, de l'intérêt que vous prenez à mon repos, à mon bonheur même, et des moyens que vous avez trouvés de me l'assurer. Cela me flatte d'autant plus que vous ne faites pas métier de sympathie et que vous n'avez certainement fait pour personne ce que vous faites pour moi. La vérité est que j'aurais voulu triompher de votre indifférence de parti pris, mais non pour une simple satisfaction d'amour-propre. Sans orgueil, je me crois au-dessus d'aussi étroites ambitions. C'est le propre des femmes de risquer des luttes dans le genre de celle que je venais chercher ici. Mais j'avais moi, un motif sérieux ; je voulais persuader votre scepticisme et faire retourner vers moi le bonheur que je tentais de vous faire connaître. Vous appellerez encore cela de l'égoïsme, soit ! Je vous dirai cependant que le sentiment que j'éprouvais pour vous et qui est né rapidement, à mon insu, est plus noble et plus élevé. C'est le sentiment qu'inspirent toujours à une femme le spectacle d'un grand courage comme celui dont vous avez fait preuve, la communication d'une haute intelligence comme celle que vous avez montrée, quand bien même ce courage ne résulterait que de l'absence du cœur quand bien même cette intelligence s'appliquerait à des sophismes misanthropiques. Je n'aime pas monsieur de Montidy, je ne l'aimerai jamais ; je ne soupçonnais pas qu'il m'aimât. Quant à vous, chevalier, un jour vous viendrez à d'autres idées ; vous êtes trop jeune pour conserver éternellement l'insensibilité dont vous vous parez peut-être un peu trop. L'âme a ses saisons et elle ne peut être dépouillée et déserte qu'à la condition d'avoir fleuri ; rien ne peut mourir là où rien n'a vécu. Vous aimerez, je l'espère, je vous le souhaite, il le faut. Dieu veuille pour vous alors que la femme qui aura opéré ce miracle de transformation soit digne d'être aimée et ne vous fasse pas souffrir l'indifférence ! Je vous remercie pour mes pauvres, qui auront toujours gagné quelque chose à cette visite. Adieu, chevalier ; soyez heureux, dans quelque sens que vous compreniez le bonheur.

Là-dessus, madame d'Ange tendit la main à M. d'Ilo, et avant qu'il eût le temps de lui répondre, elle avait quitté la maison.

Deux heures après cette conversation, le chevalier était encore assis, pensif, devant son feu. Les mots qu'il avait entendus bourdonnaient autour de sa tête comme ces moucherons au vol circulaire qu'on entend et qu'on ne peut saisir. En effet, il trouvait bien un sens nouveau à ces pa-

roles nouvelles, mais il eût été impuissant à le fixer dans
son esprit et à l'analyser complétement. Il lui manquait,
pour en avoir la véritable traduction, cette intelligence que
seul le cœur peut donner. Toujours est-il qu'en le quittant,
la baronne avait laissé en lui quelque chose d'inaccou-
tumé, comme un germe qui, tombé en une terre inculte,
tenterait d'éclore, et dont cette terre sentirait le travail
inutile la remuer légèrement.

M. d'Ilo sortit de chez lui ; on eût dit qu'il avait besoin
de se distraire. Il alla voir Julien, à qui, lui, sceptique, il
n'eut pas le courage d'annoncer qu'il ne serait jamais aimé
de madame d'Ange ; il alla voir Valentin, et lui, l'indifférent, il cherchait en chemin des mots propres à le consoler
un peu.

Quel fut son étonnement, à cet homme qui ne s'étonnait
de rien, quand en entrant dans l'antichambre de Valentin,
il entendit des chants, des rires et des chocs de verres !

— N'est-ce plus ici que Valentin demeure ? demanda-t-il
au valet.

— Si, monsieur.

— Qui fait donc ce bruit ?

— Lui et ses amis.

— N'avait-il donc pas un grand chagrin ?

— Oui, monsieur, hier.

— Hier, répéta le chevalier en regardant l'homme qui
venait de lui faire cette réponse, dont le dernier mot renfermait toute une bibliothèque de philosophie. Hier ! Qu'est-
ce donc que la douleur pour qu'elle meure entre hier et
aujourd'hui ? Et il s'éloigna.

— Monsieur le chevalier n'entre pas ?

— Non, je ne suis pas assez gai pour le chagrin de votre maître.

Alors M. d'Ilo rentra chez lui. Dans l'état indescriptible où il était, la solitude lui parut être ce qu'il y avait de mieux. Il s'enferma, consigna sa porte et se mit à lire. Une partie de la nuit se passa ainsi, dans le silence d'une méditation dont la cause et le but s'approchaient de temps en temps visibles et palpables, comme ces apparitions fantasmagoriques dont on amuse les enfants, mais s'éloignant comme elles et rentrant dans les ténèbres quand l'esprit du chevalier les voulait retenir. Bref, le lendemain, dès l'aube, il était réveillé, lui qui dormait toujours jusqu'à dix heures, et comme le soleil se levait rouge et or dans un ciel transparent comme du cristal bleu, il descendit dans son jardin pour aspirer l'air matinal et mêler un peu de nature fraîche à un rêve tout différent de celui qu'il avait fait la nuit précédente, rêve dans lequel plusieurs fois le doux visage de la baronne lui était apparu. Le chevalier fit deux ou trois tours dans son jardin, mais en évitant constamment de porter les yeux vers la place où son cœur était enterré. Il sentait bien que quelque chose l'attirait de ce côté, mais il luttait encore avant de se rendre. La désolation de l'hiver continuait ; pas la moindre végétation nouvelle dans ce jardin épuisé. M. d'Ilo s'assit un instant sur un banc de gazon jadis vert, rouillé maintenant, et laissa ses regards se promener au hasard autour de lui. Le hasard sait bien ce qu'il fait, et les regards du jeune homme, après avoir ricoché d'un tronc à l'autre, se fixèrent tout à coup entre les arbres qui formaient comme une grille devant lui, sur une touffe d'herbe d'un vert un peu tendre, connu du printemps seul, et qu'étoilaient de petites fleurs rosés et blanches écloses la veille et légèrement agitées par le vent d'hiver.

— C'est curieux, murmura M. d'Ilo, et il marcha dans la direction de ces fleurs.

Or, à l'endroit où ces fleurs étaient venues, la terre avait été fraîchement retournée ; en un mot, ces fleurs étaient écloses au-dessus du coffret d'argent qui contenait le cœur du chevalier, et quand il s'en approcha, un oiseau se mit à chanter sans s'effrayer de la présence d'un homme.

Il sembla à M. d'Ilo que la terre tournait autour de lui. Il n'était pas bien sûr d'avoir vu, d'avoir entendu ; il passa la main sur ses yeux et regarda de nouveau.

Les fleurs étaient toujours là, et c'étaient les seules du jardin. Le chevalier se pencha vers ces fleurs et il vit distinctement dessus une goutte de rosée brillant comme un diamant. Pourquoi cette goutte d'eau lui rappela-t-elle cette larme qu'il avait vue la veille mouiller les yeux de la baronne ? Nous ne saurions le dire ; ce que nous savons, c'est que M. d'Ilo s'agenouilla devant ces fleurs, les cueillit une à une avec la plus grande précaution, les coucha dans sa main avec le plus grand soin pour ne leur rien faire perdre de leur senteur ni de leur éclat, et que les ayant déposées ensuite dans une boîte d'émail, il mit cette boîte sous enveloppe et l'envoya de sa part à la baronne d'Ange en se disant :

— Pauvre femme ! je lui dois bien cela.

La baronne répondit :

« Venez tout de suite me voir, chevalier, et m'expliquer le souvenir que je reçois de vous. J'ai peur de me tromper si je crois trop vite ce que mon cœur me dit. »

Une demi-heure après, M. d'Ilo était chez la baronne.

— C'est vous qui m'avez envoyé ces fleurs?

— Oui, baronne.

— Et pourquoi?

— Parce que j'ai idée que c'est vous qui les avez fait naître.

— Comment cela?

— Avec les paroles que vous m'avez dites hier, avec une larme que vous avez versée.

— Où donc ont poussé ces fleurs?

Le chevalier raconta tout ce qui s'était passé depuis deux jours.

La baronne poussa un cri de joie.

— C'est un conseil de la Providence, chevalier, dit-elle; vous voyez qu'il peut germer quelque chose dans le cœur le plus isolé, le plus aride, le plus enseveli. Ces fleurs écloses de cette façon sont l'emblème visible des joies dans lesquelles votre cœur peut fleurir encore. Allons, courage, chevalier, vous êtes jeune. Pour une douleur que vous avez eue, faut-il enterrer votre jeunesse? Il y a du bonheur dans la vie; reprenez votre cœur, croyez, aimez, vous serez heureux, c'est moi qui vous le dis, c'est moi qui m'en charge; le voulez-vous? Depuis hier vous êtes tout autre, dites-vous; c'est le besoin de pleurer, de rire, de souffrir et d'être joyeux comme tout le monde qui s'empare de vous; c'est le besoin enfin de vivre dans les conditions humaines que Dieu tôt ou tard nous punit d'avoir voulu éviter. Voyons, mon ami, croyez-moi: quel intérêt aurais-je à vous tromper? Que faut-il vous dire? Je vous aime! Est-ce assez? Reprenez votre cœur et vous verrez comme ce mot vous rendra heureux ; car je suis jeune, car je suis belle, car je vous aime réellement.

Le chevalier était comme étourdi ; mais ce qu'il y a de certain, c'est que la baronne disposait déjà de la plus grande partie de sa volonté.

— Ce ne sont plus les fleurs seules qu'il faut cueillir, lui dit-elle ; il faut que votre cœur rentre en vous. Allez, je vous attends ici en priant. Revenez me dire que vous m'aimez, et l'avenir nous appartiendra.

Les yeux dilatés, agité de mouvements nerveux, semblable à une machine, le chevalier quitta la maison de la baronne et se rendit chez lui. Arrivé dans son jardin, où il ordonna qu'on le laissât seul, il se mit à creuser la terre avec ses mains jusqu'à ce que ses ongles se heurtassent aux ciselures du coffret. Alors il le prit, l'emporta dans sa chambre, s'y enferma, et le considéra longtemps sans oser l'ouvrir. Enfin il en fit sauter le couvercle, et s'ouvrant lui-même la poitrine de ses deux mains fiévreuses, il y plongea son cœur en s'écriant :

— Rentre donc dans mon sein, puisqu'elle le veut !

La secousse fut étrange, et le jeune homme n'eut que le temps de comprimer sa poitrine dans ses mains pour empêcher son cœur de bondir hors de lui ; mais un instant après il lui sembla que tout changeait d'aspect. Il se mit à rire d'un rire nerveux, et ses yeux s'emplirent de larmes abondantes qui roulaient autour de lui comme l'eau d'une source. Il crut qu'il allait mourir. Il n'eut que le temps d'ouvrir sa porte et d'appeler son domestique, qui accourut aussitôt.

— Qu'arrive-t-il à monsieur le chevalier ? demanda cet homme en voyant l'état où était son maître.

— Rien, mon ami, sinon que je suis bien heureux ! Tu m'es dévoué, n'est-ce pas ?

— Oui, monsieur le chevalier.

— Tu m'aimes ?

— Monsieur le chevalier le sait bien.

— C'est que, vois-tu, maintenant, fit M. d'Ilo respirant à peine, j'ai besoin d'être aimé ! car moi, j'aime tout le monde !

Et prenant son domestique dans ses bras, il l'embrassa de toutes ses forces.

— Que c'est bon d'embrasser quelqu'un ! s'écria-t-il.

— Mais, monsieur, vous avez perdu la tête !

— Eh non ! j'ai retrouvé mon cœur.

Et là-dessus, le chevalier quitta sa chambre et se mit à courir comme un collégien échappé dans le chemin qui menait chez la baronne.

Son domestique ne comprenant rien à ce qui se passait, et craignant qu'il ne lui arrivât un malheur, se mit à sa poursuite ; mais si bien qu'il courût, son maître courait mieux que lui.

Arrivé à cent pas de la maison de madame d'Angé, notre héros trouva un rassemblement de commères en émoi qui obstruaient la rue. Au milieu du rassemblement, une voiture était arrêtée, et deux voix dominaient le bruit général.

— C'est votre faute ! vous êtes un gueux ! disait une voix de vieille femme éplorée.

— Il fallait le garder chez vous, répondait la voix du cocher.

— Qu'est-ce que c'est ? demanda le chevalier avec intérêt.

—C'est ce butor-là qui a écrasé la patte à mon chien, répondit la vieille femme, et en même temps elle montrait à monsieur d'Ilo son chien qu'elle tenait dans ses bras, hurlant, malgré les caresses qu'elle lui faisait. Le patte de l'animal pendait tout ensanglantée.

A cette vue, le chevalier pâlit, poussa un grand cri et tomba à la renverse. Il était évanoui.

Son domestique arriva pour le recevoir au moment où il tombait et le fit transporter chez lui sans qu'il eût repris connaissance.

Il envoya chercher le médecin, qui ayant examiné le malade, hocha significativement la tête.

A peine le chevalier eut-il rouvert les yeux qu'il ordonna qu'on allât chercher la baronne. Le médecin avait entendu cet ordre.

—Que vous est-il arrivé? demanda-t-il au malade.

M. d'Ilo lui raconta qu'ayant vu un chien blessé, il s'était trouvé mal.

—Pas autre chose? demanda le médecin.

—Non.

—D'où souffrez-vous?

—Du cœur.

—Vous êtes très-sensible sans doute?

—Il paraît. Est-ce que je suis dangereusement malade?

—Non. Quelle est cette personne que vous attendez?

—Une femme.

—Que vous aimez?

—Oh! oui, docteur.

—Bien. Reposez-vous un peu jusqu'à ce qu'elle arrive.

Le médecin quitta la chambre et se mit à attendre dans

4

la salle par où la baronne devait passer. Elle parut bientôt toute pâle et toute agitée.

— Que se passe-t-il? demanda-t-elle.

— Vous aimez le chevalier, madame? lui dit le docteur.

— Oui, monsieur.

— Vous le connaissez depuis longtemps?

— Pourquoi ces questions?

— C'est qu'il a dû y avoir dans la vie du chevalier quelque chose d'extraordinaire. La vue d'un chien blessé, si sensible qu'on soit, ne cause pas ordinairement une maladie comme celle dont il est atteint.

— Il est donc bien malade?

— Répondez-moi, madame. Savez-vous quelque particularité de la vie de monsieur d'Ilo?

— Oui, monsieur.

Et la baronne raconta en quelques mots l'histoire du chevalier.

— Eh bien, madame, fit le docteur d'une voix grave.... Je ne puis pas vous laisser entrer chez le chevalier.

— Pourquoi, grand Dieu!

— Parce que ce M. Valentin lui a rendu son cœur, c'est vrai, mais il le lui a rendu dans l'état d'un cœur qui a trop souffert. Le chevalier a un anévrisme, et la première émotion qu'il aura maintenant le tuera sur le coup.

— Mon Dieu! je suis maudite! s'écria la baronne.

En ce moment, on entendit la voix affaiblie du chevalier, qui disait :

— Vous êtes là, je vous ai entendue, baronne! Venez, je vous en supplie!

Il n'y a pas de forces humaines qui puissent retenir une

femme qui s'entend appeler ainsi par l'homme aimé.

Elle ouvrit la porte et courut au lit du malade.

Le chevalier étendit les bras vers elle en s'écriant :

— Que vous êtes bonne ! Puis sa figure s'éclaira d'un sourire céleste, et il retomba la tête sur l'oreiller avec un soupir d'ineffable joie en murmurant : Pauvre petit chien !

— Que vous avais-je dit, madame ! fit le docteur en posant la main de la baronne sur le cœur du chevalier.

En effet, ce cœur étrange avait cessé de battre, et l'on eût dit cependant que le chevalier n'était qu'endormi, tant sa figure était calme, tant elle rayonnait de bonheur et de sérénité ?

Maintenant la baronne est une vieille femme aux cheveux blancs, quelque peu paralytique, mais gracieuse encore, et qui, en montrant dans une boîte d'argent quelques fleurs séchées, raconte à qui veut l'entendre l'histoire que vous venez de lire. Il est vrai qu'on la dit un peu folle cette pauvre baronne. Cette folie date, dit-on, de sa jeunesse et d'une grande peine de cœur. Comme complément à cette histoire qu'elle raconte avec la plus grande lucidité, elle ajouta ces mots :

— Ainsi sera-t-il de tous ceux qui voudront intervertir l'ordre de la nature et changer les volontés de Dieu. Si Dieu avait pensé que les hommes dussent avoir deux cœurs ou n'en point avoir du tout, il l'aurait aussi bien fait que d'en donner un à chaque homme. Ce que Dieu fait est bien fait.

Ce qui ne me paraît pas trop fou pour une folle.

UN PAQUET DE LETTRES

—

I

JULIEN A LYDIE.

« Lyon....., le 18.....

» Il est six heures du soir. Je viens d'arriver à Lyon. Vous devinez avec quelles pensées, n'est-ce pas? Tandis que mes compagnons de route dînent à la table d'hôte, moi, enfermé dans une des chambres de l'hôtel, dans une de ces chambres sombres et froides, sur les murs desquelles on dirait que chaque voyageur a laissé en passant une partie de sa tristesse et de son isolement, je pense à vous et je vous écris.

» J'ai voyagé souvent, laissant comme tout le monde derrière moi une personne aimée, un parent, un ami, une habitude, quelqu'un ou quelque chose enfin dont le cœur ne saurait se séparer sans un déchirement; mais presque toujours le but du voyage devait me faire oublier l'émotion

4*

du départ et la tristesse de la route. Ce n'était jamais, comme cette fois, mon cœur tout entier que je laissais en arrière.

» Pauvre chère amie, est-ce bien moi qui vous écris de pareilles choses, et tout ce que je vous écris est-il bien réel? Est-il bien réel que nous soyons séparés éternellement, nous qui avions juré de ne nous quitter jamais, nous qui nous aimons encore comme au premier jour, et ne dois-je pas douter de mes yeux, de mes oreilles, de ma mémoire, de ma raison, de tous mes sens, quand je me rappelle que c'est vous qui m'avez ordonné ce voyage, sachant le résultat qu'il doit avoir? Ah! tenez! il y a des moments où mon esprit s'arrête comme pétrifié en face de cette étrange résolution. Alors j'ouvre de grands yeux et je regarde les objets dont je suis entouré, ces objets inanimés, stupides, qui ne sauraient rien prendre de notre douleur, et ne sauraient nous donner rien de leur insensibilité dont nous aurions quelquefois un si grand besoin.

» Je me demande donc si je vis, et pourquoi, vivant, je me condamne volontairement à un malheur certain.

» Quand je songe combien la vie est courte, que je puis mourir dans un an, dans un mois, demain, je me dis : Pourquoi raisonner ma vie! Pourquoi m'occuper de l'avenir! qu'en restera-t-il un jour? que d'hommes sont à cette heure couchés à tout jamais sous la terre et dans la pose ridicule du tombeau, qui eux aussi ont sacrifié leur cœur à une nécessité, et, à l'heure de la mort, en face du néant de toutes choses, se sont assurément repentis du sacrifice qu'ils avaient fait!

» Et c'est vous, vous que j'aime le plus au monde, vous

qui emplissez à ce point ma pensée que, fussiez-vous, comme vous êtes en ce moment, à cent lieues de moi, il me semble que vous répondriez à ma parole, si je vous parlais ; c'est vous dont j'ai les lettres là, sur ma poitrine, comme un second battement de mon cœur; c'est vous qui m'aimez, qui me l'avez dit, qui me l'avez prouvé; c'est vous qui faites de notre séparation une preuve de votre amour.

» Dites-moi par quelle effroyable logique, l'esprit peut faire passer le cœur pour qu'il en arrive à dire : « C'est vrai, » devant une si douloureuse invraisemblance !

» Eh bien! chose étrange ! il y a une volupté dans cette douleur même. Si l'on me disait : — « Veux-tu oublier ? » — je ne le voudrais pas. — Pourquoi ? — C'est que la douleur est encore la preuve de la vie et de l'intelligence.

» Et puis, vous oublier ? ne plus souffrir en pensant que je suis loin de vous ! vous revoir un jour sans courir la chance d'en mourir ! ce serait d'une ingratitude infâme, ce serait l'anéantissement de tout ce qu'il y a d'honorable et de bon en moi. La consolation de ma douleur est dans sa durée, dans sa perpétuité même. Je veux qu'à chaque heure du jour nous puissions, dans quelque lieu que nous soyons, nous dire chacun de notre côté que nous souffrons l'un pour l'autre.

» Et quand on pense que cette douleur si vraie, si intense, si durable, n'est qu'une chose volontaire ! Rien n'est changé dans ce qui nous entoure ; le monde marche comme auparavant, vous vivez, je vis ; vous m'aimez, je vous aime ; nous avons de longues années à nous donner encore. D'où vient que nous souffrons l'un par l'autre ? D'où vient même que nous souffrons ? Des paroles ont été dites par vous, et voilà deux âmes dans le désespoir par suite de ces paroles, c'est-à-dire de sons vides de sens, si elles eussent été prononcées devant un homme d'un autre pays, ou même devant un indifférent. Où sont-elles, ces paroles? Que sont-elles devenues? Qui les prouve? Ont-elles été dites? Qui en a gardé la trace, excepté ma pensée? Avaient-elles bien le sens que je leur ai donné? Comment se fait-il qu'une chose immatérielle, que l'air emporte, qu'un mot, enfin, prononcé d'une certaine façon, puisse plus sûrement briser une âme, qu'un boulet de canon ne brise un corps, et les mêmes lettres de ce mot, placées dans un sens différent, donneraient peut-être la joie à un autre individu.

» Tenez, je suis à peine à moitié de ma route et me voilà déjà au bout de mes forces. Au nom du ciel! rappelez-moi. Écrivez-moi que tout ce qui se passe n'est qu'un rêve, que vous voulez me revoir, que vous avez voulu m'éprouver; car j'en suis à me demander comment il se fait que je vous ai obéi. Que m'importe l'avenir! mon avenir, n'est-ce pas vous? Souvenez-vous de nos bonnes soirées et de nos gais entretiens, quand vous arriviez chez moi, que vous allongiez vos petits pieds devant le feu et que je me couchais par terre, les prenant tous les deux dans ma main comme des oiseaux frileux qu'on réchauffe. Alors il n'était pas question de se séparer; alors, éclairés seulement par la flamme du foyer, nous restions des heures entières à nous regarder et à nous sourire, sans avoir besoin de nous dire ce que nous pensions, tant nous le savions à l'avance. Et votre présence emplissait à ce point ma vie, que le lendemain, quand je vous revoyais, il me semblait que vous ne m'aviez pas quitté un instant.

» Hélas! je ne vous entendrai plus me conter votre beau rêve de la veille! je ne vous verrai plus lisser vos cheveux devant ma glace, je ne vous sentirai plus vous appuyer sur mon épaule, et trouver encore, après l'adieu, une heure de causerie sur le seuil de ma porte!

» Non, un pareil amour ne s'efface pas en un instant du passé d'un homme; non, un pareil rêve a acquis le droit de réalité, et c'est un infanticide de tuer aussi froidement ce qui est né de notre cœur. D'ailleurs, est-ce moi qui vous ai parlé des volontés de mon père? N'est-ce pas vous qui les avez surprises dans cette lettre que je vous cachais? Qu'est-ce que je fais ici, je vous le demande? Vous m'avez menacé de partir et de ne plus me revoir si je ne partais pas et si je vous revoyais. Vous m'avez promis votre amitié éternelle, si je vous obéissais. Eh bien! j'ai fait ce que j'ai pu, mais je tombe brisé au début même du chemin, et je vous demande grâce. N'est-ce pas qu'à l'heure où vous recevrez cette lettre, vous aussi vous vous serez aperçue que le sacrifice est au-dessus de vos forces? N'est-ce pas que de votre côté vous m'écrirez de revenir? Voyez-vous d'ici l'embrassement du retour? Comprenez-vous cette joie de se revoir quand on s'est cru séparés pour jamais? Comme nous rirons de notre folie! comme nous nous aimerons! Un mot, un seul mot et j'accours! Je vous ai obéi, je vous obéis encore; mais le reste est au-dessus de mes forces. Oh! dites-moi que vous m'aimez toujours et que vous m'attendez. Moi, je vous aime plus que tout au monde, et j'attends.

» Ma vie est à vous.

» JULIEN. »

II

LYDIE A JULIEN.

« Paris, le..... 18....

» Le mot que vous me demandez, mon ami, je ne l'écrirai pas. Le premier pas de cette épreuve difficile est fait : nous devons aller jusqu'au bout. Croyez-vous que je ne souffre pas autant que vous de cette séparation ? Mais soyons forts, et un jour, si nous nous retrouvons, vous me remercierez. Oui, tout ce qui s'est passé est bien réel. Oui, nous aimant, nous nous séparons. Mais la vie a ses exigences terribles, et les mots que je vous ai dits, tout vides qu'ils sont, renferment de sérieuses réalités. Il m'a fallu bien du courage pour vous les dire, car c'était mon bonheur que j'allais sacrifier au vôtre. Mais raisonnons, écoutez-moi, et relisez cette lettre quand votre courage se heurtera contre de nouvelles hésitations.

» Vous avez vingt-cinq ans, j'en ai trente, c'est-à-dire que j'ai le double de votre âge ; car dans dix ans vous serez encore un homme jeune, et moi j'aurai atteint l'époque où pour une femme l'amour est un ridicule, un malheur ou un vice. Je ne suis pas libre, j'appartiens à ma famille, au monde, à l'opinion, et, dois-je le dire ? à mon mari. Tout en vous aimant, je le respecte, car nous autres femmes, combattues trop souvent par des sentiments que nous ne pouvons vaincre, et par le devoir que nous avons accepté légèrement ou qu'on nous a imposé, il nous arrive de passer des transactions subtiles avec notre conscience, et quelquefois nous nous abusons jusqu'à nous trouver quittes, quand en aimant un autre homme que notre époux, nous gardons pour celui-ci des sentiments sérieux, dont nous ne distrayons rien, tels que le dévouement et l'estime.

» Je n'aurais donc jamais quitté mon mari pour vous suivre, bien que mon amour pour vous soit immense. Jamais je n'aurais payé par le scandale et la honte publique la tendresse qu'a pour moi le père de mon enfant, tendresse dont mon âme ne se contente pas, mais qu'il croit, lui, dans sa confiance et dans son habitude, égale aux affections les plus délicates et les plus nécessaires aux femmes. Il ne m'aime pas comme vous m'aimez ; il n'y a en lui ni votre jeunesse, ni votre enthousiasme, ni votre jalousie ; mais si je le quittais, il mourrait lentement, tristement, comme ces arbres qu'un ver ronge à leur racine. Si demain il fallait ma vie pour sauver la sienne, je la donnerais pour lui, en pensant à vous.

» Il aurait mon dévouement jusqu'à sa dernière expression ; vous auriez mon souvenir jusqu'au dernier battement de mon cœur.

» Quant aux remords, si j'en ai, le long martyre dans lequel j'entre en me condamnant à ne plus vous voir, les expiera peut-être. La vie matérielle continuée dans la mort morale est évidemment, n'est-ce pas, la plus flagrante preuve de repentir qu'on puisse donner à Dieu ?

» Nous étions donc séparés en ce monde, et jamais notre amour n'aurait pu se manifester à la face de tous, car mon mari est encore jeune, car, grâce au ciel, il a de longues années devant lui, et jamais le souhait de ma liberté ne m'est venu, même aux heures où je regrettais le plus de n'être pas entièrement à vous. Je suis riche et vous êtes pauvre, ou du moins vous avez besoin de vous faire une position indépendante. Je ne suis pas de ces femmes qui disent à l'homme qu'elles aiment : « Vous pouvez accepter de moi. » Vous n'êtes pas non plus homme à accepter d'une femme autre chose que son amour.

» Or, cette irrégularité de position n'est rien quand on est jeune, et la chambre, si modeste qu'elle soit, où elle voit l'homme qu'elle aime est le plus somptueux palais où une femme puisse entrer. Mais avec les années augmentent les besoins de la vie.

» Vous avez un beau talent, mais qui a besoin de calme et de bien-être pour se développer. Il ne faut pas que vous soyez forcé de produire vite, si vous voulez produire bien. Je veux que vous vous fassiez un nom. Je veux être fière de vous dans la solitude de ma vie, et je veux que vous deviez tout à des moyens honorables.

» Vous avez une famille à laquelle vous devez bien quelque chose, en échange des sacrifices qu'elle a faits pour vous.

» Enfin, mon ami, vous auriez été étonné un jour du changement de vos idées, et vous vous seriez demandé d'où vous venait un besoin tout nouveau, que je ne pouvais satisfaire, d'affections légitimes, de repos domestique et de travail indépendant. Alors nous aurions souffert tous deux de mon insuffisance à combler le vide de votre âme. Dieu sait ce qui fût advenu ! Des reproches de votre part, des regrets de la mienne.

« La femme qui aime ne raisonne pas ainsi, » me direz-vous. Au contraire, mon ami, c'est ainsi que raisonne la femme quand son amour n'est pas de l'égoïsme, quand elle n'aime pas pour elle seule. Dieu a mis en nous, créatures faibles, une force invincible d'abnégation, un besoin insatiable de dévouement. Nous avons toutes notre calvaire. Il n'est pas une seule de nous qui n'ait vu mettre en croix une de ses affections les plus chères, un de ses rêves les plus doux.

» Voilà ce que je me disais souvent en pensant à vous : voilà ce qui me faisait ces heures si tristes, dont vous me demandiez la raison, sans que je pusse vous la donner. C'est au milieu de toutes ces agitations qu'est arrivée la lettre de votre père. Vous aussi, vous êtes devenu rêveur et soucieux pendant quelques jours, comme il arrive à l'homme qui voit surgir la réalité au milieu de ses illusions. J'ai remarqué votre tristesse comme vous aviez remarqué la mienne ; pas une ombre ne pouvait passer sur un amour comme le nôtre sans qu'il la reflétât à l'instant même. Vous n'avez pas voulu me dire la vérité, c'était tout naturel, et moi, me trompant à votre rêverie, comme vous vous êtes sans doute trompé à la mienne, je me suis mise à croire que vous ne m'aimiez plus ; j'ai été jalouse, j'ai fait une chose excusable seulement chez la femme qui aime : j'ai violé le secret de vos papiers, et j'ai trouvé la lettre de votre père, cette lettre où il vous disait d'aller le rejoindre à Marseille, où il vous parlait d'un mariage projeté pour vous ; mariage qui devait faire votre bonheur et celui de votre famille, assurer votre avenir et vous donner enfin tout ce que vous ne pouviez trouver en moi. Votre refus, c'eût été le désespoir

de votre père et la ruine de votre avenir. Voyons, une fois
initiée, que devais-je faire ? Ce que j'ai fait : vous montrer
toute la vérité que vous n'aviez fait qu'entrevoir, vous faire
un courage avec le mien, et vous aimer jusqu'à vous laisser
croire que je ne vous aimais pas.

« Par quelle effroyable logique êtes-vous arrivée à ce
résultat ? » me demandez-vous. Eh ! mon Dieu ! par la
simple logique des choses. Le sacrifice était si nécessaire,
qu'il n'y avait qu'à l'indiquer pour le rendre indispensable.
Je vous ai dit : « Mon ami, il faut obéir à votre père ; il faut
avoir une famille, une femme qui vous aime, en ayant le
droit de vous aimer, et que vous aimerez un jour, car, quoi
qu'on en dise, le cœur n'aime pas qu'une fois. »

» Je vous ai promis de rester votre amie si vous m'obéis-
siez. Je vous ai menacé de partir si vous ne partiez pas.
Nous avons bien longtemps pleuré ensemble, mais il paraît
que j'avais raison, puisque vous êtes parti.

» Maintenant, vous voilà en route, et vous demandez à
revenir. Non. Continuez votre chemin. Vous vous repenti-
riez un jour d'être revenu plus que vous ne vous repentez à
cette heure d'être parti. Faisons noblement, franchement et
loyalement les choses, comme deux cœurs élevés, comme
deux âmes supérieures. Nous ne nous séparons pas comme
d'ordinaire les amants se séparent ; il n'y a entre nous ni
reproches ni amertumes. Nous ne pouvons faire autrement
que de continuer à nous aimer longtemps, à nous aimer
toujours. Nous obéissons à une nécessité qui à une chose
heureuse donne un dénouement honorable. Deux ans, nous
nous sommes aimés, sans qu'un seul nuage obscurcît notre
amour. A quelque distance que nous soyons désormais

l'un de l'autre, une chaîne invisible, une chaîne indisso-
luble nous lie : c'est le souvenir mutuel de notre amour,
c'est notre estime réciproque, c'est la satisfaction commune
d'un devoir accompli.

» Adieu donc, mon ami. Courage. Écrivez-moi souvent,
dites-moi toutes vos pensées, toutes vos impressions. Vous
verrez que le bonheur vous sera facile.

» Quoi qu'il arrive, vous le savez, vous n'avez pas de
meilleur ami que moi. » LYDIE. »

———

III

JULIEN A LYDIE.

« Lyon, 8 heures du soir.

» Vous ne m'aimez pas, Lydie, vous ne m'avez jamais
aimé ; sans quoi vous n'eussiez pas écrit une pareille lettre.
Il est impossible de raisonner plus froidement, plus utile-
ment les nécessités de la vie et les exigences du monde.
Où avez-vous pris cette cendre froide que vous jetez si
tranquillement sur le feu de votre âme? Vous dites que
c'est un service que vous me rendez? Merci donc, et que
votre volonté soit faite! Je pars.

» Quoi que vous en disiez, j'ignore si je vais être heureux ; j'en doute même. Pour vous, je n'ai pas à vous sou-
haiter le bonheur : quand vous ne l'aurez plus dans votre
cœur, vous le retrouverez dans votre raison.

» Adieu ! » JULIEN. »

IV

LE MÊME A LA MÊME.

« Sur le bateau à vapeur, 5 heures du matin.

» Pardon, mille fois pardon de la lettre que je vous ai écrite hier. Je vous aime tant, qu'il y a des moments où je ne sais plus ce que je fais, où je suis capable de vous faire du mal. Vous m'avez déjà pardonné, n'est-ce pas ? N'aurais-je pas dû comprendre ce que vous aviez souffert en écrivant ce que vous m'avez écrit ! Comment, moi qui vous connais, n'ai-je pas lu, à côté des mots tracés par vous, toute votre douleur en les traçant ! Je n'abuserai pas de cet aveu. Mais au nom du ciel, avouez-moi que vous vous imposez un dur sacrifice ; dites-moi que vous m'aimez toujours, que vous souffrez, que votre cœur n'a aucune complicité avec la logique de vos paroles, et qu'il vous crie à chaque instant de me rappeler.

» Oh ! je suis bien malheureux !

» Ainsi, je ne vous reverrai plus ! Ainsi je vais arriver à Marseille, on va me présenter à une famille que je ne connais pas, à une jeune fille que je n'ai jamais vue, qui ne peut m'aimer, qui aime peut-être un autre homme, et qu'on va unir à moi pour l'éternité ! Mais n'est-ce pas une mauvaise action que je vais commettre là ? de quel droit vais-je faire cette double infamie de me séparer de vous et de m'unir à elle ? Ses parents en ont décidé ainsi, mais son cœur a-t-il accepté cette décision étrange ? Cet inconnu que vous aimez ne va-t-il pas être pour elle ce que votre mari est pour vous ? Je ne l'aime pas, cette jeune fille ; je ne l'aimerai jamais, je le sais à l'avance. Je la plains, voilà tout. Si elle pouvait me traiter comme un frère, me prendre la main et me dire : « Je vous en prie, ne m'épousez pas ! » que je serais heureux ! Alors il n'y aurait pas de ma faute, alors vous me laisseriez revenir à vous, n'est-ce pas ? Si cela pouvait arriver, c'est là ma dernière espérance ! Mais si, obéissant à un devoir, comme j'obéis, moi, à une nécessité, elle devient ma femme et qu'un jour elle me trompe, la société me donnera le droit de la punir ! quelle injustice ! Quand moi, je ne lui porte que mon nom, quand mon cœur reste en dehors de cette union, il faut qu'elle m'apporte, elle, la virginité de son corps, la fidélité de sa pensée, la preuve incessante d'un amour que je demande à Dieu qu'elle ne ressente jamais, car si elle allait m'aimer, ce serait bien pis encore, et je serais cruellement puni. Et si je ferme les yeux, si je la laisse chercher autre part le bonheur qu'elle ne peut trouver en moi, je deviens un sot ou un malhonnête homme aux yeux du monde. En vérité, les lois sociales sont étranges. Que m'a-t-elle fait, cette pauvre créature, pour qu'on la condamne à un être tout plein d'une autre ? Elle aura ma vieillesse, si j'y arrive. Quand mon cœur se sera usé lui-même dans le souvenir et le regret, quand aux déceptions morales qui auront fatigué mon esprit se joindront les infirmités, il lui sera permis de soigner cet homme qui aura enterré sa jeunesse toute vivante.

» Et cependant, à l'heure qu'il est, ignorante du sort qui l'attend, elle s'entretient curieusement peut-être, avec une compagne, de ce fiancé qui lui arrive de Paris. Qui sait les rêves qu'elle fait et que je vais tromper ! Vous le voyez bien, Lydie, sinon pour nous, sinon pour moi, du moins pour cette pauvre enfant, vous eussiez dû me rappeler.

» Et j'entends autour de moi, sur le bateau à vapeur, des gens qui jouent aux dominos, qui ronflent ou qui parlent de l'impôt du sel.

» Voilà les véritablement heureux, si le bonheur est dans l'insensibilité.

» Ces gens-là on peut-être souffert comme moi, et leur insensibilité n'est peut-être qu'une conséquence du passé. Puissé-je arriver un jour à cette mort vivante, à cette vie morte !

» JULIEN. »

V

LYDIE A JULIEN.

« Paris, le...

» Mon ami, je vous avais pardonné votre lettre avant que vous m'en demandassiez pardon, avant même de l'avoir reçue, pour ainsi dire. En effet, croyez-vous que, lorsque j'ai pris la résolution du conseil que je vous ai donné, je n'ai pas été préparée d'avance à toutes les réactions, à toutes les injustices, à toutes les aigreurs d'un amour blessé ? Que serait votre amour sans la colère ? Que serait le mien sans le pardon ?

» Votre seconde lettre m'a fait du bien, cependant. Courage, ami ! courage pendant quelque temps encore, et vous verrez que l'épreuve est plus facile que vous ne le croyez. Le cœur de l'homme est destiné à des métamorphoses, nécessaires, inévitables. Le monde est plein de douleurs semblables à notre douleur.

» Certes, il y a dans une situation comme la nôtre une heure de découragement. Quand on reporte sa pensée sur la quantité de gens qui ont souffert comme nous, et qui sont morts comme nous mourrons, tandis que le monde continuera sa marche sans se souvenir de nous, on se dit, comme nous l'avons fait : « A quoi bon ? » Mot lâche et terrible, qui mènerait au crime ou au suicide, si l'on écoutait la fausse philosophie derrière laquelle il se cache, car rien ne serait plus sacré ici-bas, et l'on ne se soucierait pas plus de la vie d'autrui que de la sienne propre. Le moins dangereux résultat qu'il puisse avoir, c'est l'insensibilité personnelle, et celui-là, vous devez l'éviter encore. Non, c'est dans un autre sens qu'il faut prendre son parti de la vie. C'est dans le sens de la résignation. Il faut voir, non pas le dénoûment uniforme et fatal vers lequel nous marchons, mais les joies que Dieu nous donne pour nous y mener, et les franches illusions dont il le voile.

» La vie est courte ! raison de plus pour profiter de ce qu'elle a de vrai, pour la bien employer. Voyez autour de vous vos parents, c'est-à-dire le passé ; votre femme, c'est-à-dire le présent ; vos enfants, c'est-à-dire l'avenir. Croyez-moi, ne vous préoccupez que d'une pensée, celle de faire heureux et honnêtes ceux qui vous entourent. Vous comprendrez alors que votre vie est bonne à quelque chose.

Vous ne soupçonnez pas encore les joies et les consolations, je puis le dire, qu'il y a dans la famille.

» Oui, je vous aimais, et il a fallu que je vous aimasse bien, pour ne pas me retenir sur la pente qui m'a entraînée vers vous, ayant à mon service cette raison dont vous m'avez fait un crime et dont je vous donne une nouvelle preuve aujourd'hui.

» Oui, mon amour vous a rendu bien heureux, je le crois.

» Eh bien, mon ami, ce souvenir sera peut-être bien peu de chose pour vous, à côté de celui que vous laissera le premier aveu de cette jeune fille que vous ne connaissez pas et que vous voudriez ne pas connaître. Quand cette belle enfant, car je sais qu'elle est belle, dont le cœur n'a encore battu à la vue d'aucun homme, vierge et rougissante, s'abandonnera à vous, n'eût-elle pas la passion qu'un amour longtemps combattu avait mise en moi, votre cœur s'emplira d'une noble extase, d'un juste orgueil, et vous oublierez tout ce que jusque-là vous aurez appelé le bonheur. Ce sera à vous à faire de ce moment la source de vos félicités à venir, d'en ménager les émotions, de les enfermer précieusement dans votre cœur, d'en tirer une protection sûre pour votre compagne, un appui définitif pour vous. Puis, quand cet amour légitime aura eu pour résultat un enfant, vous verrez comme ses petites mains vous tireront facilement hors du cercle où vous croyez maintenant pouvoir vous renfermer.

» La vérité est là, mon ami. J'en ai une preuve par moi-même. Depuis que vous êtes parti, je ne vis qu'avec mon fils, et c'est en lui que je puise la force que je vous envoie. Pauvre cher enfant ! Vous rappelez-vous comme vous étiez jaloux de lui ! J'avais quelquefois de la peine à empêcher vos deux affections de se blesser, en cherchant à s'envahir l'une l'autre. La sienne était rebelle par instinct, car cet enfant devinait en vous un rival. Votre amour s'inquiétait, de son côté, de cette tendresse naturelle, antérieure à la vôtre, inhérente à moi, née de mon sein, inséparable de ma vie. Vous ne voyiez dans ce cher petit être que le fils d'un autre homme. J'étais forcée de séparer mon cœur en deux et de vous faire à chacun votre part, quand j'aurais voulu vous associer dans un sentiment commun. Telle est la première punition des amours illégitimes. Heureux ceux qui peuvent trouver l'amour dans le devoir ! Il faut que vous soyez de ces heureux-là, mon ami ; maintenant, vous ne pouvez plus être jaloux de cet enfant, qui, de son côté, s'aperçoit que je suis triste, et ne voit qu'une chose, c'est que j'ai besoin d'être aimée davantage. Il est rempli pour moi de tendresses nouvelles et intelligentes. « Ma bonne petite mère, tu es » triste, me disait-il tout à l'heure, tu pleures ; essuie tes » yeux : il ne faut pas que papa le sache ! »

» Cher petit ange ! il dort maintenant. C'est à côté de son lit que je vous écris. J'ai besoin de sa présence pour m'entretenir de loin avec vous, pour y puiser le courage que je m'efforce de vous communiquer.

» Et puis, j'ai à combler un arriéré de cœur avec lui, car, hélas ! l'amour que je ne pouvais avoir pour le père, c'est sur le fils seul que j'aurais dû le reverser.

» Maintenant, mon ami, laissez-moi vous dire une chose que ma nouvelle position vis-à-vis de vous, que le rôle quasi maternel que je prends me permet de vous dire. Quand vous recevrez cette lettre, vous serez déjà arrivé à

5*

Marseille, vous aurez déjà vu votre fiancée. Sa famille et la
vôtre ont hâte de conclure le mariage. Prouvez-moi que
vous me gardez une petite place dans votre bonheur en me
permettant de m'en mêler, en m'abandonnant les détails
que l'amitié a le droit de se réserver. Me comprenez-vous ?
Utilisez-moi. Je serais si heureuse que vous pussiez retrouver dans votre ménage un peu de ce que je pourrai y mettre.
Tous les petits présents que vous allez avoir à faire à votre
femme, voulez-vous bien que je me charge de vous les envoyer ? Je suis femme, vous me faisiez quelquefois compliment de ce que vous appeliez mon goût : il me sera doux
de penser que vous retrouverez à chaque instant, autour de
vous, une chose inanimée qui vous parlera chastement de
moi.

» Hier, je suis sortie un peu. J'avais besoin de communiquer avec les autres, quand ce n'eût été que pour me
prouver que je n'étais pas tout à fait morte. Il faisait un
beau temps d'automne ; j'ai visité avec intention, nos plus
élégants magasins ; j'ai revu tous ces objets inutiles pour
moi, mais pleins de charme, de nouveauté, de tentation
pour la jeune fille qui entre dans la vie, et j'ai composé
d'avance vos cadeaux de noce, cadeaux plus importants
que vous ne croyez. Ne me refusez pas ce que je vous demande ; vous me feriez beaucoup de peine, et vous n'avez
aucune raison de m'en faire.

» LYDIE. »

VI

JULIEN A LYDIE.

à Marseille, le....

» Il n'y a pas à discuter avec un cœur comme le vôtre. L'abnégation y est si prompte et si facile, le raisonnement si fort, le dévouement si brutal, qu'il faut se soumettre et ne pas laisser voir ce qu'on souffre. Je n'ai même plus la consolation de verser en vous la confidence de la douleur que j'emporte. Soit ! chargez-vous de mon bonheur, dans le sens étrange où vous entendez ce mot, et faites de ma vie ce que bon vous semblera.

» Mais vous me permettrez bien de ne pas vous donner avec enthousiasme le récit des événements dans lesquels vous me jetez. Je suis arrivé avant-hier soir à Marseille. La joie qu'en toute autre circonstance j'eusse éprouvée à revoir mes parents, n'a pas plus diminué ma tristesse, que celle qu'ils ont manifestée en me revoyant.

» Hier ils m'ont présenté chez la mère de ma femme, comme vous appelez déjà cette jeune fille. J'ai trouvé dans cette maison le mauvais goût s'épanouissant en liberté, au sein de cette atmosphère de nullité qui nous est si antipathique, à nous autres artistes. La mère a quarante-cinq ans ; elle est grasse, maniérée, et s'écoute parler avec satisfaction. Le père, mort depuis quatre ans, revit dans un portrait à l'huile, qui a dû coûter cent francs avec le cadre, et qui à ce prix était trop cher encore. Il sourit ; il a un jabot, et tient la main dans son gilet. La fille a dix-sept ans, baisse les yeux quand on lui parle, répond par mono-syllabes et chante faux des romances de mademoiselle Loïsa Puget. Voilà, madame, le portrait du bonheur que vous m'avez ordonné! Puisse-t-il vous être agréable, et vous convaincre de plus en plus que je suis destiné à être l'homme le plus heureux du monde!

» Cependant je dois vous avertir qu'en sortant de cette maison, où j'avais étouffé pendant trois heures sous les niaiseries qu'on y débite gravement, entre une mère qui dit : « Ma fille, tiens-toi plus droite! « et une demoiselle qui répond, toujours sur le même ton : « Oui maman ; » je dois vous avertir qu'en sortant de cette maison, d'où j'avais eu vingt fois pendant la soirée l'envie de me sauver à toutes jambes, j'ai déclaré à mon père que je n'épouserais pas ma-demoiselle Euphémie. L'obéissance a ses bornes. Soyez tran-quille : je ne retournerai pas à Paris pour cela ; je n'irai pas vous ennuyer d'un amour dont vous devez être désha-bituée. Je vivrai ici, je travaillerai, je ferai je ne sais quoi, mais bien certainement je n'associerai pas ma vie d'artiste à cette vie de négociants retirés ; je ne commettrai pas ce suicide moral, d'ensevelir vivante et jeune mon intelligence sous quelques piles d'écus. J'ai poussé l'obéissance à vos ordres jusqu'au bout ; j'ai vu et je refuse, non pour revenir à vous, mais pour rester à moi-même. J'en aurai le droit désormais. Vous aurez fait votre devoir d'amie, et vous n'aurez pas de reproches à vous adresser. C'est tout ce que vous pouvez exiger de moi. Je suis curieux de voir ce que, cette fois, vous trouverez à me répondre.

» JULIEN. »

VII

LYDIE A JULIEN.

« Paris, le....

» J'aurais trouvé à vous répondre une chose bien simple, mon ami : c'est qu'arrivant avec un parti pris comme vous l'avez fait, vous avez dû être un bien mauvais juge des qualités de mademoiselle Euphémie. Sans compter qu'en présence de sa mère et d'un homme qu'elle voit pour la première fois, et qui doit devenir son mari, une jeune fille ne peut être que timide à l'excès. Mais le hasard veut que j'aie une meilleure réponse à vous faire, et cette réponse est une lettre de mademoiselle Euphémie elle-même, qui raconte, elle aussi, à une amie d'enfance, les impressions de sa première entrevue avec vous.

» Ne vous ai-je pas écrit, en effet, que je savais que cette jeune fille était jolie ?

» Je le savais par madame de ***, que vous connaissez pour l'avoir vue chez moi, qui sait depuis longtemps mes sentiments pour vous, et dont la fille, mademoiselle Camille, a été en pension avec votre future. Ces deux jeunes filles ont contracté cette douce habitude de correspondance qui est le grand bonheur à cet âge, car c'est là que deux cœurs naïfs versent l'intimité de leurs premières émotions.

» Mme de *** est venue me voir. Elle m'a parlé de vous dans les termes que vous méritez ; elle m'a annoncé que vous étiez arrivé à Marseille et m'a donné la lettre que sa fille avait reçue de mademoiselle Euphémie, en me disant que je pouvais vous l'envoyer, car elle vous serait agréable.

» J'ai lu cette lettre, et je vous l'envoie. Quand vous l'aurez lue à votre tour, vous considérerez mademoiselle Euphémie sous un tout autre aspect, et vous verrez en elle ce qu'il y a : une femme de cœur et d'esprit. Vous serez heureux, mon ami, je vous le promets de nouveau, et ma consolation sera de vous avoir imposé ce bonheur.

» Voici la copie textuelle de la lettre de votre future mademoiselle Euphémie.

EUPHÉMIE A CAMILLE.

« Marseille, le....

» Ma chère Camille, il y a déjà bien longtemps que tu aurais dû recevoir une réponse de moi, mais j'attendais pour cela un événement assez grave dont je tenais à t'entretenir. Cet événement, c'était l'arrivée d'un jeune homme qui s'est fait attendre beaucoup plus qu'on ne croyait. Or, ce jeune homme n'était autre que mon futur mari.

» Tu vois que le motif de mon silence était sérieux.

» Je vais tout te conter.

» Voilà huit jours à peu près que ma mère me prit à part et me dit :

« Demain ou après-demain, M. Julien, le fils de M..., va » arriver à Marseille. Tu sais qu'un des désirs de ton père

» est que tu épouses ce jeune homme, avec le père duquel
» il était lié. Depuis ce temps, sa famille s'est à peu près
» ruinée ; mais peu importe! Il a du talent, et je puis te
» donner une dot suffisante. Tu te trouveras bien du choix
» que nous avons fait. Tu verras ce jeune homme ; je suis
» sûre qu'il te plaira. Je ne t'impose pas ce mariage ; je te
» le conseille. Je connais les exigences de ton caractère,
» de ton esprit, et j'aime mieux te donner à un homme
» moins riche que ceux qui se présentent, mais plus en
» rapport avec les goûts que t'a fait contracter ton éduca-
» tion parisienne. »

» Tu le vois, chère Camille, ma mère, toute bourgeoise
qu'elle est, ou qu'elle paraît être, par suite de cette vie de
province à laquelle la condamnaient les affaires de mon
père, les habitudes prises, les relations établies et le souvenir du bonheur qu'en somme elle a trouvé, tu le vois,
ma mère ne raisonne pas trop bourgeoisement. Je lui ai
répondu que je ferais tout au monde pour lui plaire, que
j'avais toujours compté sur un mari de son choix, et que
j'étais dans les meilleures dispositions pour celui qu'elle
m'annonçait.

» Je ne suis pas très-romanesque, tu le sais, mais, tout
compte fait, j'aime mieux un artiste et Paris qu'un négo-
ciant et Marseille.

» J'attendis!

» Or, on annonçait mon prétendu tous les jours, et il
n'arrivait pas. Il y avait plus de curiosité de ma part qu'il
n'y avait d'empressement de la sienne. Ce retard n'était pas
flatteur, mais enfin il ne me connaissait pas ; j'avais donc
le droit de croire que le hasard seul était dans son tort.

» Enfin, avant-hier, le bel inconnu arriva, et ma mère m'apprit qu'il dînerait le lendemain avec nous.

» Il y a toujours pour une jeune fille un battement de cœur à pareille nouvelle. C'est assez grave de penser qu'on va voir pour la première fois celui à qui l'on appartiendra bientôt pour toujours. Comment sera-t-il? Répondra-t-il à l'idéal que nous nous faisions de l'homme que nous devions aimer?

» Sais-tu bien que notre condition de femme n'est pas la plus heureuse des conditions? Si cet homme est laid, s'il est vieux, s'il est brutal, à qui demander secours? sur quoi s'appuyer? où s'enfuir?

» Il y a de quoi frissonner, quand on y songe; sans compter qu'on peut se tromper soi-même et s'apercevoir trop tard qu'on appartient volontairement à un homme indigne d'affection.

» Cependant, comme je te l'ai dit, ma mère, tout en désirant mon mariage avec ce jeune homme, me laissait libre d'accepter ou de refuser.

» Maîtresse de ma destinée, je n'étais que plus inquiète.

» Quand M. Julien fut arrivé, pour me conserver tous mes moyens d'observation, je me fis aussi petite fille, aussi insignifiante, aussi niaise que possible.

» Ah! chère amie, quelle rapidité, quelle sûreté dans le coup d'œil d'une femme! Comme, dans le temps incalculable qu'il lui faut pour lever et baisser la paupière, comme elle voit et devine tout ce qu'elle a intérêt à voir et deviner!

» M. Julien n'était pas encore au milieu du salon, c'est-à-dire qu'il n'était pas entré depuis une demi-minute, que je savais déjà qu'il était grand, brun, élégant, sans affectation ; qu'il avait l'air triste, et qu'il ne faisait pas attention à moi.

» Ma mère m'a présentée à lui. Alors, il a daigné me regarder, mais comme une petite fille. Il m'a fait un compliment, dicté plutôt par l'habitude du monde que par un sentiment quelconque, et il a trouvé moyen de s'isoler et de ne plus causer avec personne jusqu'à l'heure du dîner.

» De la part de tout autre homme dans cette situation, ce silence eût pu être une preuve d'orgueil ou de sottise, mais chez M. Julien c'était certainement le résultat d'une grande préoccupation. Il y avait de la tristesse dans ce silence, et souvent je surprenais son regard presque humide, comme si une image douloureuse lui apparaissait tout à coup.

» Quel peut être ce chagrin ? Je l'ignore. Mais veux-tu que je te le dise ? Je crois, et le retard qu'il a mis à venir ne contribue pas peu à cette conjecture, je crois qu'il vient contre son gré et que ce mariage ne lui sourit en aucune façon. Pour tout dire, il a l'air d'un homme qui laisserait derrière lui un regret, comme celui d'un amour. Je ne puis pas m'y connaître beaucoup, mais nous autres femmes, nous avons l'instinct à défaut de l'expérience, et cet instinct nous trompe rarement.

» Si effectivement il aime une femme, pourquoi vient-il ici ? Quelle puissance humaine peut contraindre un homme à épouser une femme qu'il n'aime pas, surtout quand il en aime une autre ? Si j'aimais quelqu'un, moi, je préférerais mourir, plutôt que d'appartenir à qui que ce fût, et un homme a bien plus la liberté de vouloir qu'une jeune fille.

» Mais il se peut que le souvenir de M. Julien s'adresse à une personne morte, ou que sa tristesse lui vienne d'un amour non partagé, et que, souvenir ou douleur, il veuille enfouir tout dans le mariage. Pauvre jeune homme! alors il serait bien à plaindre! Ce doit être bien triste d'être éternellement séparé de ce que l'on aime, ou d'aimer sans espoir.

» Je ne vois pourtant pas de raison pour qu'on ne l'aime pas. Il est jeune, il a de l'élégance et de l'esprit. (Il a bien fallu qu'il causât le soir.) Il a du talent, il a du cœur, pourquoi ne pas l'aimer?

» Quoi qu'il en soit, quelque chose le préoccupe, et ce n'est certainement pas son amour pour moi. On m'a fait chanter devant lui des romances dont je me suis assez mal tirée, et malgré les éloges qu'il m'a faits, ceci n'a dû lui donner de moi qu'une assez pauvre opinion. Je ne pouvais me montrer telle que je suis, je le sentais bien et je n'avais à ses yeux que l'aspect d'une pensionnaire assez maladroite.

» J'aurais pourtant voulu être tout de suite à mon aise avec M. Julien, car il me semble que ma nature sympathiserait avec la sienne.

» S'il a un chagrin, qu'il me le dise: j'essayerai de le consoler. Puisque je dois être sa femme, ne serait-ce pas là ce que j'aurais de mieux à faire?

» Tu t'étonnes de ce langage. Avec ton caractère, tu ne le comprends pas. Tu serais jalouse, toi, du passé de l'homme que tu épouserais. Je crois, moi, que c'est un tort, plus qu'un tort, une maladresse, une injustice, qu'une pareille jalousie. De quel droit demander compte à un homme familiarisé avec la vie depuis longtemps, de quel droit lui demander compte de ses impressions passées ?

» Le plus que nous puissions exiger de lui, c'est qu'il veuille bien nous en faire la confidence. S'il a aimé, tant mieux ! il n'aimera plus, et comme l'amour qu'une femme demande à son mari n'est sans doute pas de la même nature que ceux qu'il a pu ressentir avant son mariage ; comme en l'épousant il lui fait tacitement le sacrifice de toutes ses autres affections, elle n'a plus rien à craindre du passé, et c'est à elle de lui procurer tout ce qu'il peut attendre de l'avenir. Je n'aimerais pas un mari qui serait en homme ce que je serais en femme, et en qui je trouverais la naïveté d'impressions qu'il vient chercher en moi. L'union de ces deux innocences et de ces deux timidités ne serait bonne, ce me semble, qu'à faire un prologue de roman et tomberait bientôt dans la banalité. Si l'homme n'a pas subi certaines passions, incompatibles avec les affections régulières, il doit être toujours prêt à faillir par l'attrait de l'inconnu.

» Voilà ce que je me suis dit bien des fois ; car nul ne peut savoir ce qu'il y a de pensées profondes dans nos petites têtes de jeunes filles penchées silencieusement sur une broderie. Voilà pourquoi M. Julien m'a fait tout de suite une impression que son empressement à me plaire et une mine contente ne m'eussent pas faite.

» Et puis, il est, par son art, en dehors des conditions vulgaires. En rapport continuel avec les belles choses, avec les chefs-d'œuvre, son âme a dû s'exalter et contracter des besoins que ma petite nature eût été incapable de combler.

» J'aime donc mieux que d'autres aient pris ce soin et

m'aient laissé à réparer leur mal ou à continuer leur bien.
Oui, je suis heureuse d'avoir vu M. Julien, ou plutôt de
l'avoir surpris dans l'état où il était. Peu à peu je m'em-
parerai de cette âme blessée et je la déposerai doucement
dans le travail et le repos domestique. J'ai idée que cette
cure me sera facile. En attendant, je ne me sens pas d'autres exigences.

» Vois comme mon imagination a déjà fait du chemin !
C'est aujourd'hui que j'ai vu M. Julien pour la première
fois. Il doit revenir demain. Demain déjà il ne retrouvera
plus en moi la même femme. S'il y a du nouveau, je t'en
informerai.

» Toute à toi.

» Euphémie. »

VIII

JULIEN A LYDIE,

« Marseille, le....

» Vous entrez si franchement, si brutalement, dans votre
rôle d'amie, que je ne sais si je dois déjà vous accorder ce
titre. Il y a tant de cruauté dans votre calme, dans vos
conseils, dans vos espérances pour moi, que le sentiment
qui vous dicte vos lettres ressemble bien plus à de la haine

qu'à toute autre chose. Aussi ne me permettrai-je plus de vous parler du genre d'affection que je vous porte, et que j'espère vaincre aussi facilement que vous avez fait du vôtre. Cependant cette volonté, si peu commune chez les femmes, surtout dans ce sens-là, doit avoir, en outre de ce que vous appelez mon bonheur, une raison que vous ca- chez. Il y a dans votre langage une expérience de la vie que vous avez dû acquérir avant de me connaître. Vous avez dû souffrir par quelqu'un, et vous utilisez aujour- d'hui votre douleur d'autrefois. Il est impossible que vous n'ayez jamais aimé, sans quoi vous ne consentiriez pas à vous faire ainsi l'auxiliaire d'une autre femme. Peut-être même mon amour vous était-il à charge ; que ne l'avez-vous dit tout de suite ! C'eût été beaucoup plus simple que les péri- phrases de dévouement dont vous vous servez. Tenez, si vous m'en croyiez, nous cesserions notre correspondance. A quoi bon la continuer ? Vos froids conseils me font mal ! Je n'aurais, moi, que des choses pénibles à vous dire. Mieux vaut que nous laissions faire par le temps ce que vous avez la volonté de faire toute seule. Vous vous êtes chargée de la douleur. Mademoiselle Euphémie se char- gera de la consolation. Nous verrons bien qui l'emportera. En toute hypothèse, vous n'aurez rien à vous reprocher. Calmez votre conscience et attendons.

» JULIEN. »

IX

ÉUPHÉMIE A CAMILLE.

« Marseille, le....

» Ma chère Camille, je t'ai promis de t'écrire quand il y aurait du nouveau. Il y en a, mais depuis peu.

» Le lendemain de ma première lettre, M. Julien est revenu, puis le surlendemain, puis tous les jours. Une semaine s'écoula ainsi. C'était presque toujours le même personnage. Cependant nous nous familiarisions, et grâces à quelques aperçus assez fins que j'eus le bonheur d'exposer dans une question d'art, et qui l'étonnèrent, il commença à ne plus me considérer comme une enfant. Il commença même, je crois, à me regarder.

» Mais ce n'était rien encore à côté du brusque changement qui s'est opéré hier. C'est à n'y rien comprendre ! Il est arrivé chez ma mère, ferme comme un homme qui a adopté une grande résolution, et, lui prenant les mains, il lui a dit avec une voix pleine de tendresse et d'émotion, tandis que j'étais là :

— « Madame, j'ai l'honneur de vous demander la main » de mademoiselle votre fille. Je ferai tout au monde pour » la rendre heureuse. »

» Après quoi, sans même attendre la réponse de ma mère, il s'approcha vivement de moi, s'empara de ma main, la baisa et me dit en me regardant avec des yeux humides :

— « Ne me refusez pas, mademoiselle, je serais trop
» malheureux ! »

» Je rougis malgré moi sous cette brusque déclaration.

— « Allons, tout va bien ! s'écria ma mère. Eh ! mes
» enfants, ce mariage n'est-il pas convenu ? »

» Et elle nous embrassa tous les deux en joignant nos
mains, puis elle nous laissa en ajoutant :

— « Dites-vous maintenant tout ce que vous avez le droit
» de vous dire. »

» Resté seul avec moi, Julien (je puis l'appeler ainsi depuis hier), Julien parut tomber du haut de cette exaltation
factice dans un abattement profond. Malgré ses efforts,
il ne parvint pas à me cacher l'émotion qui le dominait,
et un instant il me tourna le dos pour m'empêcher de voir
qu'il pleurait. Cependant sa main restait dans la mienne.
Je compris tout, vois-tu. Pauvre garçon ! il avait un grand
chagrin, et pour mettre, s'il était possible, une barrière
entre ce chagrin et lui, il s'accrochait à ce mariage, et
voilà que peut-être, maintenant qu'il ne pouvait plus revenir sur ce qu'il avait fait, il se repentait d'avoir suivi
le premier conseil de sa douleur.

» Mais pour la consoler, cette douleur, il fallait que
je la connusse. Dans les termes où nous en étions, ce n'é-
tait plus une simple curiosité : c'était un intérêt bien réel
qui me poussait à réclamer une entière confidence. Il
sentit le premier qu'il me la devait, car cette tristesse ne
pouvait avoir, à mes yeux, rien de logique avec la demande qu'il venait de faire.

— «Pardonnez-moi, mademoiselle, me dit-il en essuyant
» ses yeux, si je n'ai pu retenir mes larmes ; je souffrais

» beaucoup, mais je vous jure que ce sont les dernières
» que je verserai. Je connais toute votre générosité. Voilà
» pourquoi je laisse mon cœur déborder devant vous.

— » Pleurez, monsieur Julien, » lui dis-je alors, comme
si j'eusse été sa sœur. « A compter d'aujourd'hui, tout ne
» doit-il pas être commun entre nous : joie et tristesse?
» Aujourd'hui, soyons tristes, puisque vous l'êtes. Un autre
» jour nous serons joyeux.

— » Ainsi vous me pardonnez? » reprit-il en attachant
sur moi un regard plein de reconnaissance.

— « Je n'ai rien à vous pardonner.

— » Vous avez tout deviné cependant.

— » Que voulez-vous dire?

» A ces mots il tira de sa poche un papier qu'il me
donna. Ce papier renfermait la copie de ma première lettre
que je t'ai écrite. Comment cette copie se trouve-t-elle
entre ses mains? Je ne puis le deviner.

» Je devins toute rouge.

— « Et vous croyez, » reprit-il, « qu'après avoir lu cela,
» mon devoir n'est pas de tomber à vos pieds et de vous
» admirer comme une sainte!

— » Le devoir! l'admiration! Pauvres sentiments à notre
» âge! » lui répondis-je. « Non, monsieur Julien, il faut
» mieux que cela. Abandonnez-vous à moi; dites-moi
» tous vos chragrins, tous vos souvenirs; moi je vous di-
» rai mes rêves et mes espérances, et vous remplacerez, je
» l'espère, les mots : « Devoir et admiration » par des mots
». plus affectueux. Dans votre brusque consentement à
» m'épouser, dans la résolution qui vous a amené ici,
» dans l'émotion où vous êtes encore, il y a plus de dépit

» contre une autre que d'entraînement vers moi. Qu'im-
» porte? J'accepte le sentiment qui nous unit, tout mé-
» langé qu'il est. C'est à moi d'en ôter ce qui nuirait à
» notre bonheur. Je m'en charge. »

» Ce n'était pas trop mal tourné, n'est-ce pas, pour une
petite fille de dix-huit ans? Mais c'est extraordinaire
comme certaines situations élèvent les pensées et facilitent
la parole! Je me sentais éloquente. J'aurais pu, en ce moment, dire de très-bonnes et très-belles choses, et, depuis
cette expérience faite sur moi-même, j'admire beaucoup
moins les grands orateurs. L'éloquence pourrait bien n'être
que de la conviction.

» Alors, il s'assit à côté de moi et me dit tout, excepté
le nom de cette femme, que je n'aurais pas voulu savoir;
il l'aime encore, j'en suis sûre, et beaucoup!

» Il m'a montré ses lettres. Elle ne l'aime pas, elle, ou
bien c'est qu'il est pour les femmes des sentiments qu'elles
ne connaissent que dans une période plus avancée de la
vie; car le sacrifice qu'elle lui fait, je serais, moi, incapable de le faire, à mon âge.

» Un jour, je te conterai son histoire, que je ne puis
confier à une lettre, surtout depuis que je sais que mes
lettres glissent de tes doigts dans ceux de ta mère, et
qu'elles reviennent ensuite à M. Julien, je ne sais par
quelle voie. Il paraît que ta mère a une amie, madame
de ***, qui connaît Julien, et que c'est cette dame qui lui
a envoyé la copie de ma lettre, afin qu'il fût prévenu de
mes sentiments pour lui.

» Ainsi, me voilà une femme, me voilà initiée aux émotions de la vie, me voilà confidente et consolatrice, et

6

bonne à autre chose encore qu'à chanter des romances. J'en suis fière et heureuse. Le commencement de mon mariage est sans trivialité du moins, et je suis sûre maintenant que le jour où mon mari me dira : « Je t'aime ! » il m'aimera réellement.

» Quant à moi, je lui prouverai qu'il est de plus sincères amours dans le monde que celles qu'il a rencontrées jusqu'ici. La femme qu'il aime, aimait en dehors de lui. Elle a un enfant, un mari, une réputation à conserver. Moi, je pourrai être toute à mon amour, et toute affection nouvelle me viendra de celle-là. Il faudra donc qu'il soit bien inconsolable, si je ne le console pas.

» Quel noble et pur triomphe que le mien, si je remplis cette difficile mission ! J'aurai conquis mon bonheur, je ne l'aurai pas tout bonnement trouvé par un caprice du hasard. Enfin, je ne sais pourquoi, mais je suis ravie de ce qui épouvanterait une autre femme. Écris-moi. A bientôt.

» Toute à toi.   » EUPHÉMIE. »

X

JULIEN A LYDIE.

« Marseille, le....

» Soyez heureuse, madame.

» J'ai fait tout ce que vous vouliez.

» Dans quinze jours je me marie.

» Adieu.   » JULIEN. »

XI

CAMILLE A EUPHÉMIE.

« Paris, le....

» C'est moi, ma chère Euphémie, qui ai du nouveau à te conter !

» N'arrive-t-il pas que je suis de moitié dans un grand secret qui t'intéresse fort !

» Je connais la dame en question, je l'ai vue, je lui ai parlé ; mais écoute le récit des choses telles qu'elles ont eu lieu. Ce sera bien plus simple.

» Figure-toi que la veille ou l'avant-veille du jour où j'ai reçu ta dernière lettre, j'étais à travailler avec ma mère, quand on annonçait madame de***, cette même dame à qui ma mère avait communiqué ta première lettre. Je ne la connaissais pas, puisque je suis sortie tout récemment de pension, et je fus bien aise de la voir, puisqu'elle joue un rôle dans ton histoire. Mais j'étais loin de me douter du rôle véritable qu'elle y joue.

» Madame de*** entra toute vêtue de noir, tout agitée, toute pâle. Elle parut fâchée de me trouver là. Cette femme est belle ; elle n'est plus toute jeune, elle a bien une tren- aine d'années, mais il y a dans toute sa personne un cachet

de distinction qui frappe, qui attire, qui charme. On voit
tout de suite qu'on n'a pas affaire à une personne ordinaire.

» Son voile était baissé. Elle le releva en entrant, et je
pus détailler ses traits, c'est-à-dire des cheveux noirs, en
bandeaux, luisants comme l'ébène ; un front haut, d'une
pâleur d'ivoire, des yeux grands, bleus, surmontés de
sourcils d'un arc admirable, et légèrement cernés de nacre,
ce qui ajoute à leur brillant ; un nez aristrocratique, dans
le genre de celui de Marie-Antoinette, un peu moins pro
noncé ; une bouche gracieuse, ni trop grande ni trop petite ; de belles dents ; enfin une tournure, un goût et un
parfum de véritable femme du monde. On devine, en voyant
cette femme, une naissance élevée, une éducation parfaite,
une élégance facile, en un mot tout ce qui caractérise ces
femmes familiarisées dès l'enfance avec la vie, si longue à
apprendre, des salons parisiens. Elle était gantée à merveille, et l'on voyait jouer, sous les plis de son gant, la
souplesse de sa main. De petits pieds. Un cachemire
comme j'en ai peu vu, à fond noir. Une robe de soie brune,
longue, aux plis amples, dans une jupe étroite, ce qui est
bien plus gracieux, quoi qu'on dise, que les jupes larges.
Une capote qui ne peut venir que de chez la Baudrant, qui
fait les chapeaux un peu chargés, mais qui est seule capable
de coiffer une femme comme il faut. Une démarche rapide,
ferme, assurée. Une taille mince, haute, avantagée par un
corsage plat, boutonné par devant. Je te recommande ces
façons de robe, quand tu seras mariée. C'est négligé, mais
c'est charmant. Voilà ce que je remarquai dans madame
de***, et tu avoueras que c'était assez remarquable.

» Cependant il était évident, rien qu'à voir son agitation, qu'elle n'avait dû s'occuper que médiocrement de sa toilette, et qu'elle s'était habillée au hasard.

» Mais le hasard n'est jamais dangereux pour une pareille femme. Elle l'a depuis longtemps asservi à son goût.

» Madame de*** me fit un petit salut de tête, et ne s'occupa de moi que pour paraître contrariée de me trouver là.

— « Qu'avez-vous donc, chère Lydie ? » lui dit ma mère. Vous paraissez tout émue.

— » En effet, j'aurais à vous parler.

— » Camille, laisse-nous. »

» J'allai me rasseoir. Quel contre-temps ! Je pris mon ouvrage et je passai dans la chambre voisine, mais en me promettant bien d'écouter ce qui allait se dire. J'étais curieuse de savoir ce qui pouvait ainsi émouvoir cette charmante personne, et de connaître quelque chose du cœur qui battait sous un corsage si bien fait. J'entendis à peu près le dialogue suivant :

— « Votre fille, chère baronne, a-t-elle reçu de nouvelles lettres de Marseille ?

— » Non.

— » Dès qu'elle en recevra, je vous en prie, communiquez-les-moi.

— » Que se passe-t-il donc ?

— » Écoutez, chère amie. Nous n'avons jamais eu de secrets l'une pour l'autre. Ce n'est pas aujourd'hui que je voudrais qu'il en fût autrement. »

» Je te laisse à penser si je redoublai d'attention.

» Madame de*** continua :

— « J'ai fait tout ce que j'ai pu pour le bonheur de Ju-

6*

» lien. Si vous saviez ce que j'ai répandu de larmes inté-
» rieures, ce qu'il m'a fallu de force et de courage pour lui
» tenir les froids raisonnements que je lui ai tenus, pour
» lui écrire les lettres que je lui ai écrites ! J'ai cru que j'en
» mourrais ! J'y ai perdu le sommeil et la santé. J'ai prié
» Dieu. Je me suis rattachée à mon fils. Tout ce que la fa-
» mille, la religion, le devoir, peuvent opposer aux tenta-
» tions du souvenir, aux besoins du cœur, je l'ai appelé à
» moi ; mais l'abnégation humaine a ses limites. A force
» de se heurter contre ma poitrine pour s'élancer vers lui,
» mon cœur s'est brisé. Mon énergie est à bout. Aujour-
» d'hui Julien croit que j'ai aimé autrefois, et qu'une an-
» cienne douleur fait ma résistance à celle-ci. Il me défend
» de lui écrire ! Il ne m'aime plus ! Il me méprise peut-être !
» Que devenir, mon Dieu ! Il faut que j'aie un cœur où ver-
» ser cette douloureuse confession. Elle m'étouffe ! Vous,
» mon amie, conseillez-moi, soutenez-moi ! Depuis que
» j'ai lu la lettre de cette jeune fille, lettre dont, par un ef-
» fort suprême, j'ai envoyé une copie à Julien, j'ai peur
» d'être jalouse de cette enfant, si noble, si généreuse. Il va
» l'aimer ! Je comprends maintenant que j'acceptais le sa-
» crifice tant que je pouvais croire que ce mariage ne serait
» pour Julien que le repos d'une âme malade ; mais cette
» femme m'est supérieure, et elle sera sa femme ; elle aura
» pour elle la jeunesse, le droit, l'avenir. Et moi, moi, je
» l'aime plus que jamais ! J'ai cru que j'allais devenir folle,
» Je prenais les résolutions les plus insensées. Hier, je vou-
» lais partir, abandonner mon mari, mon fils ; aller retrou-
» ver Julien, qui doit m'aimer encore, qui me sacrifiera tout
» quand je reviendrai à lui. Puis, heureusement, j'ai pu

» attendre, je suis sortie, j'ai pensé à vous, j'ai voulu savoir
» s'il y avait ici une lettre qui parlât de lui. Que faire ?
» Que devenir ? Je vous en prie, mon amie, protégez-moi
» contre moi-même ! »

» Et la pauvre femme sanglotait.

» Il paraît que c'est sérieux, la vie !

» Je croyais rêver, moi. Quel homme que ton futur mari,
et comme il est aimé !

» Ma mère essaya de calmer madame de***. Elle lui dit
tout ce qu'elle devait lui dire en pareille circonstance. Mais
cela me parut bien peu de chose, en opposition à ce que je
venais d'entendre. Si madame de*** n'eût été dans un état
d'épuisement physique complet, elle n'eût même pas écouté
ma mère. Mais à peine si elle pouvait se soutenir.

» Que lui a donc écrit M. Julien ?

» Il paraît que décidément il commence à t'aimer.

» En tout cas, il te sacrifie là une bien adorable personne ! Oh ! l'amour ! quelle terrible chose ! Dieu veuille
que je n'aime jamais !

» Bref, ma mère, après avoir promis à madame de ***
de lui montrer la première lettre que je recevrais et d'être
la première à lui conseiller de faire revenir M. Julien, s'il y
avait lieu, a fini par s'emparer d'elle, par la calmer un
peu, et par la ramener chez son mari, qui, à ce qu'il paraît, ne se doute de rien. Les maris mettent donc leurs
yeux dans la corbeille de noces ? A en juger par ce que
je vois, ce ne serait pas le plus vilain cadeau à faire à leur
femme.

» Je plaisante, mais je t'assure que j'ai le cœur tout
gros de cette aventure.

» Quand j'ai reçu ta dernière lettre, j'ai eu l'air, bien entendu, de ne rien savoir de ce qui s'était passé, et, comme toutes celles que je reçois, je l'ai donnée à lire à ma mère.

» J'ignore quelle décision madame de *** prendra après l'avoir lue. Je ne doute pas, moi, du sens qu'elle peut renfermer pour elle. Il n'y a que dans certaines situations qu'on peut comprendre certaines choses, et heureusement je suis loin de ces situations.

» Voilà, chère amie, le nouveau que j'avais à te conter. Fais-en ton profit selon ton sentiment, car je serais aussi embarrassée de te donner un conseil à toi qu'à madame de ***.

» Tiens-moi au courant, mais adresse ta prochaine lettre à ma femme de chambre, car, comme tu me parleras de toute cette histoire que j'ai surprise en écoutant aux portes, je ne veux pas l'avouer à ma mère, ce que je serais. forcée de faire si tu m'écrivais directement.

» Ton amie.

» CAMILLE. »

XII

CAMILLE A EUPHÉMIE.

« Paris, le....

» Il y a une heure à peine que j'ai mis à la poste une lettre pour toi, chère Euphémie, et je me hâte de t'en écrire une seconde par le même courrier.

» Que de choses pendant cette heure !

» Je t'écris ces quelques mots à la hâte.

» Madame de *** vient de renvoyer ta dernière lettre à ma mère, qui la lui avait remise.

» Madame de *** n'y a joint que cette seule ligne :

« Je pars ! C'est un crime ! Priez Dieu pour moi. »

» A la réception du billet, ma mère a couru tout de suite chez madame de ***.

» Elle était déjà partie.

» Personne ne savait qu'elle ne reviendrait pas.

» Ma mère n'a rien dit.

» Le mari est absent pour quelques jours.

» Que d'affaires, ma pauvre amie ! Que vas-tu devenir dans tout cela ?

» Écris-moi tout.

» Je t'embrasse du fond du cœur.

» CAMILLE. »

XIII

EUPHÉMIE A CAMILLE.

« Marseille, le....

» Tout est fini : ma vie est brisée, ma bonne Camille !

» A peine avais-je fini de lire ta lettre, que monsieur Julien est entré dans le salon. Il était pâle comme un mort.

— « Mademoiselle, m'a-t-il dit d'une voix tremblante, il faut que je vous parle. »

» J'étais au moins aussi émue que lui.

— » Je sais tout, lui ai-je répondu. Adieu, monsieur Julien ! »

» En même temps, je lui tendais la lettre. Il a jeté les yeux dessus.

— « C'est la vérité, » m'a-t-il dit en me la rendant et en baissant la tête, comme accablé.

» Et il ajouta après un silence :

— « Ainsi, vous m'ordonnez de partir ?

— » Je n'ai le droit ni de vous donner un ordre ni de vous faire une défense.

— « Cependant nous sommes fiancés...

— » Je n'ai que le droit de vous rendre votre parole, et » je vous la rends. Vous ne vous apparteniez pas quand » vous me l'avez donnée. Madame de *** vous aime. Elle » vous donne la plus grande preuve d'amour qu'elle puisse » vous donner. Je ne vois pour vous qu'une manière d'y » répondre, c'est de partir à l'instant même. C'est plus » que votre devoir, c'est votre bonheur qui vous l'ordonne. » Votre mariage n'était qu'une convention de famille, à » laquelle votre estime, votre raisonnement et votre dépit » vous faisaient consentir, en dehors de laquelle votre cœur » fût resté longtemps, sinon toujours. Ce qui arrive est ce » qui pouvait arriver de plus heureux. Je garderai de vous » le souvenir qu'on garde d'un ami, d'un frère, et prierai » Dieu pour vous et pour cette femme, car je sais com- » bien elle a souffert. Ne voyez même pas ma mère, ne lui » écrivez pas. Je me charge de tout arranger. Partez ;

» chaque minute de retard est un vol que vous faites à un
» cœur qui attend. Soyeux heureux ! »

» Je me sentais étouffer, car réellement, depuis trois
jours, je commençais à espérer. Cette attention avide, que
la femme prête aux moindres incidents, aux moindres paroles de l'homme dont elle veut gagner l'affection, m'avait,
je le croyais du moins, révélé quelque chose, comme un
commencement d'habitude de la part de Julien.

» Nous étions allés nous promener, ce jour-là même,
avec ma mère, du côte de Montredon, sur le rivage. Au
milieu de cette solitude, entre ces rochers impassibles et
cette mer harmonieuse, il avait paru se détacher de sa
pensée continue. Une cloche tintait au loin. Ma mère nous
suivait à quelques pas, heureuse de nous laisser à nous-
mêmes. Le temps était admirable. Il semblait ne plus y
avoir que nous dans le monde. Nous étions silencieux,
mais je surprenais de temps à temps Julien me regardant,
m'étudiant. On eût dit qu'il cherchait une raison de m'aimer un peu. Deux ou trois fois, je crus sentir son bras tres-
saillir sous le mien, comme si une pensée inattendue eût
agité, malgré lui, son corps, en entrant dans son esprit.
Rien ne nous disait de ne pas nous aimer. Tout semblait
nous y inviter au contraire. L'avenir me paraissait bleu et
infini, comme l'horizon transparent dans la limpidité duquel les flots se confondaient. Nous passâmes par un étroit
sentier taillé dans le roc. J'aperçus une petite fleur bleue
qui avait poussé, toute seule, tout étonnée, au milieu de
cette sécheresse.

— « Voyez, dis-je à Julien, il n'y a pierre si dure qui
» ne produise une fleur. »

» Il me regarda avec une sorte de tendresse et s'approcha de cette fleur pour la cueillir et me la donner.

— « Oh! ne la cueillez pas, lui dis-je; elle a dû avoir
» tant de mal à pousser là! »

» Il me serra la main.

— « Vous êtes bonne, » me dit-il.

» Et je crus voir une larme dans ses yeux.

» Demain, je retournerai voir si cette fleur est morte.
Je pourrai la cueillir, moi, car elle aura vécu plus longtemps que mon espérance, et elle aura déjà le parfum du
souvenir.

» Quant à lui, il est parti en me disant ces seuls mots :
— « Gardez cette lettre comme mon excuse, et Dieu
» veuille que je sois aussi heureux que vous le souhai-
» tez! mais j'en doute. Jugez-en vous-même. »

» Il devait à la situation où nous étions de me dire ces
paroles; il pouvait dire moins, il ne pouvait dire plus.

» Ah! il aime bien profondément cette femme!

» Pourquoi me la sacrifierait-il, à moi, qu'il ne connaît
que depuis quelques jours, et comment résister à une lettre
comme celle qu'il venait de recevoir et qu'il m'a remise
pour se justifier à mes yeux, disait-il. En voici la copie :

« LYDIE A JULIEN.

« Paris, le....

» Pardonne-moi, Julien, ce que je t'ai fait souffrir de-
» puis un mois; mais je t'aime plus que je ne t'ai jamais

» aimé! Je veux être à toi pour toujours! Tu m'aimes trop
» pour que je ne te sacrifie pas tout. Je pars pour Lyon.
» Quitte Marseille aussitôt que tu auras reçu ma lettre. Tu
» me trouveras à Lyon, dans l'hôtel même où tu m'as écrit
» pour la première fois après notre séparation, et où tu
» as été si malheureux. De là, nous fuirons n'importe où.
» Pourvu que nous soyons ensemble, nous serons heu-
» reux. L'avenir est à nous! Qu'importe le reste! Encore
» huit jours d'absence, et je serais devenue folle. Viens
» vite me dire que tu m'aimes. A toi éternellement!

» LYDIE. »

» Et moi, Camille, moi, que vais-je devenir? Je ne fais
que pleurer, et il me semble qu'en un jour mon cœur a
vieilli de soixante années!

» EUPHÉMIE. »

XIV

A M. MARCEL, NÉGOCIANT, RUE DE CLÉRY.

« Lyon, le....

» Mon cher frère,

» Je suis arrivé hier à Lyon, mais il était trop tard pour
me rendre tout de suite chez M. Rousseau. J'ai soupé,
et je me suis endormi; mais, ce matin de bonne heure,
j'ai fait la commission. M. Rousseau va t'expédier de

huit à dix pièces de son dernier article; il est superbe
et très-bon marché. Il n'a pas le gros de Naples que tu
demandes, il ne pourra l'avoir que dans quelques jours.
Quant aux rubans, je crois qu'ils te conviendront; je ne
les ai pas trouvés chez M. Rousseau, il m'a fallu aller
chez les Louvard, qui seront enchantés de faire des affaires avec toi. Tu régleras à cent dix jours. C'est toujours trois semaines de plus. J'ai fait emballer et expédier tout de suite, puis je suis rentré à l'hôtel, où j'ai
été témoin d'une scène assez curieuse. Comme j'allais
passer le seuil de la porte, une chaise de poste s'y arrêta,
et une femme, toute en noir, toute voilée, sans bagage,
ayant un peu l'air d'une folle, ayant surtout l'air de ne
pas vouloir être vue, descendit de cette voiture, et, passant devant moi, courut au bureau de l'hôtel en disant:

— « Donnez-moi une chambre.

— » Où, madame?

— » Où vous voudrez. »

» J'étais assez intrigué. Je fis un signe au domestique,
que je connais. Il la fit monter dans une chambre con-
tiguë à la mienne.

— « Bonne chance, monsieur! me dit-il; c'est du fruit
» de Paris, ça. »

» La dame était entrée dans sa chambre sans même la
regarder; elle avait demandé qu'on la laissât, disant
qu'elle n'avait besoin de rien, mais qu'elle attendait quelqu'un, un simple nom de baptême.

» Ma chambre n'était séparée de la sienne que par une
cloison, au milieu de laquelle il y avait une porte con-
damnée. J'entendais et pouvais voir tout ce qu'elle faisait

par une lézarde de la porte. Je tenais à connaître sa figure. Ce ne fut pas long. Elle ôta son châle, son chapeau, qu'elle jeta à la volée sur le lit, et, avec une grande agitation, se mit à compter des billets de banque, qu'elle resserra ensuite sur son sein en disant : « Cela suffit pour le moment.

» Elle était très-bien, ma foi : brune, un peu maigre, mais de beaux yeux et des cheveux magnifiques. J'espérais qu'elle allait se déshabiller, mais elle n'y songeait guère.

» Pendant ce temps, la chaise de poste était partie. Mon inconnue allait de la porte à la fenêtre, et elle regardait, et elle marmottait des mots auxquels je ne comprenais rien, et elle piétinait dans cette chambre avec de jolis petits pieds. La bonne vint pour faire le lit, elle la laissa faire, ce qui me fit supposer que la personne qu'elle attendait pouvait bien n'être pas une femme. Cela pouvait devenir amusant, je fus enchanté de l'aventure. Le lit fait, la bonne redescendit et la dame recommença à se promener de long en large.

» La situation se prolongea ainsi pendant une bonne heure sans autre incident, et véritablement la place commençait à n'être pas pour moi d'une gaieté folle.

» L'arrivée de cette femme devait certainement intriguer les gens de la maison. Je descendis, en attendant mieux, pour savoir ce qu'on en disait, me promettant d'avoir l'œil au guet et de monter derrière celui qui était si impatiemment attendu.

» On avait fait causer le postillon. J'appris qu'elle venait de Paris ; qu'elle avait payé les guides triples, et qu'elle avait l'air d'une femme qui se sauve.

» Je demandai à voir son passe-port : il portait le nom de mademoiselle Pauline Durand, dame de compagnie.

» Elle n'avait pourtant guère l'air d'une dame de compagnie, surtout avec cinquante mille francs en billets de banque dans son corset.

» C'était peut-être une voleuse, cette belle inconnue !

» Quand je dis belle, c'est pour ceux qui aiment les femmes maigres ; moi, je ne les aime pas.

» Bref, de réflexion en réflexion, j'en arrivai à supposer qu'il y avait là-dessous une histoire d'amour.

» Je ne me trompais pas. Je rôdais à peu près depuis quatre heures dans l'hôtel, tantôt en bas, tantôt en haut, quand un jeune homme y arriva pédestrement. Rien qu'en l'apercevant je devinai que c'était le Quelqu'un en question. C'est un beau garçon. Il avait l'air ému, embarrassé même, et dès que je l'eus vu paraître, je m'esquivai et je grimpai chez moi quatre à quatre pour être tout de suite à mon poste d'observation. Il avait demandé s'il n'était pas arrivé une dame de Paris ; on lui avait indiqué le numéro à côté du mien. Mais au lieu d'escalader les deux étages, comme c'est le devoir d'un amoureux qui vient rejoindre sa Dulcinée, il s'arrêta à la première marche, s'essuya le front et monta comme un homme qui réfléchit. Penché sur la rampe, je voyais tout. Je ne comprenais pas très-bien cette hésitation. Enfin il arriva à la porte comme je venais de refermer doucement la mienne, et il frappa.

— « Entrez ! » lui dit une voix, et presque aussitôt j'entendis un cri, mais un cri qui m'émut, car il y avait dedans autant de bonheur qu'il est possible d'en mettre dans un son.

» Ah ! cela ne doit pas être désagréable d'être aimé de cette femme-là. Quelle énergie ! elle sauta au cou du jeune homme et l'embrassa à l'étouffer.

— « Te voilà ! s'écriait-elle. Est-ce bien toi ! Tu vois, je » suis venue ! Dis-moi que tu es heureux, dis-moi que tu » m'aimes ! dis-moi que nous ne nous quitterons plus ! » Oh ! laisse-moi pleurer ! c'est trop de bonheur ! »

» Et la pauvre femme tremblante, fiévreuse, sanglotait et riait.

» Elle étouffait tout bonnement ; elle essayait de parler et ne le pouvait pas ; mais ce qu'il y a de certain, c'est qu'elle ne voulait pas lâcher son amant, et que jamais naufragé ne s'est cramponné à une planche comme elle se cramponnait à lui.

» Je ne trouvais pas dans le jeune homme la même expansion qu'en elle. Il est vrai que dans le bonheur qu'elle avait, il pouvait bien y en avoir pour deux.

» Il la dominait de toute la tête, et son regard, qui passait par dessus elle, avait quelque chose de triste et de contraint.

» Je t'assure que j'avais peur que cette femme s'en aperçût. Elle ne m'était déjà plus indifférente. On ne peut pas voir une créature aimer ainsi, sans prendre intérêt à elle.

» Le jeune homme se détacha de ses bras, et d'une voix calme, il lui dit en la regardant :

— » Et votre mari !

— » Il saura tout.

— » Et s'il en meurt ?... »

» Elle ne répondit rien ; elle secoua la tête, comme pour empêcher la signification de cette phrase d'arriver jusqu'à elle.

— « Et votre enfant ? » reprit le jeune homme sur le même ton.

— « Ah ! ne me parlez pas de mon enfant !

— » S'il vous maudit et vous méprise ?...

— » J'aurai ton amour ! Mais pourquoi me regardes-tu » ainsi ? Il y a comme de la colère, comme de la haine dans » tes yeux.

— » Non. Seulement je raisonne en face d'une situation » comme la nôtre. J'ai peur pour vous.

— » Oh ! ne t'inquiète pas de moi : je suis heureuse !

— » Alors, c'est pour moi que j'ai peur.

— » Que veux-tu dire ?

— » Nous allons fuir, n'est-ce pas ?

— » Oui, et sans regarder derrière nous !

— » Je n'ai pas de fortune. Comment vivrai-je ?

— » J'ai tout prévu, mon ami. La société est morte pour » nous, et avec elle ses exigences.

— » Ce qui veut dire que je partagerai votre fortune et » que vous m'entretiendrez ? Pour qui donc me prenez- » vous ? » dit le jeune homme en rougissant.

— « Comment ! voilà tout ce que tu trouves à me dire » en me revoyant ?

— » Ce que je vous dis, je l'ai appris dans vos lettres.

— » Oh ! j'étais folle, alors. Est-ce que notre amour ne » nous met pas au-dessus de tous les préjugés humains ?

— » Vous peut-être ; moi, non.

— » Je ne comprends pas ! » s'écria cette femme en re- culant devant la crainte de comprendre.

— « C'est pourtant bien simple. Depuis un mois vous » m'écrivez tous les jours au nom de votre mari, au nom

» de votre enfant, au nom du monde : vous me parlez de
» mon avenir, vous me dites de me marier. Je suis inca-
» pable, dites-vous dans votre première lettre, d'accepter
» de la femme que j'aime autre chose que son amour ; et
» aujourd'hui vous quittez enfant, mari, monde ; vous bri-
» sez mon avenir, vous me séparez de ma fiancée, et vous
» m'offrez de l'argent ! C'est moi qui ai le droit de ne pas
» comprendre.

— » Tout ce que je t'écrivais, tu le sais bien, je me fai-
» sais violence pour te l'écrire. Chaque mot me coûtait une
» nuit de larmes. Vois comme je suis changée ! Je n'ai pas
» dormi deux heures depuis ton départ. Tu as le droit de
» me dire ce que tu me dis, car tu as le droit de me punir
» du mal que je t'ai fait en essayant de faire le bien. Mais
» j'ai tes lettres aussi, ces lettres dans lesquelles tu me rap-
» pelles, et me voici ! Ne crois qu'à ce que je te dis aujour-
» d'hui. Notre situation nous place momentanément en
» dehors des conditions ordinaires. Nous irons vivre en
» Suisse, en Italie. Partout il y aura du travail pour ton
» talent ; tu ne dépendras pas de moi. Quelle folie ! Non, tu
» plaisantes, tu me railles un peu. Est-ce que tu serais là,
» si tu pensais tout ce que tu viens de me dire ? et si tu es
» là, c'est que tu es prêt à partir avec moi, c'est que tu
» m'aimes toujours. Est-ce qu'un amour comme le nôtre
» n'est pas éternel ? Est-ce que notre séparation était pos-
» sible ? Est-ce que tu ne m'attendais pas tous les jours ?

— » Non, je ne vous attendais pas.

— » Tu ne m'aimes donc plus ? »

» Le ton dont cette phrase fut dite, tu comprends que je ne
saurais te l'expliquer. J'attendais impatiemment la réponse.

— « Je ne dis pas cela ; je dis seulement que je suis ici
» parce que c'est mon devoir d'y être.

— » Votre devoir !... quel est ce mot ?

— » Oui. Mon devoir d'honnête homme, du moment
» que vous sacrifiez tout pour moi, est de sacrifier tout
» pour vous : mon avenir, mon talent, mon honneur même.
» Que faut-il faire ? Je suis prêt.

— » Oh ! vous ne m'aimez plus ! et vous aimez cette
» femme !

— » Je ne sais qu'une chose, c'est que je vous avais
» dévoué ma vie, que je vous ai supplié de ne pas me lais-
» ser partir, et que vous m'avez ordonné de vous quitter ;
» que dans cet hôtel, dans cette chambre même où nous
» sommes, car il y a d'étranges hasards dans la vie, je vous
» ai écrit pour vous demander de me rappeler, et que vous
» m'avez froidement répondu de continuer ma route ; je
» sais enfin que votre calme logique m'est tombée goutte à
» goutte sur le cœur, et que je suis arrivé à Marseille navré,
» désespéré, mourant. Je ne vous ai obéi qu'à la dernière
» extrémité, et j'ai vu cette femme, comme vous l'appelez,
» cette pauvre enfant (je l'appellerai ainsi, moi) que vous
» condamniez, au nom de l'honneur et de l'amour même,
» à cette espèce de cadavre que vous lui envoyiez. A cette
» époque, vous me faisiez l'éloge de cette jeune fille, vous
» me vantiez les joies de mon mariage, et, comme vous
» venez de le dire, je ne croyais pas à vos paroles. Dieu a
» voulu que je trouvasse dans cette enfant une nature excep-
» tionnelle, qu'elle apprît toute la vérité et qu'elle acceptât
» naïvement et simplement le seul droit auquel elle pouvait
» prétendre, celui de me consoler. N'était-ce pas là un bon-

» heur dans mon infortune? Vous m'aviez ordonné d'ou-
» blier, j'ai fait tout ce que j'ai pu pour cela, et j'avoue que
» je n'ai pu voir sans attendrissement la sollicitude tendre
» et désintéressée de mademoiselle Euphémie pour une
» douleur dont elle avait le droit d'être jalouse, et à laquelle
» elle consentait à s'unir. Aujourd'hui, il vous plaît de
» penser autrement. Soit que vous n'ayez voulu que faire
» une épreuve, soit que la jalousie vous soit venue tout à
» coup, vous me dites de revenir, je reviens. Il convient à
» l'exaltation de votre esprit, au raffinement de votre exi-
» geante passion de jouer avec la position et la vie de ceux
» que vous aimez ou qui ne vous ont jamais fait de mal,
» soit! C'est là un caprice comme un autre; je m'y soumets,
» partons!

— » C'est bien. Vous ne m'aimez plus! D'ailleurs, si
» vous m'aviez aimée, vous ne seriez pas parti, quoi que
» j'eusse pu vous dire.

— » Madame...

— » Pas un mot de plus, monsieur, je vous mépriserais!
» Vous êtes libre. »

» Et cette femme, bien belle à voir en cette émotion,
remit son chapeau, son châle et son voile, et passa, haute
et fière, devant son amant.

» Quant à lui, il resta un moment dans la chambre,
muet et anéanti, puis il releva la tête, passa la main sur
son front, et appelant le domestique:

— « A quelle heure part le bateau pour Marseille? lui
demanda-t-il.

— » Dans une heure.

— » C'est bien. » Et il quitta l'hôtel.

» Voilà l'histoire que je t'ai promise, mon cher ami. Si ta femme avait été là, elle se serait amusée, elle qui aime tant les romans.

» Dis à mon tailleur de me tenir mes habits prêts pour le 15. Je vais à Grenoble. J'y reste deux jours et je repars immédiatement pour Paris.

» A toi.   » ALPHONSE. »

XV

« Marseille, le.....

» Madame veuve Ramel a l'honneur de vous faire part du mariage de mademoiselle Euphémie Ramel, sa fille, avec monsieur Julien Mévil, et vous prie d'assister à la bénédiction nuptiale qui leur sera donnée en l'église de..., le 24 décembre prochain, à midi précis. »

Deux jeunes gens descendent bras dessus, bras dessous, l'escalier du salon de l'Exposition, au Louvre.

Le plus âgé (il a vingt-huit ans) :

— « Eh bien ! qu'en dis-tu ?

— » Mon cher, c'est une belle chose. Tu n'as jamais rien fait d'aussi complet.

— » Alors tu vas venir chez moi ; je te montrerai une grande esquisse dont tu seras content.

— » Tu travailles donc beaucoup ?

— » Je n'ai que cela à faire.

— » Et ta femme ?

— » Elle est à la campagne chez sa mère.

— » Avec les enfants?

— » Oui.

— » Vous vous aimez toujours?

— » Comme deux tourtereaux.

— » Alors tu es heureux?

— » Tu le demandes! Viens donc passer quelques jours à la campagne avec nous. Tu ne comptes pas repartir encore?

— » Non, j'ai assez de voyages. A propos de voyages, devine qui j'ai rencontré à Florence.

— » Qui donc?

— » Madame de***.

— » Bah! Qu'y faisait-elle?

— » Elle y demeure.

— » Vraiment?

— » Oui, nous avons beaucoup parlé de toi. Ah! comme elle est changée, mon cher! tu ne la reconnaîtrais pas. Elle a l'air d'avoir quarante ans. Elle se meurt tout bonnement d'une maladie de langueur. Son médecin m'a dit qu'elle n'en avait pas pour un an.

— » Pauvre femme!

— » Dis donc, entre nous, tu as été son amant?

— » Deux ans; mais elle était charmante alors. C'est même une histoire assez curieuse. Je te conterai cela. Elle est seule à Florence?

— » Non; elle est avec son fils et son mari.

— » Avec son mari? Oh! les femmes! Elles savent se tirer des plus mauvaises positions. Elles sont comme les chats, qui retombent toujours sur leurs pattes. »

Les deux amis s'éloignèrent en causant, mais je n'en entendis pas davantage.

LE PRIX DE PIGEONS

I

VARIATIONS SUR UN PARADOXE.

Si vous êtes fils, votre père vous a dit ceci : Travaille, un homme instruit arrive à tout. Si vous êtes père, vous avez dit à vos fils : Étudie, une bonne instruction vaut une fortune.

Soit !

Le 15 septembre 1837, à huit heures du matin, un facteur entra dans une maison de la rue Meslay, une des rues les plus silencieuses de Paris, quoiqu'elle traverse un des quartiers les plus bruyants du monde, et déposant une lettre sur la table du portier, il dit en tendant la main pour recevoir le prix de ladite lettre :

— Monsieur Lebrun ? trois sous.

— Voilà vos trois sous, fit la portière en plaçant la lettre dans le casier du locataire à qui elle était adressée.

Avez-vous quelquefois médité sur le contenu d'une lettre

que vous ne pouviez ouvrir, sur ce sphinx de papier plié
en quatre et qui va porter d'un point à un autre de la terre
la joie, la tristesse, l'espérance de quelqu'un, en restant silencieux pour ceux entre les mains de qui il passe avant
d'arriver à sa destination? Avez-vous apprécié le bienfait
de la lettre? Vous vous êtes dit : La lettre, c'est le rappro-
chement momentané des distances, c'est une poignée de
main par-dessus les montagnes, c'est l'invisible chaîne qui
lie les mondes entre eux. La lettre a deux visages, comme
Janus; elle est bavarde et muette, renferme tout et ne dit
rien; est pleine d'intérêt, de cœur ou d'esprit pour celui
ou celle à qui elle est adressée; est absurde et inintelligible
pour le tiers qui la lit par accident. Prenez vingt lettres au
hasard, et lisez-les : l'une sera une lettre d'affaires, celle-ci
une provocation, celle-là une invitation à dîner; et cependant toutes, avant d'être ouvertes, avaient la même physionomie, étaient pliées de la même façon, portaient le
même cachet, c'est-à-dire le même masque. N'est-ce pas
l'image de la vie? Que d'émotions différentes sous cette
enveloppe qu'on appelle l'homme et qui est toujours le
même! sous ce cachet qu'on nomme le cœur et qui ne varie
pas! Puis un jour, la lettre qui vous a causé le plus d'émotion quand vous l'avez reçue, vous la jetez au feu, ses ca-
ractères se tordent et grimacent quelques instants sous le
baiser mortel de la flamme, et tout est fini : il ne reste pas
même des cendres de ce passé brûlé. Ainsi de votre cœur.
Un jour en l'ouvrant avec curiosité, vous avez trouvé dedans
un nom et vous avez été heureux, puis ce nom a disparu,
et vous êtes devenu indifférent. Mais pour détruire ce nom,
vous n'avez pas eu besoin de brûler votre cœur comme

une lettre : le nom s'est effacé tout seul, et la page écrite est redevenue une page blanche, mais qui tomberait peut-être en poussière si vous vouliez encore écrire quelque chose dessus.

Donc, le 15 septembre 1837, on apporta une lettre pour M. Lebrun, rue Meslay.

Qu'était ce M. Lebrun et que contenait cette lettre ? Voilà la question. M. Lebrun était un gros homme de quarante-cinq ans environ, qui avait fait une petite fortune dans les toiles, avait eu une femme et avait une fille. Voyez déjà que de raisons pour qu'il reçût une lettre. M. Lebrun était laid, mais sa fille était jolie ; M. Lebrun était bête, mais sa fille était spirituelle ; M. Lebrun était gros, mais sa fille était bien faite ; enfin M. Lebrun était égoïste, mais sa fille avait du cœur. Aussi, malgré tous ces défauts, mademoiselle Lebrun menait-elle M. Lebrun par le bout du nez, comme on dit vulgairement.

Quand la bonne de M. Lebrun descendit pour aller faire les emplettes du matin, la portière lui remit la lettre qu'elle venait de recevoir, et celle-ci, de retour, la remit à son maître, lequel, assis devant son bureau et vêtu d'une robe de chambre à palmes en imitation de cachemire, écrivait des lettres, lui aussi. M. Lebrun avait été longtemps dans le commerce, comme nous l'avons dit tout à l'heure, et tout le temps qu'il y avait été, il avait eu l'habitude de faire son courrier et d'écrire dès huit heures du matin à ses correspondants de la province et de l'étranger. Il y avait quatre ans que M. Lebrun ne faisait plus d'affaires avec personne, mais il était convaincu qu'il en faisait, et il n'eût pas laissé passer une matinée sans écrire au moins quatre ou cinq lettres. Ce qu'il mettait dans sa correspondance, nul n'eût pu le dire, pas même lui; mais il écrivait, il avait l'air affairé, c'était tout ce qu'il lui fallait.

M. Lebrun avait même trouvé à ce propos une phrase dont il était content et qu'il répétait souvent en l'accompagnant de son rire de rentier.

— Je sais bien quand je mourrai, moi, disait-il.

— Quand mourrez-vous? lui demandait-on.

— Je mourrai la veille du jour où je n'écrirai plus.

M. Lebrun était donc à son bureau, et pour mieux voir ce qu'il écrivait, il avait relevé ses lunettes sur son front, car, comme vous l'avez sans doute remarqué, quand un homme qui porte des lunettes veut voir distinctement une chose, il lève ses lunettes jusqu'à la moitié de son front ou les baisse jusqu'au bout de son nez, afin de voir par-dessus ou par-dessous.

J'ai fait si souvent cette remarque, que je suis arrivé à croire qu'il n'y a que les gens poursuivis par la police et qui veulent défigurer leur signalement qui continuent à porter des lunettes et à s'abîmer les yeux en se forçant de voir à travers un verre.

Par le plus grand des hasards, Julie était à côté de son père quand la bonne apporta la lettre que la portière lui avait remise. Il va sans dire que Julie était le nom de baptême de mademoiselle Lebrun. Nous disons par le plus grand des hasards, parce qu'ordinairement Julie ne se levait pas avant dix heures et demie, pour déjeuner à onze heures. Une légère rougeur qui colora ses joues quand elle vit l'écriture de cette lettre que son père allait ouvrir, eût peut-être indiqué à un observateur, s'il s'en fût trouvé un là, que cette lettre matinale n'était pas étrangère au hasard qui faisait que Julie se trouvait levée à huit heures.

Nous avons dit que Julie était charmante ; nous allons le prouver. Elle était de taille moyenne, avait les cheveux noirs et les yeux bleus, le teint rose et les dents blanches, les épaules arrondies et la taille mince, les bras bien faits et les mains effilées, la jambe ronde et le pied petit.

O mystères bienfaisants de la nature ou de la civilisation, qui donnez des filles jolies à des pères très-laids, soyez bénis sans discussion et acceptés sans examen !

— Tiens ! dit M. Lebrun en étudiant l'adresse de la lettre en question, je ne connais pas cette écriture-là.

Et M. Lebrun, se renversant sur le dos de son fauteuil recouvert de maroquin, se mordit le bout de l'index de la main droite, et continua d'étudier l'écriture de la lettre.

— Ouvre-la, mon père, tu verras bien de qui elle est, dit Julie en posant son bras sur le dos du fauteuil, et en se penchant vers son père avec un grand battement de cœur.

— Tu as raison, fit le père, et il détacha le cachet. Nous appuyons sur le mot détacha parce que M. Lebrun était de ces hommes qui, convaincus que tous les mots d'une lettre sont de la plus grande importance, n'en brisent pas, mais en détachent doucement le cachet, pour ne pas enlever, par trop de précipitation, un mot de la missive, lequel mot pourrait, par son absence, faire perdre à la lettre, ou tout au moins à la phrase à laquelle il aurait été ravi, une partie de son sens, même son sens tout entier.

— Ah ! c'est de M. Léon, fit M. Lebrun en passant tout de suite à la signature.

— Ah ! vraiment, fit Julie.

— Que peut-il avoir à me dire, ce charmant jeune homme? Voyons.

Et M. Lebrun lut à haute voix :

« Monsieur,

» Vous allez trouver ma lettre bien étrange et ma demande bien hardie. »

— Quelle jolie écriture il a, le gaillard! interrompit M. Lebrun ; quelle main pour un teneur de livres ! Malheureusement pour lui, il ne l'est pas. Continuons :

« Et ma demande bien hardie, reprit M. Lebrun en traînant sur les mots. Mais je ne puis résister plus longtemps aux désirs de mon cœur, et si je dois mourir j'aime mieux mourir de votre refus que du doute. »

— Qu'est-ce que tout cela veut dire ?

— Continuez, mon père.

Le marchand de toiles poursuivit sa lecture.

« J'aime votre fille, et mademoiselle Julie m'aime, je le crois. »

M. Lebrun fit un bond sur sa chaise en lisant cette phrase.

— Il t'aime et tu l'aimes ! s'écria-t-il. Ai-je bien lu ?

— Oui, mon père.

— Ainsi tu l'avoues ?

— Ma mère vous aimait bien, je puis bien aimer M. Léon.

— C'est vrai ; mais moi j'étais dans le commerce.

— Eh bien ! mon père, répliqua Julie avec le plus grand sang-froid, si c'est pour cela que ma mère vous aimait, c'est pour la raison contraire que j'aime M. Léon.

— Mais que veut-il ?

— Il veut ma main.

— Je crois bien que sa demande est hardie. Mais comment sais-tu qu'il veut ta main ?

— Parce qu'il m'a dit hier qu'il vous écrirait pour vous la demander.

— Ainsi vous vous parliez en cachette ?

— Oui, mon père.

— Souvent ?

— Très-souvent.

— Oh !

— Il me disait qu'il m'aimerait toute la vie.

— Et tu lui répondais ?

— Que je l'aimerais jusqu'à la fin de mes jours.

— Et quand vous parliez-vous ainsi ?

— Quand je vous servais du thé.

— Et cela se passait sous mes yeux ?

— Toujours.

— Et je ne voyais rien ?

— Vous ne pouviez rien voir, papa, vous aviez toujours vos lunettes.

— C'est bien, fit M. Lebrun en se levant et en pliant la lettre sans continuer de la lire, c'est bien, mademoiselle, vous retournerez à votre pension.

— Qu'y ferai-je ? demanda Julie d'un ton qui prouvait qu'elle ne redoutait pas le moins du monde les menaces de son père, et qu'elle était sûre d'en avoir bon marché.

— Vous y attendrez que je vous aie trouvé un mari.

— De votre choix, mon père ?

— De mon choix.

— Ah ! je ne l'épouserai pas, alors.

— Vous ne l'épouserez pas ?

— Non, mon père.

— Parce que...

— Parce que ce ne sera pas M. Léon.

— Ainsi c'est M. Léon qu'il vous faut ?

— Oui, papa.

— Vous n'en voulez pas d'autre ?

— Non, papa.

— Et vous croyez que je consentirai à ce mariage ?

— Oui, papa.

— Je vais écrire à M. Léon de ne plus remettre les pieds chez moi.

— Oh ! je le verrai tout de même.

— Et où cela, s'il vous plaît ?

— Par ma fenêtre, et je lui écrirai.

— Tu lui écriras ! Et que lui écriras-tu ?

— Que je l'aime, que vous êtes un tyran, et que quand je serai majeure, je l'épouserai malgré vous.

— Et où as-tu pris ces beaux principes-là ?

— Je les ai lus.

— Dans quel livre ?

— Dans le Code.

— Dans le Code ! Qui croirait jamais que ce tabernacle des droits de l'homme et des lois de la société renferme de pareilles choses !

— Article 227, chapitre des Droits des enfants majeurs.

— Sais-tu ce que tu auras en dot en te mariant ?

— Oui, mon père, soixante mille francs.

— Je te supprimerai ta dot.

— Vous ne pouvez pas. C'est la fortune de ma mère. A

ma majorité il faudra que vous me rendiez mes comptes. Article 86, chapitre des Tutelles.

— Et qui t'a dit que toutes ces choses-là étaient dans le Code?

— M. Léon; vous savez bien qu'il sait tout, mon père.

— Et qu'il n'a rien, en revanche.

— Peu importe, il fera sa fortune.

— Jamais.

— C'est vous-même qui le lui avez dit.

— Moi!

— Vous; je vous ai entendu vingt fois le complimenter sur sa grande instruction et ajouter qu'avec cela il était sûr de l'avenir. Voyons, mon petit père, rasseyez-vous et causons.

M. Lebrun se rassit, et Julie sur ses genoux.

— Vous m'aimez bien, n'est-ce pas? reprit la jeune fille en arrangeant les nœuds de la cravate de son père.

— Oui, et c'est seulement...

— Parce que vous m'aimez que vous ne voulez pas que j'épouse M. Léon, n'est-ce pas? Eh bien, moi, je vous dis, mon petit père, qu'il faut que ce mariage se fasse.

— Non; M. Léon n'a rien. Tu ne peux pas être heureuse en ménage avec trois mille livres de rente, en admettant encore que tu places tes soixante mille francs à cinq pour cent, ce qui est difficile par le temps qui court; tu n'auras les cent vingt mille francs qui sont ma fortune, qu'à ma mort, et grâces à Dieu, je me porte bien; par conséquent, il te faut un mari qui t'apporte au moins ce que tu lui apporteras, une soixantaine de mille francs.

— M. Léon les gagnera.

— Qu'il les gagne, nous verrons après.

— Si vous aviez continué la lecture de sa lettre, vous ne vous seriez pas tant mis en colère, et nous nous serions entendus tout de suite.

— Tu sais donc ce qu'il y a à la fin de cette lettre ?

— Certainement, puisque j'en ai la copie dans ma poche.

— Oh ! les petites filles ! quels démons !

Monsieur Lebrun reprit la lettre.

« Être le mari de votre fille, voilà la seule ambition, l'unique but de ma vie. Mais je veux la rendre heureuse, et elle ne peut l'être qu'à la condition de ne manquer de rien et de pouvoir satisfaire tous ses besoins, tous ses caprices même. Vous savez combien je suis instruit, et combien l'instruction et les arts offrent de ressources à qui les a cultivés. Accordez-moi un an. Pendant cette année je me mettrai à l'œuvre, soutenu par l'espérance du résultat, et au bout de cette année, je viendrai vous demander mademoiselle Julie ; car pendant ce temps, dussé-je ne pas dormir, dussé-je vivre de pain et d'eau, j'aurai amassé cinquante mille francs au moins, et ce sera un commencement. *Omnia labor vincit improbus.* »

— Qu'est-ce que veut dire cette phrase ?

— Un travail opiniâtre triomphe de tout, fit Julie.

— Tu sais donc le latin ?

— Oui, mon père.

— Tu sais le latin ?

— Oui, c'est M. Léon qui me l'a appris pour pouvoir correspondre avec moi dans une langue que vous ne compreniez pas. Mais achevez de lire cette lettre :

« Si dans un an, reprit M. Lebrun, qui n'en revenait

pas que sa fille sût le latin, je n'ai pas réussi, alors, Monsieur, vous pourrez disposer de la main de mademoiselle Julie et il ne me restera plus qu'à mourir. »

— Eh bien ! que dites-vous, mon père ?

— C'est assez raisonnable.

— A la bonne heure ! Ainsi vous consentez ?

— Il le faut bien, puisque tu le veux.

— Dans un an vous accorderez ma main à M. Léon ?

— Si dans un an M. Léon a gagné et m'apporte cinquante mille francs.

— Il les gagnera. Ainsi, je puis lui annoncer cette bonne nouvelle et lui dire de monter vous en remercier.

— Comment !

— Il attend en bas, dans la rue, votre réponse.

— Tu l'y as vu ?

— Je le sais. Il m'a dit hier qu'il serait dans la rue à neuf heures ce matin, et voici que neuf heures sonnent.

Julie s'approcha de la fenêtre, l'ouvrit, et ramenant rapidement deux ou trois fois de suite son doigt dans la direction de ses yeux, elle se trouva avoir fait le geste qui dans tous les pays de la terre signifie : Venez, — et celui à qui elle avait fait ce geste et qui en le voyant avait bondi de joie, s'élança dans la maison.

II

— Remerciez mon père, fit la jeune fille en poussant Léon vers M. Lebrun ; il accepte votre proposition.

— Que de reconnaissance ! s'écria Léon en prenant les mains du père.

— Vous aimez donc bien ma fille !

— De toute mon âme, monsieur.

— Et vous croyez arriver à votre but ?

— J'en suis sûr.

— Que possédez-vous déjà ?

— Rien...

— Cependant, vous avez une place, vous me l'avez dit plusieurs fois.

— Oui, monsieur ; au ministère des finances.

— Combien gagnez-vous par mois ?

— Cent treize francs soixante-quinze centimes.

— Ce n'est pas assez.

— Aussi, vais-je quitter cette place.

— Prenez garde ! vous ne gagnerez peut-être pas tant avec toute votre instruction.

— Détrompez-vous, monsieur. Nous vivons heureusement dans un siècle où le travail trouve sa récompense.

— Cependant jusqu'à présent vous n'avez trouvé que cent treize francs soixante-quinze centimes par mois.

— Jusqu'à présent je n'avais pas aimé, monsieur, et cette faible somme suffisait à mes goûts simples.

— Ainsi, vous savez beaucoup de choses, reprit M. Le-

brun avec l'admiration de l'homme qui n'a jamais rien su
que sa langue, juste ce qu'il en faut pour vendre de la
toile, et l'arithmétique tout ce qu'il en faut pour savoir
gagner vingt-cinq ou trente pour cent.

— Oui, monsieur, je sais beaucoup des choses.

— L'anglais, vous le parlez?

— Couramment.

— L'allemand?

— Comme le français.

— L'italien?

— Sur le bout du doigt.

— L'espagnol?

— A merveille.

— Le latin, le grec?

— A fond. Je sais même l'arabe.

— L'arabe! hein, mon père, fit Julie, voilà qui est beau!
Si vous saviez l'arabe, vous, comme vous seriez content!

— Comment, monsieur, vous lisez ces lettres longues,
maigres et tordues qui ressemblent à du vermicelle?

— A livre ouvert.

— Vous dessinez aussi?

— Oui. Je pourrais faire une bonne copie d'un grand
maître. Je fais un peu d'architecture, je suis très-fort en
chimie, je sais l'histoire universelle, l'histoire naturelle ;
j'ai fait mon droit. Et vous croyez qu'en un an je ne tire-
rai pas cinquante mille francs de tout cela!

— Cinquante mille francs! c'est beaucoup d'argent ; mais
je ne me dédis pas, et je tiendrai ma promesse. Revenez le
15 septembre 1838. Cependant je vous donnerais tout de
suite ma fille, si vous aviez l'argent que vos parents ont

dépensé pour vous faire apprendre tout ce que vous savez, quand bien même vous seriez un ignorant.

— Vous attendrez patiemment pendant toute une année, Julie? dit Léon à la jeune fille.

— Oui, mon ami, je vous le jure.

— Allons, monsieur, au 15 septembre 1838, fit Léon en se retirant après avoir serré la main de celle qu'il aimait.

— Monsieur, j'ai l'honneur de vous saluer, répliqua M. Lebrun, aux lèvres duquel cette phrase, qu'il avait répétée pendant vingt années, chaque fois qu'il avait pris congé d'un client ou d'une pratique, revenait sans cesse, parée d'une intonation prétentieuse et d'un sourire insignifiant.

III

Dix mois et demi après cette scène, un homme pâle à la barbe longue, aux joues creuses, presque en haillons, était assis dans une chambre basse, sombre et malsaine d'un mauvais hôtel de Londres. Il avait laissé tomber sa tête sur sa poitrine, et tenait de la main gauche un pistolet dont il faisait jouer la gâchette et le chien avec la main droite. Cet homme pâle, maigre, en haillons, qui n'avait pas mangé depuis deux jours, c'était Léon, qui allait se brûler la cervelle.

Une lettre était déposée sur la table. Cette lettre portait le nom et l'adresse de Julie.

Elle ne contenait que ces mots :

« J'ai tout fait pour gagner la somme que demandait

votre père, je suis plus pauvre que lorsque je vous ai vue
pour la dernière fois, et je n'ai pas mangé depuis deux
jours. Quand vous recevrez cette lettre, je serai mort en
pensant à vous. La balle d'un pistolet aura fait ce qu'aurait fait la faim si j'avais osé espérer encore.

» Soyez heureuse, Julie, ce sera mon dernier vœu avant
de mourir.

» 18 juin 1838.

» LÉON. »

Léon relut une dernière fois cette lettre et la cacheta.

— Allons, dit-il, faisons-nous grâce des six semaines
qui me séparent encore du 15 septembre 1838 ; et il arma
le pistolet qu'il tenait à la main, s'apprêtant à se l'appuyer
sur la tempe ; car lui qui savait tout, il savait que c'est à la
tempe et non dans la bouche qu'il faut se tirer un coup
de pistolet quand on veut mourir sûrement et instantané-
ment.

Au moment où il allait lâcher la détente, sa porte s'ouvrit brusquement, donnant passage à un gros homme, à
la mine bourgeonnée, vêtu d'une veste de drap et d'un
tablier blanc retroussé et formant l'angle. Ce mastodonte
humain était maître de l'hôtel où Léon vivait, si l'on peut
appeler cela vivre.

Le premier mouvement de Léon, ce mouvement dont on
n'est jamais le maître, fut non pas de lâcher la détente,
mais de retirer sa main de la position où elle était et de
cacher son arme derrière son dos.

Mais ce mouvement n'échappa point au tavernier, qui,
s'approchant du jeune homme, lui dit :

— Qu'est-ce que vous faites donc là, vous?

Et il amenait à lui et la main et le pistolet.

— Vous alliez vous brûler la cervelle?

Léon fit signe que oui.

— Et les quarante schellings que vous me devez?

— Je ne les ai pas.

— Ainsi, non-seulement vous ne me payez pas, mais encore vous vous tuez chez moi, c'est-à-dire que vous discréditez ma maison et m'embarrassez d'un homme mort! Donnez-moi votre pistolet.

— Pourquoi?

— Vous le demandez! Pour vous empêcher de vous tuer avant que vous ne m'ayez payé. Après, ce me sera parfaitement indifférent, mais encore faudra-t-il que vous vous tuiez hors d'ici.

— Ainsi, je n'ai même pas la liberté de mourir! murmura Léon, que la misère, le désespoir, la faim et l'émotion qui précède le suicide, avaient jeté dans un affaissement complet, et qui, sachant à peine ce qu'il faisait, tendit son arme à son hôte.

Après tout, fit-il, je vous dois de l'argent, je vous appartiens, faites de moi ce que vous voudrez. Faites-moi arrêter si bon vous semble.

— Vous êtes donc bien malheureux?

— Ah! oui, je le suis.

— Vous ne savez donc rien faire?

— Je sais tout.

— Tout?

— Oui, tout, depuis l'arabe et le grec jusqu'au moyen de faire du savon économique. Eh bien, je meurs de faim.

—Parbleu ! rien de tout cela ne fait vivre, et vous n'êtes pas le premier.

—J'ai voulu donner des leçons : on m'a offert douze cents francs par an ! Douze cents francs pour passer toutes mes journées à essayer d'instruire un tas de crétins de huit à douze ans, plus ignares, plus désagréables, plus laids les uns que les autres.

—Ensuite ?

—Ensuite, j'ai fait une traduction de chants arabes, des chants magnifiques, complétement inconnus en Europe et capables de transformer toute la littérature du Nord.

—Eh bien ?

—Eh bien ! l'éditeur m'a demandé deux mille francs pour m'imprimer ma traduction.

—Il fallait essayer autre chose.

—C'est ce que j'ai fait. J'ai demandé des travaux au gouvernement français, une copie de tableau.

—Vous l'avez obtenue tout de suite ? On dit qu'en France les gouvernements ne sont occupés qu'à encourager les arts.

—On m'a offert huit cents francs pour copier un Velasquez, et il y avait un an de travail.

—Ah ! c'est fort amusant ! Continuez, fit l'hôte en posant ses mains sur ses hanches et en paraissant prendre le plus grand intérêt à tout ce qu'il entendait.

—Ah ! cela vous amuse, vous ?

—Beaucoup.

Et le maître de l'hôtel s'asseyait, car il venait de réfléchir qu'il serait encore mieux assis que debout.

—Je me suis adressé à un journal, reprit Léon, pour

traduire les nouvelles étrangères et faire des articles scientifiques. Au bout d'un mois j'avais gagné quatre-vingts francs, et reçu l'ordre de ne plus écrire sur les sciences, les abonnés ayant écrit que c'était ennuyeux.

— Ah! oui. Ces articles scientifiques, c'est insupportable! fit l'aubergiste avec un gros rire.

— Alors, j'ai réuni mes dernières ressources, et je suis venu en Angleterre.

— Vous avez bien fait.

— Parlant purement l'anglais, je comptais donner des leçons de français à de jeunes gentlemen; mais j'ai eu l'imprudence de prononcer le mot chemise devant une lady, mère d'un de vos compatriotes, et le jour même on m'a congédié.

— Et depuis?

— Depuis, je n'ai rien fait. Je suis venu demeurer chez vous, et je vous dois quarante shellings.

— Il fallait vous contenter de la première place que vous avez trouvée, celle de douze cents francs.

— Me contenter? j'aimais mieux mourir.

— Je me contente bien de ce que j'ai, moi, fit le maître d'hôtel avec orgueil, et il y a vingt ans que je fais la cuisine!

— Je m'en serais peut-être contenté, si je n'avais été amoureux.

— Vous êtes amoureux?

— Oui. Et pour obtenir celle que j'aimais, il fallait que je gagnasse cinquante mille francs en un an.

— Cinquante mille francs en un an, quand moi, je n'ai encore que mille livres sterling, la moitié de ce que vous vouliez, et en vingt ans! vous étiez fou, mon cher!

— Et dans six semaines expire l'année. Voilà pourquoi j'aimais autant mourir aujourd'hui que d'attendre cette époque.

L'hôtelier parut réfléchir profondément.

— Il me vient une idée, s'écria-t-il tout à coup.

— A vous?

— A moi. Il vous faut cinquante mille francs?

— Oui.

— Si je vous en procure soixante mille, m'en donnerez-vous dix mille?

Léon regarda l'aubergiste comme on regarde un fou.

— Je parle sérieusement.

— Vous pouvez me procurer soixante mille francs?

— D'ici à un mois.

Léon se leva et sauta au cou de son hôte, qui, repoussant de la main cette familiarité, continua:

— Avez-vous un bon estomac?

— Excellent! Mais qu'importe mon estomac?

— Avez-vous fait des excès?

— Jamais.

— Vous épouserez celle que vous aimez.

— Comment?

— Ayez du courage, c'est tout ce qu'il faut.

— Que voulez-vous dire?

— Habillez-vous.

— Je n'ai pas d'autres habits que ceux que j'ai sur moi.

— Je vous en prêterai un alors, et je vais faire monter un barbier pour qu'il vous coupe votre barbe. Nous allons chez un grand seigneur, chez un lord, chez un pair d'Angleterre.

— Qui me donnera soixante mille francs ?

— Qui vous les fera gagner, si vous avez un bon estomac.

— Je n'y comprends rien.

— Vous n'avez pas besoin de comprendre? Avez-vous un bon estomac?

— Oui, je vous le répète.

— Aimez-vous le pigeon?

— Qu'est-ce que le pigeon a à faire dans tout ceci?

— Répondez-moi. Aimez-vous le pigeon?

— Je l'adore !

— Vous êtes sauvé, et je gagne dix mille francs. Attendez-moi, je reviens dans un instant.

Vingt minutes après cette conversation, Léon, rasé, vêtu d'un habit quatre fois trop large pour lui, mais plus propre que celui qu'il portait depuis un mois, sortait de son hôtel, accompagné de son hôtelier, sans avoir encore pu faire dire à son compagnon où il le menait et quel rapport les pigeons pouvaient avoir avec l'amour et les cinquante mille francs dont il avait besoin.

IV

Maître Peters conduisit Léon dans un des plus riches hôtels de Piccadilly.

— Lord Lenisdale est-il visible? demanda l'hôtelier en restant respectueusement, son chapeau à la main, devant le laquais galonné auquel il s'adressait et en faisant signe à Léon d'en faire autant.

— Non, répondit le laquais, milord ne reçoit pas.

— Veuillez dire à Son Excellence, reprit Peters, que c'est quelqu'un pour les pigeons.

— Ah ! si c'est pour les pigeons, fit le laquais, vous pouvez entrer.

Peters regarda Léon d'un air triomphant.

— Tout va bien, dit-il.

Léon croyait rêver.

Le laquais introduisit les deux visiteurs dans un salon tout ruisselant d'or et de soie, et leur dit avec une déférence qu'il n'avait pas montrée jusqu'alors :

— Je vais prévenir Son Excellence.

Au bout de dix minutes Son Excellence parut.

C'était un homme de soixante ans environ, grand, maigre, ayant les cheveux blancs, l'air distingué et le regard d'un homme habitué à protéger des solliciteurs et à leur répondre.

— Milord, fit Peters en se levant ainsi que Léon et en faisant trois ou quatre saluts des plus humbles, je viens proposer à Votre Excellence monsieur, qui désire concourir pour le prix de pigeons.

Lord Lenisdale regarda Léon comme un naturaliste regarderait un insecte qu'il verrait pour la première fois.

— Vous êtes Français ? demanda le lord en se servant de la langue française pour parler à Léon.

— Oui, milord, répondit celui-ci en anglais, ce qui flatta le fils d'Albion.

— Et vous voulez concourir pour le prix de pigeons ?

— J'ignore ce que c'est que ce prix, milord ; mais, il y a un quart d'heure, j'étais au moment de me brûler la cervelle, quand M. Peters, mon hôte, est entré dans ma chambre et m'a, ému par le récit de mes malheurs, proposé de me faire gagner soixante mille francs en un mois ; seulement je n'ai pas encore pu lui faire dire par quel moyen.

—Voici ce dont il s'agit, monsieur, reprit l'Anglais du ton grave d'un diplomate qui traite les plus importantes questions politiques : il y a à Londres une société de savants dont je suis le président. Cette société, jalouse d'éclaircir tous les points de la science, a proposé un prix de soixante mille francs à celui qui mangerait pendant un mois, tous les jours, un pigeon rôti à son dîner. Cela semble bien facile au premier abord, mais personne n'a encore pu réussir, et cependant beaucoup de gens ont tenté l'épreuve. Les uns ont renoncé au dixième pigeon, les autres sont tombés malades au quinzième, et nous avons vu mourir trois candidats du vingt-deuxième au vingt-cinquième. Le prix n'était alors que de trente mille francs. La difficulté qu'il y avait à le gagner nous l'a fait augmenter de la même somme. Vous sentez-vous, monsieur, dans les dispositions nécessaires ?

Nous renonçons à peindre l'étonnement de Léon.

— Oui, monseigneur, répondit-il sans trop savoir ce qu'il répondait et ne songeant qu'aux soixante mille francs, mais vous fournirez les pigeons.

— Bien entendu.

— Car mes moyens ne me permettraient pas de faire cette dépense.

— Et quand commencerez-vous ?

— Dès aujourd'hui.

— Veuillez me dire votre nom, fit le lord en s'asseyant et en ouvrant un grand registre aux armes d'Angleterre.

— Léon ✱✱✱.

— Votre âge?

— Trente ans.

— Votre profession?

— Je n'en ai pas : j'étais employé dans un ministère et j'ai quitté ma place pour utiliser ce que je savais d'une autre façon.

— Vous êtes donc savant?

— J'ai reçu une assez bonne instruction.

— Nous avons dans notre société un helléniste distingué, lord Bourlam.

— J'ai entendu parler de lui, mais il a fait bien des fautes dans sa traduction d'Orphée.

— Vous avons lord Gastrouck, l'orientaliste.

— Qui a commis bien des erreurs dans ses Études sur le poëte Sadi.

— Vous parlez donc l'arabe?

— Oui, monsieur.

— Nous avons ensuite un grand archéologue.

— Lord Storley. Si j'avais l'honneur de le connaître, je lui démontrerais qu'il s'est trompé deux ou trois fois dans les dates qu'il assigne aux monuments égyptiens.

— Connaissez-vous aussi lord Galby?

— L'astronome?

— Oui.

— Parfaitement, par ses ouvrages du moins.

— A-t-il aussi commis des erreurs?

— Plus que les autres, attendu que moi, j'ai découvert une étoile qu'il n'a jamais soupçonnée, et que je lui ferai voir quand il voudra, étoile qui a quatre fois la circonférence de la terre.

— Ah çà ! monsieur, vous savez donc tout ?

— A peu près, milord.

— Et vous voulez maintenant savoir si vous pourrez manger trente pigeons en un mois ?

— Non, milord : je veux gagner, par quelque moyen que ce soit, pourvu que ce soit un moyen honnête, cinquante mille francs d'ici à un mois, parce qu'à cette condition seule je pourrai épouser la femme que j'aime.

— Eh bien ! monsieur, je ferai mieux pour vous ; si vous gagnez le prix, je vous présenterai moi-même au roi, et je vous ferai admettre dans notre société.

Léon s'inclina en signe de remercîment.

— Nous disons donc, reprit lord Lenisdale, profession, nulle.

— Oui, milord.

— Vous êtes né ?

— A Paris.

— Et vous demeurez maintenant ?

— A l'hôtel du Lion noir, Horrible Street.

— Très-bien. Voici maintenant les clauses du traité. Vous serez libre de manger et de boire tout ce que vous voudrez ; mais tous les jours, pendant un mois, à six heures, vous mangerez un pigeon rôti. Deux d'entre nous assisteront à votre repas et dresseront un procès-verbal de la façon dont il se sera passé. Il faut que le pigeon soit mangé intégralement. Si vous renoncez à l'épreuve, vous ne pourrez pas concourir de nouveau : si vous êtes malade par suite de cette nourriture, il vous sera alloué vingt livres pour les frais de maladie ; si vous succombez, comme les trois candidats dont je vous parlais tout à l'heure, vous serez enterré aux frais de la société, et l'on gravera sur votre tombe la cause de votre mort.

— Merci de tous ces renseignements, milord ; mais veuillez me permettre de vous faire une question.

— Parlez.

— Votre société n'a pas proposé de prix pour quelque problème scientifique à résoudre, soit en agriculture, soit en histoire, soit en astronomie, soit en langues ?

— Non. Tout cela nous intéresse peu. Nous tenons pardessus toutes choses à nous rendre compte des capacités du corps humain.

— C'est que vous comprenez, milord, que j'eusse mieux aimé mon intelligence que mon estomac.

— N'avez-vous pas besoin de cinquante mille francs ?

— Oui, milord.

— Eh bien ! c'est le seul moyen de les gagner. Les positions où sont arrivés nos savants sont des positions purement honorifiques et auxquelles leur amour-propre seul gagne quelque chose. Ainsi, voici qui est bien convenu, trente pigeons rôtis, fit le lord en appuyant sur cette clause, d'aujourd'hui 31 juillet au 1er septembre prochain.

— Où devrai-je prendre ce repas ?

— Où vous voudrez.

— Chez moi, fit Peters.

— Oui, fit lord Lenisdale.

— Et milord me permettra-t-il, demanda Peters, si mon-

9

sieur gagne le prix, de faire des prospectus de mon établissement et de consigner dedans ce fait extraordinaire ?

— Je consulterai la société à ce sujet.

— Que milord est bon !

— Adieu, monsieur, continua le pair d'Angleterre ; puissiez-vous réussir ! je le souhaite ardemment dans votre intérêt et dans l'intérêt de la science, et comme je crois vous l'avoir déjà dit, si vous réussissez, la faveur du roi vous sera acquise, et les plus grandes maisons de Londres vous seront ouvertes.

— Allons ! se dit Léon en se retirant toujours accompagné de Peters, c'était bien la peine d'apprendre le latin, le grec, l'arabe, l'italien, l'espagnol, l'anglais, l'allemand, l'histoire, la géométrie, l'astronomie, l'agriculture, l'histoire naturelle, la physique, la chimie et le moldo-valaque, pour en être réduit à manger trente pigeons en un mois si je veux épouser celle que j'aime et gagner cinquante mille francs. O science ! tu n'es qu'un mot !

V

Le soir même Léon se mit à l'œuvre.

Huit jours après, lord Bourlam et lord Storley, qui avaient voulu être les témoins des dîners pendant le mois entier, revenaient à sept heures du soir chez lord Lenisdale.

— Eh bien ? leur disait celui-ci.

— Eh bien, il a encore mangé son pigeon aujourd'hui.

— Entièrement ?

— Entièrement.

— Quel gaillard !

Le 15 août, lord Lenisdale dit aux deux témoins :

— Et notre parieur est-il mort ?

— Non.

— Il mange toujours son pigeon ?

— Toujours.

— Rôti ?

— Rôti.

— Tout entier ?

— Tout entier.

— Allons, il a franchi la seconde période.

— Le 25, il alla voir lui-même Léon, qu'il reconnut à peine. Notre héros avait les yeux en feu et une fièvre de cheval.

— Comment vous trouvez-vous ? lui dit le président de la société.

— Très-mal, répondit Léon.

— Et vous persévérez ?

— Oui.

— Vous êtes le Wellington du pigeon !

— Merci de cet encouragement, milord.

— Lord Lenisdale voulut assister aux trois derniers repas que Léon ne pouvait plus faire qu'en se bouchant le nez, tant il trouvait infecte l'odeur du pigeon.

Qui croirait jamais que ce volatile renommé pour sa fidélité soit si mauvais à la longue !

Le 30 août, le peuple de Londres se pressait à la porte de l'hôtel de maître Peters. On eut peine à soustraire Léon aux marques de l'enthousiasme qu'il avait inspiré.

Après avoir mangé le dernier pigeon, il lui fallut, tout ému de son triomphe et suffoqué par le mal de cœur, se mettre à la fenêtre et saluer la populace du quartier, à laquelle maître Peters faisait chaque jour des allocutions.

Plusieurs savants étaient venus d'Écosse pour voir Léon; mais ils n'avaient pu le voir que par le trou de la serrure, et encore il leur avait fallu donner au moins une livre à Peters.

Le 2 septembre, le pari était gagné.

Maître Peters vendit à un touriste anglais, qui avait acheté la deux-cent-trentième canne de Voltaire, l'habit que Léon avait porté tout le temps qu'avait duré l'expérience. Il vendit cet habit cent guinées, et le collectionneur ne l'eût pas donné pour mille.

Enfin, le 3 septembre 1838, on lisait dans le *Times :*

« Nos lecteurs ont, sans aucun doute, entendu parler de ce jeune Français qui s'est présenté, il y a un mois, comme candidat au prix de pigeons proposé par lord Lenisdale et par tous les membres de la société scientifique de Londres.

» Nous avons le bonheur de pouvoir annoncer que ce prix a été enfin remporté par ce jeune Français, sous les fenêtres duquel se presse depuis huit jours et en ce moment encore une foule curieuse et enthousiaste.

» Les trente pigeons ont été mangés intégralement, et les os ont été conservés pour être offerts et déposés, avec un rapport constatant le fait, au cabinet d'histoire naturelle.

» On se rappelle qu'avant ce jeune homme, plus de cent cinquante candidats avaient renoncé à concourir; après avoir lutté huit ou quinze jours, et que même trois d'entre eux sont morts.

» Il faut donc que ce jeune homme soit doué d'un bien bon estomac et d'une bien grande énergie. C'est hier qu'on a décerné le prix et une médaille d'or à ce jeune Français, M. Léon ***. Voilà donc un problème important résolu pour l'avenir. Un fort beau discours a été prononcé à cette occasion par lord Bourlam, notre grand helléniste. Lord Lenisdale a répondu lui-même à ce discours par une fort belle théorie sur l'origine des cultes et la naissance des langues. Nous sommes heureux de pouvoir apprendre à nos lecteurs que M. Léon *** n'est pas un homme ordinaire que l'espoir du gain a poussé à cette expérience; c'est un savant, c'est un lettré de premier ordre. Aussi n'a-t-il fait cette expérience que par pure curiosité. Ce qui le prouve, c'est qu'il a donné dix mille francs à l'hôtelier qui lui faisait rôtir les pigeons. Le soir même il a été présenté au roi. S. M. lui a fait don d'une tabatière enrichie de diamants, et l'a longtemps questionné sur les différentes impressions que le pigeon souvent répété peut produire sur l'organisation humaine. L'ambassadeur d'Espagne a écrit immédiatement à la reine pour lui demander la croix d'Isabelle la Catholique pour M. Léon ***. Le prince Kourzoff a proposé cinquante mille roubles au lauréat, s'il voulait venir renouveler cette expérience en Russie; mais M. Léon***, que sa famille et ses intérêts rappellent à Paris, a refusé cette offre avec regret, en ajoutant, du reste, qu'une seconde épreuve lui serait impossible; ce qu'il a eu à souffrir pendant ce mois de pigeons étant au-dessus de toute expression. »

Le 15 septembre 1838, Léon se présenta chez M. Lebrun, qu'il trouva avec sa fille dans la chambre même où un an auparavant il avait pris congé de lui.

— Eh bien ? lui dit le père.

— Voici soixante-quinze mille francs, répondit Léon en tirant soixante-quinze billets de banque de sa poche.

— Vingt-cinq mille francs de plus ! s'écria M. Lebrun émerveillé, tandis que Julie pâlissait d'émotion et rougissait de joie.

— Oui, fit Léon, non-seulement j'ai gagné de l'argent, mais on m'a fait des cadeaux que j'ai vendus et que représentent ces vingt-cinq mille francs.

— Et c'est à votre instruction que vous devez cela ?

— Oui, répondit Léon avec un soupir, car il ne voulait pas avouer la source de cette fortune.

— Alors, fit Julie en se jetant au cou de son fiancé, si nous avons des fils, il faudra en faire des savants.

— Que le diable m'emporte si je leur apprends seulement à lire ! se dit Léon à lui-même. — Et il épousa Julie, et il fut très-heureux, et il eut deux enfants qui, malgré le serment que leur père s'était fait, sont déjà deux prodiges et sont entrés dans le chemin qui mène à l'Académie des inscriptions et belles-lettres.

Maintenant que Léon n'a plus besoin de sa science pour vivre, il trouve à l'utiliser. Il a déjà publié sa traduction des chants arabes, qui lui a fait un nom parmi les traducteurs, et rapporté trente-deux francs cinquante centimes, le traité qu'il a fait avec l'éditeur portant qu'il partagerait les bénéfices avec lui, et le livre ayant déjà produit un bénéfice net de soixante-cinq francs.

Cette histoire prouve-t-elle qu'il faille mépriser la science ? Non. Elle prouve seulement qu'il ne faut lui demander que ce qu'elle doit donner, le travail toujours, la renommée quelquefois, l'obscurité souvent, la fortune jamais.

Méprise-t-on l'amour, qui prend encore plus et qui donne encore moins ?

Prouve-t-elle qu'il faille mépriser les excentricités des Anglais ? Non. Car, comme on le voit, les excentricités des uns peuvent servir au bonheur des autres, et toutes les routes qu'on prend pour arriver au bonheur sont bonnes, pourvu qu'on y arrive.

Qu'est-ce qu'elle prouve alors ?

Elle ne prouve rien.

Ah ! si ! elle prouve que le pigeon est une viande lourde, et que la Providence emploie tous les moyens pour venir au secours de ceux qui n'ont rien à se reprocher.

LE PENDU DE LA PIROCHE

Connaissez-vous la Piroche?

Non. Ni moi non plus. Ainsi je n'abuserai pas de ma science pour vous faire une description, d'autant plus que, entre nous soit dit, c'est bien ennuyeux les descriptions. A moins qu'il ne soit question des forêts vierges de l'Amérique comme dans Cooper, ou du Meschacebé, comme dans Châteaubriand, c'est-à-dire de pays qu'on n'a pas sous la main, et à propos desquels l'imagination, pour s'en représenter les détails, a besoin d'être aidée par les voyageurs poëtes qui les ont visités, en général les descriptions ne servent pas à grand'chose, excepté à être passées par le lecteur. La littérature a beau avoir sur la peinture, la statuaire et la musique, le triple avantage de pouvoir faire toute seule un tableau avec une épithète, une statue avec une phrase, une mélodie avec une page, il ne faut pas qu'elle abuse de ce privilége, et l'on doit un peu laisser aux arts spéciaux les droits de leur spécialité. J'a-

voue donc que, pour ma part, et sauf meilleur avis, quand
je me trouve avoir à décrire un pays que tout le monde
peut avoir vu ou que tout le monde peut voir, soit qu'il
soit proche, soit qu'il ne diffère pas du nôtre, je préfère
laisser au lecteur le plaisir de se le rappeler s'il l'a vu,
ou de se le figurer s'il ne le connaît pas encore. Le lecteur
aime assez qu'on lui laisse sa part à faire d'une œuvre qu'il
lit. Cela le flatte, et lui fait croire qu'il pourrait faire le
reste. Or, c'est une bonne chose de flatter son lecteur.
Puis, en réalité, tout le monde sait ce que c'est que la
mer, une plaine, une forêt, un ciel bleu, un effet de soleil, un effet de lune et un effet d'orage. A quoi bon
s'appesantir là-dessus? Il vaut bien mieux tracer le
paysage d'un seul coup de pinceau, comme Rubens ou
Delacroix, ceci soit dit sans comparaison, et garder toute
la valeur de sa palette pour les personnages qu'on veut
animer. Quand on noircira des pages entières à décrire,
on ne donnera pas au lecteur une impression égale à celle
qu'éprouve le plus naïf bourgeois qui se promène par une
belle journée d'avril dans le bois de Vincennes, ou la plus
ignorante fille qui traverse, en juin, au bras d'un fiancé
quelconque et à onzes heures du soir, les allées ombreuses
du bois de Romainville ou du parc d'Enghien.

Nous avons tous dans l'esprit et dans le cœur une ga-
lerie de paysages faits de nos souvenirs et qui peuvent servir de fond à toutes les histoires du monde. Il n'y a qu'un
mot à dire : jour ou nuit, hiver ou printemps, calme ou
orage, bois ou plaine, pour que nous évoquions aussitôt
le paysage le plus complet.

Ainsi je n'ai qu'à vous dire : qu'au moment où l'histoire

que je vais vous conter commence, il est midi, qu'on est
en mai, que la route dans laquelle nous allons entrer est
bordée à droite par des genêts, à gauche par la mer ; vous
savez tout de suite ce que je ne vous dis pas, c'est-à-dire
que les genêts sont verts, que la mer est bruyante, que le
ciel est bleu, que le soleil est chaud et qu'il y a de la poussière sur la route.

Je n'aurai plus qu'à ajouter que cette route qui se dé-
roule sur la côte de Bretagne va de la Poterie à la Piroche,
que la Piroche est un village que je ne connais pas, mais
qui doit être fait comme tous les villages, que nous sommes
en plein quinzième siècle, en 1448, et que deux hommes,
l'un plus âgé que l'autre, l'un père de l'autre, paysans
tous deux, suivent cette route, montés sur deux biquets
trottinant une allure assez agréable pour des biquets qui
sont sous des paysans.

— Arriverons-nous à temps? disait le fils.

— Oui, ce n'est que pour deux heures, répondit le père,
et le soleil ne marque que midi et un quart.

— C'est que je suis curieux de voir cela.

— Je le crois bien.

— Ainsi il sera pendu avec l'armure qu'il a volée?

— Oui.

— Comment diable peut-on avoir l'idée de voler une
armure?

— Ce qui est difficile à avoir ce n'est pas l'idée.

— C'est l'armure, interrompit le fils, qui voulait avoir
fait la moitié de cette plaisanterie.

— Aussi ne l'a-t-il pas eue.

— Cette armure était-elle belle?

— Magnifique, dit-on, toute rehaussée d'or.

— Et il a été pris comme il l'emportait?

— Oui. Tu comprends bien que cette armure ne se laissait pas emporter sans faire un vacarme horrible, elle ne
voulait pas quitter son véritable maître.

— Et puis elle était en fer.

— On s'est réveillé dans le château au bruit qu'on entendait.

— Et on a arrêté l'homme?

— Pas tout de suite. On a commencé par avoir peur.

— Naturellement, c'est toujours par là que commencent
les gens volés quand ils sont en présence des voleurs, sans
quoi il n'y aurait aucun bénéfice à être voleur.

— Ni aucune émotion à être volé. Mais ces braves gens
ne croyaient pas avoir affaire à un voleur.

— A qui donc alors?

— A un revenant. Ce misérable, très-vigoureux, portait
l'armure devant lui, tenant sa tête à la hauteur des reins
de ladite armure, si bien qu'elle acquérait des proportions
gigantesques dans le corridor où il passait. Joins à cela
un bruit rauque que le malin faisait par derrière, et tu
comprendras l'effroi des valets. Malheureusement pour lui,
on a été réveiller le seigneur de la Piroche, qui, lui, n'a
peur ni des vivants ni des morts, qui a simplement et à
lui tout seul arrêté le voleur et se l'est livré tout garrotté à
sa propre justice.

— Et sa propre justice?

— L'a condamné à être pendu, revêtu de l'armure.

— Pourquoi cette clause dans la condamnation?

— Parce que le seigneur de la Piroche est non-seulement un brave capitaine, mais un homme de sens et d'esprit qui veut tirer de cette condamnation juste un exemple pour les autres et un profit pour lui. Or, ne sais-tu pas que ce qui a touché un pendu devient un talisman pour qui le possède? Le seigneur de la Piroche a donc ordonné que le criminel serait revêtu de son armure, afin de la reprendre quand il serait mort et d'avoir ainsi un talisman dans nos prochaines guerres.

— C'est très-ingénieux.

— Je le crois bien!

— Hâtons-nous alors, car je tiens à voir pendre ce pauvre homme.

— Nous avons bien le temps! ne fatiguons pas nos bêtes; nous ne restons pas à la Piroche, il faut que nous fassions une lieue en dehors et que nous revenions à la Poterie.

— Oui, mais nos chevaux se reposeront cinq ou six heures, puisque nous ne reviendrons que dans la soirée.

Le père et le fils continuaient leur route tout en causant, et une demi-heure après ils arrivaient à la Piroche.

Comme l'avait dit le père, ils arrivaient à temps. Les pères auront-ils donc toujours le privilége d'avoir raison?

Il y avait un immense concours de peuple sur la grande place qui faisait face au château, car c'était là que l'échafaud avait été dressé, une fort belle potence, ma foi, en superbe bois de chêne, peu haute, il est vrai, car c'était pour un vil et obscur criminel qu'elle était là, mais assez haute cependant pour que la mort pût faire son œuvre entre le sol et le bout de la corde, laquelle se tortillait au vent frais de la mer comme une anguille pendue par la queue.

Le condamné était sûr d'avoir une belle vue au moment

de sa mort, car il allait mourir la face tournée vers l'Océan. Tant mieux si cette vue pouvait lui être une consolation, mais pour ma part j'en doute.

Cependant la mer était bleue, et de temps en temps entre l'azur du ciel et celui de la mer glissait à l'horizon une voile blanche, semblable à un ange se dirigeant vers Dieu, mais dont la longue robe toucherait encore le monde qu'il quitterait.

Les deux compagnons s'approchèrent le plus possible de l'échafaud afin de ne rien perdre de ce qui allait se passer, et comme tout le monde, ils attendirent, ayant sur les autres cet avantage d'être montés sur deux bêtes et de voir mieux en se fatiguant moins.

L'attente ne fut pas longue.

A deux heures moins un quart la porte du château s'ouvrit et le condamné parut précédé des gardes du seigneur de la Piroche et suivi de l'exécuteur.

Le voleur était revêtu de l'armure volée et monté au rebours sur un âne sans selle. Il portait la visière baissée et la tête basse. On lui avait lié les mains derrière le dos, et si l'on veut avoir notre conviction à son endroit, nous dirons sans plus hésiter, qu'à en juger par sa tournure, sinon par son visage qu'on ne voyait pas, il devait être mal à son aise et faire en ce moment les plus tristes réflexions.

On amena le condamné auprès de l'échafaud, et un tableau peu agréable pour lui commença à se décalquer sur l'azur.

Le bourreau venait d'appliquer son échelle à la potence, et le chapelain du seigneur de la Piroche, monté sur une estrade préparée, faisait la lecture du jugement.

Le condamné ne bougeait pas. On eût dit qu'il avait fait aux spectateurs la niche de mourir avant d'être pendu.

On lui cria de descendre de son âne et de se livrer au bourreau.

Il ne bougea pas. Nous comprenons son hésitation.

Alors le bourreau le prit par les coudes, l'enleva de son âne et le posa tout debout sur le sol.

Quel gaillard que ce bourreau !

Quand nous disons qu'il le posa tout debout, nous ne mentons pas. Mais nous mentirions en disant qu'il resta comme on l'avait posé. Il avait, en deux minutes, franchi les deux tiers de l'alphabet, ce qui veut dire en langue vulgaire, qu'au lieu de rester droit comme un I il était en zigzag comme un Z.

Pendant ce temps, le chapelain avait fini de lire la sentence.

—Avez-vous quelque chose à demander? demanda-t-il au patient.

— Oui, répondit le malheureux d'une voix triste et voilée.

— Que demandez-vous ?

—Je demande ma grâce !

Je ne sais si le mot farceur était inventé dans ce temps-là, mais c'était là ou jamais l'occasion de l'inventer et de le dire.

Le seigneur de la Piroche haussa les épaules et ordonna au bourreau de se mettre à l'œuvre.

Celui-ci se disposa à monter son échelle appuyée contre ce gibet qui, impassible, allait tirer, à bras tendu, une âme d'un corps, et il essaya de faire monter le condamné devant lui, mais ce n'était pas chose facile. On ne saurait croire combien, en général, les condamnés à mort font de difficultés pour mourir.

Le bourreau et celui-là avaient l'air de se faire des politesses. C'était à qui ne passerait pas le premier.

Le bourreau, pour le faire monter sur son échelle, en revint au moyen qu'il avait employé pour le faire descendre de son âne ; il le prit par le milieu du corps, le posa sur le troisième échelon, et se mit à le pousser de bas en haut.

— Bravo ! cria la foule.

Il fallut bien monter.

Alors l'exécuteur passa adroitement le nœud coulant qui ornait le bout de la corde autour du cou du patient, et, donnant à celui-ci un vigoureux coup de pied dans le dos, il le jeta dans l'espace, qui ressemblait fort à l'éternité.

Une immense clameur accueillit ce dénoûment prévu et un frémissement courut dans la foule. Quelque crime qu'il ait commis, un homme qui meurt est toujours, pendant un instant, plus grand que ceux qui le voient mourir.

Le pendu se balança deux ou trois minutes au bout de sa corde, comme c'était son droit, gigotta, se tortilla, puis resta immobile et raide.

Le Z était redevenu un I.

On regarda encore quelques instants le patient dont l'armure dorée brillait au soleil, et les spectateurs se divisèrent peu à peu en groupes, puis reprirent le chemin de leurs maisons en causant de l'événement.

— Pouah ! la vilaine mort, disait le fils du paysan qui continuait sa route avec son père.

— Ma foi, être pendu pour n'avoir pas pu voler une armure, c'est cher. Qu'en penses-tu ?

— Je me demande, moi, ce qu'on lui aurait fait s'il avait réellement volé l'armure.

— On ne lui aurait rien fait, car s'il avait réellement volé l'armure, il aurait pu se sauver du château. Alors, il est probable qu'il ne fût pas revenu se faire arrêter.

— Donc il est plus puni pour un crime qu'il n'a pas commis qu'il ne l'eût été s'il avait commis le crime.

— Mais il avait l'intention de le commettre.

— Et l'intention étant réputée pour le fait...

— C'est parfaitement juste.

— Mais ce n'est pas beau à voir.

Et comme ils se trouvaient sur une hauteur, les deux compagnons se retournèrent pour contempler une dernière fois la silhouette du malheureux.

Vingt minutes après ils entraient dans ce petit bourg où, Dieu me pardonne, ils allaient recevoir de l'argent et qu'ils devaient quitter le soir afin d'être de retour chez eux la nuit même.

Le lendemain, dès le point du jour, deux gardes sortirent du château de la Piroche pour venir décrocher le cadavre du pendu, auquel ils devaient reprendre l'armure de leur seigneur ; mais ils trouvèrent une chose à laquelle ils étaient loin de s'attendre, c'est-à-dire que la potence et la corde étaient toujours là, mais que le pendu n'y était plus.

Les deux gardes se frottèrent les yeux croyant rêver ; mais la chose était bien réelle. Plus de pendu et naturellement plus d'armure.

Et ce qui était extraordinaire, c'est que la corde n'était

ni rompue ni coupée, mais juste dans l'état où elle était avant de recevoir le condamné.

Les deux gardes vinrent annoncer cette nouvelle au seigneur de la Piroche. Il ne voulut pas les croire et tint à s'assurer par lui-même de la vérité du fait. C'était un seigneur si puissant, qu'il était convaincu que pour lui le pendu allait se retrouver là ; mais il vit ce que les autres avaient vu.

Qu'était devenu le mort? car le condamné était bien mort, la veille, aux yeux de tout le village.

Un autre voleur aurait-il profité de la nuit pour s'emparer de l'armure qui couvrait le corps?

Peut-être ; mais en prenant l'armure il eût évidemment laissé le cadavre dont il n'avait que faire.

Des amis ou les parents du patient avaient-ils voulu lui donner une sépulture chrétienne ?

Rien d'impossible à cela, si ce n'est que le patient n'avait ni amis ni parents, et que des gens qui eussent eu des sentiments si religieux eussent pris le cadavre et laissé l'armure.

Ce n'était donc pas encore cela qu'il fallait croire. Que fallait-il donc croire?

Le seigneur de la Piroche se désolait. Il en était pour son armure. Il fit promettre une récompense de dix écus d'or à celui qui livrerait le coupable, vêtu comme il l'était en mourant.

On fouilla les maisons, on ne trouva rien.

Personne ne se présenta.

On fit venir un savant de la ville de Rennes, et on lui posa cette question :

— Comment un pendu mort peut-il faire pour se sauver de la corde qui le retient en l'air par le cou?

Le savant demanda à réfléchir huit jours, au bout desquels il répondit :

— Il ne le peut pas.

Alors on lui posa cette seconde question :

— Un voleur n'ayant pas pu voler de son vivant et ayant été condamné à mort pour vol, peut-il voler après sa mort?

Le savant répondit : Oui.

On lui demanda comment cela pouvait se faire. Il répondit qu'il n'en savait rien.

C'était le plus grand savant de l'époque.

On le renvoya, et l'on se contenta de croire, car c'était le temps des sorcelleries, que le voleur était sorcier.

Alors on dit des messes pour conjurer ce mauvais esprit qui sans aucun doute allait se venger du seigneur qui avait ordonné sa mort et de ceux qui étaient venus le voir mourir.

Un mois se passa en recherches infructueuses.

La potence était toujours là, humiliée, triste et méprisée. Jamais gibet n'avait commis un pareil abus de confiance.

Le seigneur de la Piroche continuait à redemander son armure aux hommes, à Dieu et au diable.

Rien.

Enfin, il allait sans aucun doute prendre son parti de cet étrange événement et de la perte qui en avait été le résultat, quand un matin, en se réveillant, il entendit un grand bruit sur la place où l'exécution avait eu lieu.

Il se préparait à s'informer de ce qui se passait, quand son chapelain entra dans sa chambre.

— Monseigneur, lui dit-il, savez-vous ce qui arrive?

— Non, mais je vais le demander.

— Je puis vous le dire, moi.

— Qu'est-ce donc ?

— Un miracle de Dieu !

— Vraiment !

— Le pendu...

— Eh bien ?

— Il est là.

— Où ?

— A la potence.

— Pendu ?

— Oui, monseigneur.

— Avec son armure ?

— Avec votre armure.

— C'est juste, puisqu'elle est à moi. Et il est mort ?

— Parfaitement mort. Seulement...

— Seulement quoi ?

— Avait-il des éperons quand on l'a pendu ?

— Non.

— Eh bien, monseigneur, il en a, et au lieu d'avoir le casque sur la tête, il l'a déposé avec soin au pied de la potence et se trouve pendu tête nue.

— Allons voir cela, messire chapelain, allons voir cela bien vite.

Le seigneur de la Piroche courut sur la place encombrée de curieux. Le cou du pendu était repassé dans le nœud coulant, et le corps était bien au bout du cou, et l'armure était bien sur le corps.

C'était prodigieux. Aussi criait-on au miracle.

— Il s'est repenti, disait l'un, et il est venu se rependre.

— Il a toujours été là, disait l'autre; seulement nous ne le voyions pas.

— Mais pourquoi a-t-il des éperons? demandait un troisième.

— Sans doute parce qu'il revient de loin et qu'il a voulu revenir vite.

— Je sais bien, moi, que de loin ou de près, je n'eusse pas eu besoin de mettre des éperons, car je ne serais pas revenu.

Et l'on riait, et l'on regardait la vilaine grimace que faisait le mort.

Quant au seigneur de la Piroche, il ne pensait qu'à s'assurer que le voleur était bien mort et à reprendre son armure.

On détacha le cadavre et on le dépouilla, puis, une fois dépouillé, on le rependit, et les corbeaux s'y mirent si bien qu'au bout de deux jours il était tout déchiqueté, qu'au bout de huit jours il n'avait plus l'air que d'une loque, et qu'au bout de quinze, il n'avait plus l'air de rien du tout ; car s'il ressemblait encore à quelque chose, ce n'était plus qu'à ces pendus impossibles que nous dessinions quand nous étions au collège, sur la première page de nos livres d'étude et au-dessous desquels nous écrivions ce quatrain amphibie, moitié latin, moitié français :

Aspice Pierrot pendu
Qui hunc librum n'a pas rendu,
Si hunc librum reddidisset
Pierrot *ner du non fuisset.*

Mais qu'avait fait ce pendu pendant son mois d'absence? comment se faisait-il qu'ayant été pendu il se fût sauvé, et que s'étant sauvé il se fût rependu?

Nous allons là-dessus donner les trois versions qui nous ont été faites.

Un enchanteur, élève de Merlin, déclara que si, au moment de mourir, le patient avait eu la volonté de disparaître et avait pu absorber son corps dans sa volonté, la volonté étant une chose immatérielle, invisible et impalpable, le corps qui se trouvait absorbé par elle et caché en elle par conséquent, devenait par cela même impalpable, immatériel et invisible, et que si celui du voleur avait reparu au bout d'un mois et au bout de la corde, c'est qu'à ce moment suprême sa volonté, troublée par la crainte, n'avait pas eu assez de force pour une absorption éternelle.

Ce n'est peut-être pas là une bonne version, mais c'en est une.

Les théologiens affirmèrent que le patient était parvenu à s'échapper, mais que, poursuivi par ses remords et ayant hâte de se réconcilier avec Dieu, il n'avait pu supporter la vie qu'un mois, et, plein de repentir, était venu se faire à lui-même la justice à laquelle il avait échappé la première fois.

Ce n'est peut-être pas là la vérité, mais c'est toujours une raison chrétienne, et comme chrétien nous ne la repoussons pas entièrement.

Enfin on racontait que nos deux paysans, en revenant le soir chez eux et passant près du gibet, avaient entendu des plaintes, des râles et comme une prière; qu'ils s'étaient dévotement signés et avaient demandé ce que c'était; qu'on ne leur avait pas répondu, mais les plaintes avaient continué, et il leur avait semblé qu'elles venaient du cadavre qui était au-dessus de leur tête. Alors ils avaient pris l'échelle que le bourreau avait laissée au pied du gibet, l'avaient appuyée au bras de la potence, et le fils étant monté jusqu'au niveau du condamné, lui avait dit :

— Est-ce vous qui vous plaignez, mon pauvre homme ?

Le condamné avait réuni toutes ses forces et avait dit :

— Oui.

— Vous vivez donc encore ?

— Oui.

— Vous repentez-vous de votre crime ?

— Oui.

— Alors je vais vous détacher, et comme l'Évangile ordonne de secourir ceux qui souffrent et que vous souffrez, je vais vous secourir et vous faire vivre pour vous ramener au bien. Dieu préfère une âme qui se repent à un corps qui expie.

Le père et le fils détachèrent alors le mourant et comprirent comment il se faisait qu'il vécût encore. La corde, au lieu de serrer le cou du voleur, serrait la naissance du casque, si bien que le patient était suspendu, mais non étranglé, et que, prenant avec sa tête une espèce de point d'appui dans l'intérieur du casque, il était parvenu à respirer et à vivre jusqu'au moment où nos deux compagnons avaient passé.

Ceux-ci le détachèrent et le transportèrent chez eux, où il fut confié aux soins de la mère et de la jeune fille.

Mais qui a volé volera.

Il n'y avait que deux choses à voler chez le paysan, car l'argent qu'il avait rapporté n'était pas à lui. Ces deux choses étaient son cheval et sa fille, blonde vierge de seize ans.

L'ex-pendu résolut de voler l'un et l'autre, car il avait envie du cheval et s'était rendu amoureux de la fille.

Un soir donc il sella le cheval, mit des éperons pour le faire marcher plus vite, et vint prendre la jeune fille endormie pour l'enlever en croupe.

Mais la jeune fille se réveilla et cria.

Le père et le fils accoururent. Le voleur voulut se sauver, mais il était trop tard. La jeune fille raconta la tentative du pendu ; et son père et son frère voyant bien qu'il n'y avait pas de repentir à attendre d'un pareil homme, résolurent de se faire justice, mais mieux que le seigneur de la Piroche ne se l'était faite. Ils attachèrent le larron au cheval qu'il s'était sellé lui-même, l'amenèrent sur la place de la Piroche et le pendirent là où il avait été pendu, mais en déposant son casque à terre pour être bien sûrs qu'il n'en réchapperait point, puis ils rentrèrent tranquillement chez eux.

Voilà la troisième version. Je ne sais pourquoi je me figure que c'est la plus vraisemblable, et que vous ferez bien, comme moi, de lui donner la préférence sur les deux autres.

Quant au seigneur de la Piroche, comme il avait un talisman sûr, il partit avec joie pour la guerre, où il fut tué le premier.

CE QUE L'ON VOIT TOUS LES JOURS

—

On ne voit pas tous les jours un commerçant honnête, une femme fidèle, un ministre intègre, un gouvernement juste, un fils respectueux, un Anglais sobre, un journal incorruptible, un bicfteck bien cuit et des œufs bien frais.

Mais il y a des choses que l'on voit tous les jours.

Ainsi l'on voit tous les jours une femme qui trompe son mari ou un mari qui trompe sa femme, un être intelligent amoureux d'une fille stupide, des chiens plus heureux que des hommes et des hommes plus bêtes que des chiens.

Mais, avant toutes choses, ce que l'on est sûr de voir tous les jours, c'est ce que nous allons voir ensemble.

Un soir de l'année dernière, qui pourrait aussi bien être un soir de cette année, l'histoire que nous allons conter étant de celles qui arrivent tous les soirs, un homme de vingt-sept à vingt-huit ans se promenait sur le boulevard, de la rue du Helder à la rue Grange-Batelière, et *vice versâ*.

Cet homme était vêtu comme un homme qui a douze ou

10

quinze mille livres de rente, et qui se promène par une belle soirée du mois d'août.

Il avait l'air distingué, mais il avait surtout l'air triste.

Il fumait et marchait nonchalamment, tenant son cigare d'une main et sa canne de l'autre.

Il était seul.

Il se promenait évidemment sans but, car de temps en temps il s'arrêtait devant la boutique d'un marchand de tableaux ou d'un bijoutier, regardait quelques instants les bijoux et les toiles, et reprenait sa promenade.

En vain vous lui eussiez demandé ce qu'il venait de voir. Il avait regardé, il n'avait pas vu. Cette boutique lui avait été un prétexte pour s'arrêter et pour substituer momentanément l'immobilité à la marche. Mais de là à pouvoir distraire l'ennui du promeneur, il y avait trop loin, et trois minutes après cette station, si on lui eût dit qu'il venait de regarder des tableaux et des bijoux, il eût été fort étonné.

Bref, il se promenait comme un homme ennuyé et qui ne sait que faire.

Si vous voulez savoir son nom, donnez-lui le nom que vous voudrez : Henri, Jules ou Édouard. Édouard vous va-t-il? Va pour Édouard.

Notre homme s'appelait donc Édouard.

Nous ferons remarquer encore une fois au lecteur que nous lui racontons en ce moment une histoire qui a le double mérite d'avoir été vraie dans le temps où elle s'est passée et d'être vraie tous les jours, hier comme aujourd'hui, aujourd'hui comme demain.

Quand le lecteur la connaîtra, il aura acquis l'avantage

de pouvoir se dire à chaque instant du jour ou de la nuit si cela l'amuse :

— A l'heure qu'il est, l'histoire que j'ai lue se passe quelque part.

Édouard se promenait donc sans raison, sans besoin, sans plaisir.

Il avait peut-être été cinq ou six fois ainsi de la rue du Helder à la rue Grange-Batelière et de la rue Grange-Batelière à la rue du Helder, quand il s'arrêta de nouveau et regarda l'heure à sa montre.

Il était neuf heures.

Édouard, pour varier ses distractions, s'approcha d'une chaise et s'assit avec tous les gens qui s'asseyent, l'été, devant le café de Paris, et qui forment deux haies au milieu desquelles monte et descend le flot des promeneurs oisifs.

Quand il fut assis, il mit une autre chaise devant lui, posa ses deux pieds sur un des bâtons, et se dandina, tout en continuant de fumer.

De temps en temps il voyait passer un ami, lui faisait un salut de la main ou portait cette main à son chapeau, selon le degré d'intimité où il était avec le passant, après quoi il continuait à se dandiner.

Cette existence, comme vous le voyez, manquait d'émotions, ou du moins d'émotions extérieures, car, en l'examinant bien, on eût vu qu'Édouard était préoccupé, et que quelque chose veillait encore dans cette espèce de lanterne éteinte qu'on appelle un homme qui s'ennuie.

La Fontaine a dit qu'un poltron trouve toujours un plus poltron que soi. Il en est de même des gens ennuyés, ils trouvent toujours un homme qui s'ennuie plus qu'eux.

C'était peut-être pour cela qu'Édouard attendait.

Alors il ne fut pas trompé dans son attente, car au bout d'une demi-heure un de ses amis, qui se promenait tout seul, l'ayant reconnu, s'approcha de lui et lui tendit la main.

— Comment vas-tu? dit le nouveau venu.

— Bien, et toi?

— Moi aussi.

C'est ordinairement ainsi que les conversations commencent, et nos deux personnages n'étaient pas gens à commencer d'une façon plus originale.

Car n'allez pas croire que vous ayez affaire à un homme exceptionnel. Édouard doit être rangé dans la catégorie des hommes ordinaires, dans ce qu'on nomme le commun des martyrs. Quant à son ami, il n'avait rien de plus remarquable que lui. D'ailleurs il n'est qu'un accident dans cette histoire.

Il peut s'appeler Jules si vous le voulez bien.

— Que fais-tu ici? reprit Jules.

— Je fume, et toi?

— Moi, je me promène. Veux-tu te promener avec moi?

— Assieds-toi plutôt.

— Ma foi non! j'aime mieux marcher.

— Tu vas quelque part?

— Non. Que fais-tu ce soir?

— Rien, tu le vois.

— Où est... madame?

— Elle est chez elle.

— Vous êtes toujours bien ensemble?

— Toujours.

Tout cela était dit avec le ton indifférent de deux hommes qui n'ajoutent aucune importance à ce qu'ils disent.

Jules tira sa montre.

— Huit heures trois quarts, dit-il, je te quitte.

— Où vas-tu donc?

— Ma foi, je vais un instant au Cirque.

— Eh bien, je t'accompagne.

Jules ouvrit la portière d'un coupé vide qui stationnait là, et sur le siége duquel le cocher dormait.

— Cocher, fit le jeune homme en secouant le manteau de l'homme, qui se réveilla à cette secousse, au Cirque et vite.

La voiture partit lentement.

Les deux amis fumaient sans mot dire.

— Que diable as-tu donc ce soir? demanda Jules après quelques instants de silence, tu as l'air de t'ennuyer horriblement.

— En effet, je m'ennuie.

— Pourquoi?

— Parce que je m'ennuie. Si je savais pourquoi je m'ennuie, dans une heure je ne m'ennuierais plus.

— Tu es amoureux?

— Certes non.

— Des ennuis de ménage?

— Justement.

— Pourquoi ne romps-tu pas?

— Avec cela que c'est facile.

— Si c'était moi!

— Ah! pardieu! on dit toujours : Si c'était moi! et quand on y est pincé, on ne sait plus comment faire. Je voudrais

10*

bien t'y voir, toi qui dis : Si c'était moi ! Moi aussi j'ai dit
à d'autres : Si c'était moi ! — et aujourd'hui...

— On s'en va tout bonnement.

— Est-ce que c'est possible ?

— Qui te retient ?

— Sait-on par quoi on est retenu ? voit-on seulement
les fils qui vous attachent les pattes ? On veut s'en aller, on
sent qu'il faut que l'on s'en aille, la raison, les relations,
l'expérience, tout l'exige. On n'aime plus la femme et l'on
ne s'en va pas. Pourquoi ? Demande-le à d'autres ; quant
à moi, je ne le sais pas.

— Depuis combien de temps vis-tu avec elle ?

— Depuis trois ans.

— Et elle t'aime toujours ?

— Elle le dit.

— Et toi ?

— Oh ! moi, je ne l'aime plus.

— Et tu n'as rien à lui reprocher ?

— Rien.

— Elle ne t'a jamais trompé ?

— Jamais.

— Tu en es sûr ?

— Oh ! quant à cela, oui, j'en suis sûr.

Voilà une vanité qui n'abandonne jamais les hommes,
même lorsqu'ils sont laids, même lorsqu'ils sont vieux,
même lorsqu'ils sont trompés, surtout lorsqu'ils sont trompés.

Ce que j'en dis n'est pas pour porter atteinte à la vertu de
la maîtresse d'Édouard. Depuis trois ans on n'avait pas fait
un cancan sur elle. Avait-elle été fidèle, c'est ce dont per-

sonne n'eût pu répondre; mais, en tout cas, elle passait pour l'avoir été.

— S'aperçoit-elle que cette vie-là t'ennuie? reprit Jules.

— Il faudrait qu'elle fût aveugle pour ne pas le voir.

— Que dit-elle?

— Elle pleure.

— Comme c'est gai !

— Ne m'en parle pas, mon cher; il y a des moments où j'ai envie de me jeter à l'eau, ma parole d'honneur, ou de me brûler la cervelle. Ah! ne fais jamais la folie de vivre maritalement avec une femme.

— Dis-lui que tu es forcé de partir.

— Elle ne me croira pas. Elle sait bien que rien ne m'appelle hors de Paris. Elle connaît mieux mes affaires que moi.

— Trompe-la.

— C'est ce que j'ai fait.

— L'a-t-elle su?

— Parfaitement.

— Qu'a-t-elle dit?

— Elle m'a fait des scènes d'abord, puis elle n'a plus rien dit; mais elle a tant pleuré que j'ai eu pitié d'elle et que je ne la trompe plus.

— Alors tu l'aimes encore?

— Non, je ne l'aime plus; mais, après tout, je n'ai pas le droit de lui faire du mal à cette femme qui ne m'a jamais rien fait. Que veux-tu qu'elle devienne si je la quitte?

— Elle prendra un autre amant.

— Tu ne la connais pas.. Elle est capable d'en mourir.

— Est-ce que les femmes meurent de cela?

— Je sais bien ce que je dis. Un jour, fatigué de ces scènes de jalousie, abruti par cette vie incompatible avec mon âge et mon caractère, je m'en suis allé. J'ai pris une chambre dans un hôtel. C'était l'hiver. Toute la nuit elle est restée assise et grelotant sur une borne à ma porte, et le lendemain elle a recommencé. Le troisième jour elle était dans son lit avec la fièvre et se mourait, littéralement. Est-ce que je pouvais laisser cette malheureuse créature dans cet état-là ?

— Tu y es retourné alors ?

— Oui.

— Elle a guéri ?

— Certainement.

— Elle eût aussi bien guéri sans toi. Il fallait profiter de l'occasion et partir, et aujourd'hui, tu en serais débarrassé. Avoue que tu l'aimes toujours, ou bien que tu te refuses à l'idée qu'elle ait un autre amant, non pas parce que c'est impossible, mais parce que tu sens que cela te ferait de la peine qu'elle dît à un autre homme ce qu'elle t'a dit pendant trois ans, et ce que tu crois qu'elle ne peut plus dire qu'à toi maintenant.

Édouard ne répondit rien.

— Cela est si vrai, reprit Jules, que si, dans ce moment, au lieu d'être convaincu qu'elle se lamente de ton absence et qu'elle t'attend en pleurant, tu croyais qu'elle fait des coquetteries avec un de tes amis, tu rebrousserais chemin et tu rentrerais chez toi. Les hommes ne sont confiants que par vanité, mon cher, et si les femmes étaient bien imbues de ce principe, au lieu de faire des scènes à l'homme qui veut les quitter, elles n'auraient pour les retenir qu'à avoir l'air de consentir à ce qu'il parte et à être prêtes à le remplacer même avant son départ. Heureusement pour nous, toutes ne savent pas cela. Qui Anaïs avait-elle pour amant avant toi?

— Est-ce que je le sais?

— Certainement tu le sais, puisque c'est chez son amant que tu l'as connue. Un petit brun, eh pardieu! je ne connais que ce nom-là; le comte de... le comte de... enfin, le nom n'y fait rien; eh bien, mon cher ami, quand il a voulu la quitter, elle a fait les cent coups, elle l'a suivi, elle a donné des soufflets à sa nouvelle maîtresse; elle a voulu lui brûler la cervelle à ce pauvre garçon, elle l'eût empoisonné, que sais-je, moi! Il a tenu bon, il l'a quittée, et elle t'a pris, et elle est prête à faire aujourd'hui contre toi ce qu'elle a déjà fait contre lui. Tu es bien bon de te gêner.

Soit que ce que Jules disait fût vrai et qu'Édouard ne trouvât rien à répondre, soit que, ce qui est plus vraisemblable, il fût contrarié des souvenirs que son ami venait d'évoquer, Édouard ne répondit pas une syllabe.

Jules de son côté craignit d'avoir été trop loin, et pour changer la conversation brusquement, il cria au cocher:

— Allons, cocher, plus vite; vous ne marchez pas, mon brave homme!

La voiture se mit à rouler un peu plus rapidement, et s'arrêta quelques instants après devant le Cirque, sans que les deux amis se fussent adressé la parole depuis les derniers mots que nous venons de rapporter!

Ils prirent leurs billets et entrèrent.

Le Cirque était plein.

Édouard et Jules restèrent debout du côté où les chevaux entrent, et où se tiennent ordinairement ceux qui croient se poser en causant avec les écuyères, et en leur adressant des compliments lorsqu'elles entrent dans le cirque ou lorsqu'elles en sortent.

Le spectacle touchait à sa fin.

Édouard ne disait rien. Il regardait sans curiosité ce que l'on faisait, et jouait avec sa canne.

Jules lorgnait les femmes.

— Est-ce que cela t'amuse? demanda Édouard à Jules, un quart d'heure après qu'ils étaient entrés.

— Non, aussi ne suis-je venu ici que pour trouver avec qui souper.

— Alors, je m'en vais, moi.

— Tu ne veux pas souper?

— Non. Je rentre.

— Tu as peur d'être grondé.

— Non, mais je ne veux pas souper.

— Attends au moins la fin du spectacle.

Édouard s'accouda et attendit.

Cinq minutes après, Jules reprit :

— Dis donc, Édouard?

— Quoi?

— Vois-tu ces deux petites femmes qui sont là-bas?

— Où?

— Sur le second rang. Il y en a une avec un chapeau de paille et une autre avec un chapeau de crêpe. Un mantelet bleu et un mantelet gris. Vois-tu?

— Oui.

— Si tu veux, nous irons souper avec elles?

— Tu les connais?

— Beaucoup.

— Elles sont jolies?

— Oui. Allons-nous leur parler?

— Non, décidément il faut que je rentre.

— Tu as donc quelque chose à faire chez toi?

— Oui.

— Viens donc, Anaïs ne te dira rien.

— Ce n'est pas pour cela, mais sérieusement il faut que je rentre de bonne heure.

— Adieu alors, mais je vais offrir à souper à mes deux amies. Sans rancune.

— De quoi?

— De ce que je t'ai dit en venant.

— Es-tu fou?

Les deux amis échangèrent une poignée de main. Jules alla rejoindre les deux femmes qui venaient de le reconnaître et qui lui avaient fait de l'œil un signe qui voulait certainement dire : Venez nous parler.

Quant à Édouard, il avait quitté le théâtre et marchait rapidement vers le boulevard.

Il demeurait rue Laffitte.

Nous prévenons le lecteur qu'Édouard était sorti avec la ferme intention de ne rentrer que le plus tard possible.

Pourquoi avait-il si subitement changé d'avis?

S'était-il en effet rappelé qu'il eût besoin de rentrer chez lui?

Non.

Mais si le lecteur a quelque peu la connaissance du cœur humain, il a déjà deviné pourquoi Édouard tenait tant à revoir Anaïs plus tôt qu'il n'y comptait en sortant.

S'il n'a pas cette importante science, qu'il lise attentivement le chapitre suivant, il saura à quoi s'en tenir sur la subite résolution que venait de prendre notre héros, héros vulgaire s'il en fut.

II

Nous faisons ici une étude de détails invisibles à l'œil nu de ceux qui ne sont pas de sérieux observateurs de ce qu'on appelle le cœur humain.

Tout le monde comprendra la vérité de ce que nous écrivons ; mais dix personnes seulement sur cent ont pu être appelées à jouer un rôle complet dans cette histoire déjà vieille et toujours jeune, qui, comme le monde, recommence tous les matins.

A quoi Édouard pensait-il en revenant chez lui ou plutôt chez eux ? Il ne le savait pas. Ce qu'il allait dire et faire en entrant, il eût été incapable de le dire, et cependant il marchait plus vite que s'il eût été appelé par la plus importante des affaires.

Il arriva enfin.

— Madame est-elle sortie ? demanda-t-il au portier.

— Non, monsieur.

Édouard monta trois étages et sonna. La femme de chambre vint lui ouvrir la porte.

Une lampe à demi baissée avait été déposée dans l'anti chambre, pour éclairer Édouard, dans le cas où il serai rentré après le coucher de la femme de chambre.

Édouard prit cette lampe, traversa la salle à manger, un élégant salon plein de tableaux, de fleurs et de chinoiseries, et ouvrit brusquement la porte de la chambre à coucher.

— Vous m'avez fait peur, dit avec un petit cri une femme appuyée sur le balcon de la fenêtre.

—Ne m'attendiez-vous pas? répondit sèchement Édouard.

— Je ne vous attendais pas sitôt, mon ami.

— Pourquoi donc?

— Parce qu'ordinairement vous rentrez plus tard.

— Encore des reproches?

— Je ne vous fais pas de reproches. Je vous dis seulement que j'ai été un peu saisie par le bruit que vous avez fait en ouvrant cette porte, parce qu'ordinairement vous ne rentrez pas de si bonne heure.

— Je rentre à l'heure où il me plaît de rentrer. C'est bien mon droit, je pense.

— Je ne le conteste pas, et je ne sais pas pourquoi vous me cherchez querelle pour ce cri bien involontaire.

Pendant ce temps, Édouard avait posé la lampe sur la cheminée, avait ôté son chapeau, s'était assis sur le canapé et passait ses mains dans ses cheveux, en poussant un soupir d'ennui.

— Voulez-vous que je ferme la fenêtre? reprit Anaïs.

— Fermez-la si vous voulez.

— Vous n'avez pas froid?

— On n'a pas froid au mois d'août, à onze heures du soir.

Anaïs ne répondit rien, et s'approchant de la cheminée, elle prit une lime et se mit à arranger ses ongles. Anaïs était jolie. Elle avait de grands yeux noirs, le teint blanc,

la bouche petite, les dents blanches. Ses bandeaux noirs
dénotaient une nature ardente. Ses épaules étaient belles
sous la transparence de sa robe de mousseline. Sa taille était
fine, ses bras bien faits, ses pieds mignons.

Enfin, c'était ce qu'on appelle une jolie femme, mais
voilà tout. Sa beauté manquait de finesse, sinon de distinction, et il y avait dans cette tête séduisante au premier
abord, un côté commun et maladroit. On sentait que cette
femme devait se tromper souvent et manquer de toutes les
ressources de ce sentiment intelligent qui fait la véritable
supériorité des femmes sur nous.

La conversation avait été commencée de telle façon que
ni Édouard ni Anaïs ne semblaient avoir envie de la continuer.

Quiconque eût pensé cela se fût trompé.

Tous deux désiraient la reprendre, mais aucun des deux
n'osait ou plutôt ne voulait adresser la parole à l'autre.

Alors il arriva ce qui arrive toujours dans ces cas-là.
Au bout de dix minutes de silence, Édouard et Anaïs, pris
en même temps de la crainte qu'il ne se prolongeât, ouvrirent la bouche en même temps pour dire quelque chose.

Tous deux s'arrêtèrent.

— Vous alliez dire? demanda Anaïs.

— Parlez, parlez, fit Édouard en s'inclinant.

— Oh ! je n'avais rien de bien intéressant à vous communiquer.

— Ni moi non plus.

Nouveau silence.

Cependant il est évident pour nous, qui connaissons
Édouard, qu'il désirait que la conversation se rétablît, car

il méditait certainement quelque chose. Seulement il voulait que ce fût Anaïs qui attaquât.

Charmante chose que la fin d'une liaison où ceux qui, quelque temps auparavant, s'aimaient et ne pouvaient vivre l'un sans l'autre, en arrivent à se traiter en ennemis et à se surveiller mutuellement jusque dans leurs paroles.

— Voyons, Édouard, fit Anaïs en s'approchant de son amant, en prenant sa main et en s'asseyant à côté de lui ; voyons, qu'avez-vous encore ce soir ?

— Mais je n'ai rien, je vous assure.

— Vous paraissez triste, contrarié. Est-ce encore moi qui en suis cause ?

— En aucune façon.

— Je vous ennuie, n'est-ce pas ?

— Je ne dis pas cela.

— Mais vous le pensez. Est-ce ma faute si vous ne m'aimez plus ?

— Je vous aime toujours.

— Comme vous me dites cela !

— Comment voulez-vous que je vous le dise ? Quand on vit depuis trois ans avec une femme, on ne peut passer sa vie à lui dire qu'on l'aime. Elle le sait, cela suffit.

— C'est juste.

Anaïs retira sa main de la main d'Édouard, se leva, s'appuya sur le velours de la cheminée, et se mit à jouer avec la chaîne d'un lorgnon qui se trouvait là.

— Qu'est-ce que vous avez encore ? fit Édouard, voilà que vous faites la moue.

— Moi, je ne vous dis rien

— Vous ne me dites rien, mais vous faites une figure !...

— Quelle figure voulez-vous que je fasse? Je vois que je vous ennuie, je me lève et je ne vous dis plus rien rien. On ne peut pas au contraire être plus aimable.

— Tenez, Anaïs, cette vie-là n'est pas tenable, s'écria Édouard en se levant à son tour, en mettant ses mains dans ses poches, et en se promenant de long en large dans la chambre. Il faut en finir.

— Je ne sais vraiment pas ce que vous avez ce soir, vous rentrez de mauvaise humeur, vous me maltraitez parce que j'ai peur en vous entendant venir, je m'approche de vous, je vous prends la main, je veux vous embrasser, je vous demande ce que vous avez, et vous me recevez comme un chien. Est-ce ma faute si vous avez vu ce soir des gens qui vous ont contrarié?

— Je n'ai vu personne qu'un de mes amis!

— Je ne vous demande pas compte de votre soirée.

— C'est extraordinaire. C'est ordinairement la première chose que vous faites quand je rentre.

— Vous allez recommencer à me dire des impertinences comme hier, comme tous les jours depuis un mois.

— Quelle impertinence y a-t-il dans ce que je vous dis?

— Je vois bien où vous voulez en venir, Édouard. Et Anaïs porta son mouchoir à ses yeux, car elle n'avait pu retenir ses larmes.

— Allons, bien! voilà les larmes maintenant! s'écria Édouard. Adieu.

En même temps il prenait son chapeau et ouvrait la porte.

Anaïs essuya ses yeux à la hâte, et, la voix toute tremblante encore, elle dit en courant après Édouard :

— Vous sortez?

— Oui.

— Où allez-vous?

— Je vais me promener.

— Pourquoi?

— Parce qu'il ne m'amuse pas de vous voir pleurer.

— Je ne pleure pas.

— Vous ne pleurez pas?

— Non, mon ami.

— Pourquoi avez-vous les yeux rouges, alors?

— Parce que j'ai pleuré toute la soirée.

— Quelle vie! quelle vie! mon Dieu! s'écria Édouard en fermant les poings et en se laissant tomber sur un fauteuil du salon.

Anaïs courut se mettre à genoux devant lui, et s'essuyant les yeux une dernière fois, elle ajouta d'un ton suppliant :

— Allons, ne te mets pas en colère. Que veux-tu! c'est plus fort que moi. Je ne puis pas m'empêcher de pleurer quand tu n'es pas là. Pardonne-moi.

Édouard fit un geste d'impatience.

—Voyons, reprit-elle, embrasse-moi, je ne pleurerai plus.

— Vous croyez donc qu'il est drôle de ne pas pouvoir sortir sans se dire qu'on laisse derrière soi une femme qui va pleurer tout le temps qu'on sera dehors? En vérité, c'est de la tyrannie. Je ne peux pas passer la soirée avec un de mes amis sans vous trouver en larmes quand je rentre. Que diable! il y a assez d'occasions de pleurer dans la vie, sans s'en créer encore, et surtout pour de pareilles futilités.

— Eh bien ! ce sera aujourd'hui la dernière fois, je te le promets.

— Vous dites la même chose tous les jours.

— Cela prouve que je vous aime, voilà tout.

— On prouve aux gens qu'on les aime en leur rendant la vie heureuse, et non en pleurant du matin au soir.

— Voyons, embrasse-moi, je ne pleurerai plus. Tu feras tout ce que tu voudras et je ne dirai plus rien. Est-ce bien ?

— Je ne vous en demande pas tant. Je vous demande seulement de ne pas voir autre chose que ce qui est. Je sors, je rencontre un ami, je rentre, c'est bien simple, je crois.

— N'en parlons plus. Tu m'aimes toujours ?

— Vous le savez bien.

— Alors pourquoi me dis-tu : Vous ?

— Tu le sais bien.

Anaïs sauta au cou d'Édouard et l'embrassa à plusieurs reprises. Elle lui ôta son chapeau, le posa sur une chaise et s'assit sur les genoux de son amant.

— Est-il venu quelqu'un ce soir ? reprit Édouard.

— Oui.

— Qui donc ?

— Le tapissier.

— Qu'est-ce qu'il veut ?

— Il veut de l'argent.

— Combien lui doit-on encore ?

— Trois mille francs.

— Que le diable l'emporte, lui et ses meubles.

Anaïs baissa la tête.

— Si j'avais su, dit-elle, je ne te l'aurais pas dit qu'il était venu.

— On ne voit que des créanciers ici.

— Ce n'est pas moi qui ai fait les dettes, je pense.

— Ce n'est pas pour moi que je les ai faites en tout cas.

Anaïs se leva.

— Où allez-vous? fit Édouard.

— Je vais me coucher.

— Qu'est-ce que vous avez encore?

— Rien. Vous vous fâchez à propos de tout.

— Je ne puis donc pas faire une observation, maintenant?

— Vous êtes libre.

En même temps, Anaïs ôtait sa ceinture et commençait à se déshabiller.

Édouard resta seul dans le salon.

— Quand donc en finirai-je avec cette vie-là? murmura-t-il. Des larmes, des scènes, des créanciers, c'est à n'y pas tenir !

— Venez par ici, dit Anaïs de sa chambre à coucher et de sa voix la plus douce.

Édouard se leva et rentra dans l'autre chambre, toujours les mains dans ses poches et avec une figure sépulcrale.

Anaïs défaisait son corset, et malgré lui Édouard considérait sa maîtresse.

— Si cela te gêne de payer ce tapissier en ce moment, dit celle-ci qui employait tous les moyens pour dérider son amant et qui essayait de chasser une à une les causes de sa mauvaise humeur; si cela te gêne de payer M. Ridel — il paraît que le tapissier s'appelait Ridel — je vendrai des bijoux et nous le payerons.

— Qui est-ce qui vous prie de vendre vos bijoux? répliqua aigrement Édouard, est-ce que j'ai l'habitude de payer mes dettes avec les bijoux des femmes? Vous moquez-vous de moi?

— C'est vous qui m'avez donné ces bijoux, vous êtes bien libre d'en disposer.

— Est-ce que je reprends ce que je donne? Vous ne savez dire que des impertinences, en voilà assez. Vous me confondez avec quelque autre de vos anciens amants sans doute.

Ce mot blessa Anaïs qui venait de s'égratigner la main avec la baleine de son corset, et qui répliqua :

— Mes anciens amants vous valaient bien, mon cher ami.

— Retournez avec eux, alors.

— Si je l'avais voulu, cela n'eût dépendu que de moi.

— Veuillez-le donc une bonne fois, et que je n'entende plus parler de vous, car, ma parole d'honneur, j'en ai par-dessus les épaules.

Anaïs sonna.

— Qu'est-ce que vous voulez? fit Édouard.

— Je veux ma femme de chambre.

— Pourquoi faire?

— Pour qu'elle aille me chercher une voiture.

— Vous allez sortir?

— Oui.

— Sortez !

En ce moment la femme de chambre parut.

— Allez me chercher un fiacre, lui dit Anaïs.

La femme de chambre sortit.

Anaïs relaça son corset, passa sa robe, se jeta un cache-mire sur les épaules, mit son chapeau, s'adossa à la cheminée et attendit.

Édouard ne disait plus rien.

— On ne torture pas ainsi une femme, murmura Anaïs presque avec le ton de la menace.

Édouard ne répondit pas.

— Il n'y a pas que vous au monde, Dieu merci, et je ne souffrirai pas plus longtemps de vos impertinences.

Même silence de la part d'Édouard.

— Traiter ainsi une femme, continua Anaïs, une femme qui se sacrifie depuis trois ans pour vous, c'est trop fort! Mais cette fois c'est bien fini, je vous en réponds.

Édouard n'avait pas l'air d'entendre. Il dandinait sa jambe gauche qu'il avait passée par-dessus sa jambe droite.

La femme de chambre reparut.

— Le fiacre que madame a demandé est en bas, dit-elle.

— C'est bien, fit Anaïs; descendez avec moi, vous m'accompagnerez.

Elle fit un salut de la tête à Édouard et passa.

Édouard ne bougea point.

Anaïs sortit et ferma violemment la porte du carré.

Édouard resta seul, se leva, s'approcha de la glace, passa la main dans ses cheveux en se regardant, vint à la fenêtre, la ferma avec bruit au moment où Anaïs montait dans son fiacre, ôta son habit, ouvrit un livre, et s'assit sur le canapé dans la position d'un homme qui lit.

Nous devons à la vérité de dire qu'il ne lisait pas.

Il écouta si la voiture s'éloignait, il n'entendit rien.

Quelques instants après on frappa à la porte de la chambre.

11*

— Entrez, dit-il.

C'était la femme de chambre, Rosalie.

— Madame a oublié ses gants, elle m'envoie les chercher, dit cette fille.

Un imperceptible sourire de doute se dessina sur les lèvres d'Édouard.

— Cherchez, dit-il.

La femme de chambre chercha pendant cinq minutes sans rien trouver et sans qu'Édouard lui adressât la parole, après quoi elle redescendit.

Le silence de la rue se continua. Le fiacre ne faisait pas un mouvement.

Cinq minutes s'écoulèrent encore.

On frappa de nouveau.

— Entrez, dit Édouard.

C'était encore la femme de chambre.

— Monsieur, dit-elle, madame désire vous parler. Voulez-vous descendre ?

— Si madame veut me parler, qu'elle monte ; nous serons mieux ici qu'en bas.

— Elle ne veut pas monter.

— Et moi, je ne veux pas descendre.

La femme de chambre alla porter cette réponse à sa maîtresse.

Édouard entendit le bruit du fiacre qui s'en allait.

— Elle s'en va pour tout de bon, pensa-t-il.

Et il s'apprêta à ouvrir la fenêtre, afin de voir quelle direction prenait la voiture.

Au moment où il mettait la main sur l'espagnolette, la porte de la chambre s'ouvrit brusquement, et Anaïs, pâle, la bouche irritée, entra en ôtant les gants que la femme de chambre était venue chercher et qu'elle n'avait pas trouvés.

— C'est une infamie ! murmura Anaïs.

— Quoi donc ? demanda Édouard.

— Ce que vous venez de faire.

— Qu'ai-je fait ?

— Laisser ainsi une femme toute seule dans la rue à minuit ; c'est une lâcheté ; mais je me vengerai.

Et tout en disant cela, Anaïs ôtait son châle et son chapeau, et la femme de chambre les emportait.

— C'est vous qui avez voulu sortir, dit Édouard, qui, ayant le sang-froid de son côté, se sentait le plus fort. Pourquoi n'êtes-vous pas sortie ?

— Parce que je suis ici chez moi, et que je serais bien bonne de m'en aller. Si cela ne vous convient pas, allez-vous-en.

— Ma foi non, il est trop tard ce soir.

— Oh mon Dieu ! mon Dieu ! s'écria Anaïs, dont les dents claquaient de fièvre et de colère et en pleurant à chaudes larmes, qu'est-ce que j'ai fait au ciel pour être si malheureuse ?

Et, se jetant sur son lit, elle cachait sa tête dans ses mains pour étouffer ses sanglots, et ses mains crispées déchiraient en même temps les dentelles des malheureuses taies d'oreiller.

J'ai remarqué que dans ces scènes-là, les étoffes et les dentelles souffrent beaucoup.

— Voilà maintenant les grincements de dents et les attaques de nerfs, murmura Édouard. C'est tous les jours la même chose.

— Faut-il que vous soyez lâche pour insulter une femme qui ne peut pas se défendre ! Si j'étais homme, vous n'agiriez pas ainsi.

Il arrive toujours un moment, dans ces sortes de querelles, où la femme, quand elle est de la nature et de l'espèce d'Anaïs, bien entendu, c'est-à-dire quand elle ne peut appeler à son secours ni l'éducation ni la dignité, ne recule devant aucune des épithètes que peuvent se donner entre eux deux charretiers qui se disputent ou deux harangères qui s'en veulent.

Édouard était habitué à cette dernière péripétie.

— Très-bien, dit-il, passons aux grossièretés.

Et il alla ouvrir la porte.

— Rosalie ! cria-t-il.

— Monsieur ! répondit la femme de chambre.

— Venez déshabiller madame qui est souffrante et veut se coucher.

La femme de chambre et la maîtresse restèrent seules dans la chambre à coucher.

Édouard revint dans le salon et s'assit en se disant :

— Quand on pense qu'il y a des gens qui voudraient être à ma place !

Il mit ses coudes sur ses genoux et laissa tomber sa tête dans ses mains.

De temps en temps il entendait, au milieu des menaces et des paroles entrecoupées d'Anaïs, Rosalie qui lui disait :

— Voyons, madame, calmez-vous, ne vous faites pas de mal. Ce ne sera rien

Anaïs se coucha.

Quand elle fut couchée, Rosalie vint trouver Édouard dans le salon :

— Monsieur, lui dit-elle, allez, je vous en prie, auprès de madame, elle a le frisson, elle est malade.

Édouard se leva comme un homme qui se résigne et passa dans la chambre à coucher.

Deux heures après, Anaïs et Édouard dormaient.

Maintenant, le lecteur a-t-il deviné pourquoi Édouard avait fait une scène à sa maîtresse sans que celle-ci l'y eût excité par quoi que ce fût?

S'il ne l'a pas deviné, nous allons le lui dire.

Édouard avait cherché querelle à Anaïs parce que Jules lui avait dit qu'elle avait fait autrefois pour le comte dont il ne s'était plus rappelé le nom, ce qu'elle faisait aujourd'hui pour lui, et Édouard avait, comme la plupart des hommes, comme tous les hommes même, la jalousie rétrospective, cette terrible jalousie qui demande toujours compte du passé, et qui ne le pardonne pas ; jalousie d'autant plus difficile à combattre qu'elle est sûre de ce qu'elle dit, et qu'elle ne peut pas douter, puisqu'elle a toujours devant les yeux le fait accompli et connu de plusieurs, ce qui pis est.

III.

Le lendemain se passa comme tous les lendemains de ces sortes de scènes.

La femme est abattue, l'homme se repent parce qu'il sent dans le fond de son âme qu'il a eu tort et qu'il a abusé de la supériorité qu'a, dans une liaison, l'homme sur la femme, l'homme qui n'aime plus, bien entendu.

Il y a toujours un moment où l'homme, se rappelant les preuves d'amour que sa maîtresse lui a données et les détails de l'intimité heureuse, a regret du chagrin qu'il lui cause. La femme qui a la nuit devant elle pour tout réparer, connaît et saisit ce moment de repentir, en profite avec cette adresse féline qui la caractérise, et l'aurore retrouve amoureux ceux que la nuit avait laissés ennemis.

Tout le monde a passé par ce chemin-là.

Mais il y a en cela réaction comme en tout, c'est-à-dire qu'il faut que la femme soit bien adroite pour que cette nouvelle lune de miel dure vingt-quatre heures, et pour que l'homme qui, la veille, regrettait d'avoir été trop méchant, ne regrette pas le lendemain d'avoir été trop bon.

Décidément l'amour est une lutte.

Le lendemain donc tout alla assez bien.

Au point du jour, dans un embrassement matinal, Édouard et Anaïs s'étaient promis, l'un d'être plus souvent chez lui désormais, l'autre d'être moins exigeante ; tous deux de s'aimer toujours.

Il faisait beau.

Ils déjeunèrent assez gaiement.

De temps en temps Anaïs allait chercher la main d'Édouard sous la table, lui souriait et lui tendait ses lèvres.

Le repas s'interrompait de baisers comme un vrai repas de raccommodement.

A une heure Anaïs commença à s'habiller.

— Veux-tu que nous sortions ? dit-elle à Édouard.

— Volontiers.

— Nous irons faire un tour au bois.

— C'est cela.

Elle se mit à sauter comme un enfant.

La femme de chambre, devant qui toutes ces scènes se passaient, scènes de brouille et de raccommodement, ne pouvait s'empêcher de sourire.

— Quelle robe veux-tu que je mette? disait Anaïs.

— Mets une robe rose et le mantelet pareil.

— Avec un chapeau de paille?

— Parfaitement.

— Tu m'aimes bien?

— As-tu besoin de le demander?

— Me trouves-tu toujours un peu jolie?

Pour toute réponse, Édouard embrassait encore sa maîtresse.

— Nous allons au bois?

— Oui.

— Et puis de là?

— Où veux-tu aller?

— J'ai une envie.

— Laquelle?

— C'est de dîner aujourd'hui dehors et d'aller ce soir au spectacle.

— Eh bien, nous dînerons dehors et nous irons au spectacle ensuite.

C'est par toutes ces petites concessions faites le lendemain d'une scène comme celle qui avait eu lieu la veille, qu'une femme comprend son empire sur son amant et arrive maladroitement à en abuser.

Les femmes sont pour leurs amants ce que sont les rois

pour leurs peuples, humbles d'abord, tyrans ensuite. Oh ! que je viens de faire là une comparaison commune !

La promenade et le dîner eurent lieu. Dire qu'Édouard s'y amusa, ce serait mentir. Il éprouvait ce qu'éprouve toujours un homme qui veut rompre avec sa maîtresse et qui se voit retomber de nouveau sans défense entre ses mains, après avoir laissé échapper une occasion de rupture. Aussi, malgré toutes ces prévenances et peut-être même à cause de toutes ces prévenances d'Anaïs, notre héros était-il redevenu quelque peu maussade, et quand il entra avec elle au théâtre du Palais-Royal, il était tout prêt à lui chercher une mauvaise querelle au moindre prétexte qu'elle lui fournirait.

Ils avaient pris une petite loge de rez-de-chaussée.

Édouard fit passer Anaïs devant lui et s'assit dans le fond de la loge.

— Mets-toi sur le devant, à côté de moi, lui dit Anaïs.

— C'est inutile, je suis bien là.

— Tu ne verras rien.

— Qu'est-ce que cela fait ?

— Tu as peur qu'on te voie avec moi.

— Tu vas recommencer tes suppositions et tes méchancetés.

— Te voilà encore de mauvaise humeur.

— Je ne suis pas de mauvaise humeur, seulement je suis bien libre de ne pas me mettre sur le devant de la loge. D'ailleurs ce qu'on joue ne m'amuse pas.

— Pourquoi es-tu venu alors ?

— Pour t'accompagner.

— Tu sais bien que je ne m'amuse pas quand tu t'ennuies.

— Je ne te dis pas que je m'ennuie, je te dis seulement que j'aime mieux rester dans le fond de la loge.

Anaïs haussa les épaules, prit la lorgnette et se mit à lorgner dans la salle.

Elle salua quelqu'un.

— Qui salues-tu? demanda Édouard.

— Je salue Jules.

— Où est-il donc?

— Dans une loge de face, avec deux femmes.

— Les deux femmes d'hier, sans doute.

— Quelles femmes d'hier?

— Deux femmes qui étaient au Cirque.

— Tu as donc été hier au Cirque?

— Oui.

— Tu ne me l'avais pas dit.

— Est-ce qu'il fallait absolument que je te le disse?

— Tu me fais toujours des cachotteries. Quelles sont ces femmes?

— Je ne les connais pas.

— Tu ne les connais pas et tu viens de les reconnaître, comment cela se fait-il?

— Il me semble cependant que c'est clair, reprit Édouard avec le ton de l'impatience.

— Oh! ne t'emporte pas.

— Veux-tu m'écouter?

— Parle.

— Hier je suis allé au Cirque.

— Bien.

— J'y ai vu Jules qui m'a demandé si je voulais aller souper avec lui et ces deux femmes qu'il connaît.

— Tu as refusé.

— Tu le sais bien, puisque je suis rentré à onze heures.

— Tu aurais pu avoir soupé auparavant.

— Puisque je te dis que je n'ai pas soupé. Quelles raisons ai-je de te mentir ?

— Depuis quelque temps tu me mens souvent.

— Quand on pense que nous ne pouvons pas passer une soirée sans nous quereller, fit Édouard en se croisant les bras avec impatience.

— Ah ! que tu es maussade !

— Tiens, je vais fumer un cigare, sans quoi nous nous disputerons encore.

— Tu me laisses seule ?

— As-tu peur qu'on t'enlève ? Je reviens dans un quart d'heure.

— Tu ne vas que là, bien sûr ?

Pour toute réponse, Édouard ouvrit la loge et sortit.

— L'insipide créature ! murmura-t-il quand il fut dans le corridor.

Anaïs en prit son parti et se mit à écouter la pièce que l'on jouait.

Édouard descendit, alluma un cigare et se promena de long en large dans le jardin.

Quand il eut fini son cigare il remonta.

C'était pendant un entr'acte.

En regagnant sa loge, il rencontra un avocat de ses amis, où plutôt de ses connaissances, un de ces hommes graves à trente ans, et qui vivent complétement étrangers au monde que voyait Édouard.

Ces gens-là, quand ils rencontrent des jeunes gens

comme Édouard, auxquels ils sont supérieurs en tout, n'en sont pas moins émus pour ainsi dire. Ce sont de ces gens qui, dans ces circonstances-là, disent : Vous devez savoir telle ou telle chose, vous qui êtes un lion.

Ces gens que l'étude isole, regardent comme des dieux ceux qui vivent dans ce cercle d'oisifs qu'on appelle tantôt des merveilleux, tantôt des dandys, tantôt des fashionables, tantôt des lions. Eux qui n'ont pour maîtresse qu'une petite ouvrière en chapeaux ou en robes, ou la femme de quelqu'un de leurs clients, bourgeoise sentimentale et prétentieuse, ils regardent avec admiration ceux qui comptent leurs maîtresses par douzaine, et les prennent dans ce monde féerique, fermé pour eux, qu'habitent les actrices et les femmes entretenues.

Ce sont enfin des gens qu'un homme comme Édouard est heureux de rencontrer pour les ébouriffer, mot nouveau dont nous recommandons l'usage dans cette extension morale, en leur parlant femmes, chevaux et modes.

Édouard ne manqua pas cette bonne fortune.

— Que diable regardez-vous là, mon cher Paul, par la lucarne de cette loge? lui dit notre héros en l'abordant.

— Ah ! c'est vous, cher ami, répondit l'avocat en rougissant un peu. Je regarde une bien jolie femme, que vous devez connaître, *vous qui êtes un lion.*

— Où donc? demanda Édouard, flatté de cette supposition, car chacun a l'amour-propre de sa spécialité.

— Tenez, là-bas, fit l'avocat en faisant hausser Édouard sur ses pieds et en lui montrant la loge d'Anaïs, cette petite femme brune dans la loge qui touche à la scène.

— Je crois bien, que je la connais, répondit Édouard

avec un mouvement d'orgueil et de joie que nous ne saurions décrire, et qu'il cacha le mieux qu'il put sous un ton indifférent.

— Vous la connaissez ?

— Beaucoup.

— Pourquoi riez-vous ?

— Parce qu'on ne peut la connaître plus que moi.

— C'est votre maîtresse ?

— Justement !

Paul considéra Édouard avec admiration.

— Ah ! ah ! c'est une bien jolie personne, reprit-il.

— Oui, elle est assez gentille.

— Dites qu'elle est charmante, mon ami. Je n'ai jamais vu une aussi jolie femme. — Ainsi elle est votre maîtresse ?

— Oui.

Paul avait l'air de douter et continuait à regarder Édouard.

— Vous en avez comme cela vingt par an ? demanda-t-il à Édouard.

— Non, voilà trois ans que je suis avec celle-là.

— Et vous êtes toujours bien ensemble ?

— Toujours.

— Oh ! la jolie personne ! reprit une seconde fois Paul, elle a l'air distingué. A-t-elle de l'esprit ?

— Beaucoup.

— Quel gaillard vous faites !

— Voulez-vous que je vous présente à elle ?

— Bien volontiers ; mais je l'ennuierai peut-être ?

— Point du tout.

— Le fait est que je serai bien heureux de faire sa connaissance.

— A quelle place êtes-vous?

— Je suis à l'orchestre.

— Seul?

— Tout seul. J'ai dîné dans ce quartier-ci. Je ne savais que faire après mon dîner, je me suis dit : Je vais aller au Palais-Royal. C'est le théâtre qui m'amuse le plus. Sainville est adorable.

Tout en causant ainsi, Édouard et l'avocat étaient arrivés à la loge d'Anaïs.

— Je te présente M. Paul Cournon, avocat, un de mes bons amis que j'ai trouvé, dit Édouard, en admiration de toi à l'autre bout de la salle.

Paul salua trois fois avec sa tête, avec son corps et avec son chapeau qu'il tenait à deux mains.

— Édouard a raison, madame, dit-il en rougissant, je vous admirais de loin sans me douter que j'aurais le bonheur de vous admirer de près.

Paul se tira assez bien de sa phrase.

— Vous êtes beaucoup trop bon, répliqua Anaïs avec un gracieux sourire, tel qu'une femme en adresse à l'homme dont elle voit que l'opinion la fait valoir dans l'esprit de son amant, et j'espère, continua-t-elle, que vous ne vous en tiendrez pas à cette visite.

Paul salua une quatrième fois et s'assit.

Anaïs tendit la main à Édouard. En ce moment elle savait ce qu'elle faisait.

Édouard prit la main et la baisa.

— Qu'est-ce que vous faites ce soir? demanda-t-il à Paul.

— Rien.

— Voulez-vous venir souper avec nous après le spectacle?

— Cela ne gênera pas madame?

— Au contraire, monsieur, je vous en prie, fit Anaïs.

— Alors j'accepte.

Après le spectacle on soupa.

Jamais souper ne fut plus gai, jamais amant et maîtresse ne furent plus amoureux.

En descendant de chez Véry, Paul dit à Édouard pendant qu'Anaïs montait en voiture :

— Mon cher, je vous fais encore mon compliment; vous avez là une maîtresse adorable. Si j'avais une femme comme celle-là, j'en serais fou !

Pendant trois jours, il n'y eut pas une querelle entre Édouard et Anaïs, et celle-ci put commencer à croire qu'elle avait à jamais reconquis le cœur de son amant, et que leur amour venait de passer un nouveau bail.

A quoi tient l'amour dans le cœur de l'homme !

IV

Cependant tout s'use, même l'influence que peut avoir sur le cœur d'un amant l'admiration qu'un ami a pour sa maîtresse.

Quand une liaison en est arrivée où en était celle d'Édouard et d'Anaïs, il en est d'elle comme des monuments dont la base est pourrie. On peut replâtrer la façade et redorer l'intérieur, rien n'empêchera l'édifice de trembler quand il fera du vent, et de s'écrouler un beau jour en entraînant les locataires avec lui.

Quand une fois un homme qui vit avec une femme a acquis cette conviction douloureuse, que non-seulement il ne l'aime plus, mais qu'encore elle l'ennuie, elle aura beau faire, il aura beau évoquer les souvenirs heureux, il n'emplira plus son cœur avec le passé ; il aura beau se dire qu'il est de sa délicatesse de garder la femme qui lui a sacrifié plusieurs années de sa vie, le besoin de liberté ou de changement reprendra le dessus, et il se débattra dans les événements avec toute l'énergie de sa jeunesse, comme un homme qui se sent étouffer dans une foule se débat avec toutes ses forces et toute sa volonté, au risque d'étouffer son voisin pour se conserver lui-même.

Nous ne parlons pas ici de l'homme qui vit avec une femme et qui est amoureux d'une autre. Celui-là ne quittera peut-être pas la maîtresse qu'il a depuis longtemps pour celle qu'il n'a pas encore. Ce ne sera pas l'égoïsme, ce sera au contraire un bon sentiment qui le fera agir. Bien qu'elle ne connaisse pas cet amour nouveau, dans sa conscience il sent qu'il lui doit une compensation à ce qu'il lui reprend de son cœur et de sa pensée. Il arrive même quelquefois, qu'ayant trouvé une déception là où il allait, l'homme revient plus amoureux à sa première maîtresse, qui ne s'explique pas toujours cette recrudescence d'amour. De là souvent ces liaisons devenues indissolubles par l'aveuglement volontaire de la femme. En effet, quand une femme se sait trompée par son amant, et qu'ayant un intérêt de position ou un intérêt de cœur à rester avec lui, elle ferme les yeux sur ses infidélités, paraît ne se douter de rien et a la force de le bien recevoir quand il reparaît, cette femme acquiert sur son amant une influence telle, que quoi qu'il fasse, il ne pourra jamais la quitter.

On a vu des gens vivre toute leur vie ensemble, parce qu'aucun des deux ne voulait donner à l'autre le plaisir de prendre l'initiative, et de pouvoir dire après :

— C'est moi qui ai rompu.

Il y aurait des volumes entiers et fort intéressants à écrire sur cet inépuisable sujet.

Comme nous l'avons déjà vu, Anaïs et Édouard vivaient depuis trois ans ensemble... Quelles raisons avaient amené cette vie maritale ? Il est presque inutile de le dire. Un moment de passion qu'il avait eu pour elle, le bonheur de triompher des autres, l'habitude rapidement contractée, une certaine jalousie d'amour-propre. Quant à Anaïs, nous n'affirmerons pas qu'elle eût pour Édouard une passion bien extraordinaire. Elle se connaissait en amours, et elle ne pouvait pas ne pas s'effrayer des symptômes qui depuis quelque temps se manifestaient chez Édouard.

Et ce qu'il y avait de terrible pour elle, c'est qu'elle comprenait qu'Édouard fît ce qu'il faisait, et que c'était déjà beaucoup qu'il eût vécu trois ans avec elle. Édouard et Anaïs savaient à quoi s'en tenir l'un sur l'autre, et pourtant ils ne se quittaient pas.

Permettez-moi une comparaison un peu triviale.

Quand vous étiez enfant, à l'âge où les dents tombent, il vous est arrivé d'en avoir une qui remuait. Vous la preniez entre deux doigts, vous la sentiez toute prête à sortir de son alvéole. Tous les jours, quand vous mangiez, elle vous faisait plus de mal que vous ne vous en fussiez fait en l'arrachant tout à coup, car un nerf presque imperceptible la retenait seul, et cependant vous n'aviez pas ce courage d'un instant qui vous eût débarrassé d'un ennui de tous les jours. Il fallait ou que votre père se fâchât pour vous faire arracher cette dent, ou qu'elle tombât un jour en heurtant un aliment trop dur. Alors vous poussiez un cri, mais vous étiez étonné du peu de douleur que cela vous causait, du grand bien-être que vous en receviez, et vous regrettiez d'avoir si longtemps manqué de courage.

Il en est des liaisons comme des dents. Du moment qu'elles branlent, il vaut mieux ne pas attendre qu'elles tombent, car elles tombent toujours trop tard et risquent de briser quelque chose en tombant.

Édouard et Anaïs en étaient arrivés à la dernière période. L'imminence et le besoin d'une rupture étaient flagrants. Ils se débattaient encore, mais sans savoir pourquoi. Ils se faisaient des scènes dégradantes pour l'un comme pour l'autre. Les domestiques et les voisins étaient initiés à tous leurs mystères d'alcôve. Le lendemain d'une querelle violente, Anaïs avait montré ses bras tout meurtris à sa femme de chambre. L'intervention et les conseils des amis commençaient. Édouard et Anaïs, vivant sous le même toit, étaient restés des deux et trois jours sans se parler, et quand ils s'étaient reparlé, ce n'avait été que pour se quereller, pour s'injurier même. La vie passée de la femme était devenue pour l'homme le texte incessant de ses récriminations. Les choses mêmes qu'il savait être fausses, il les évoquait et s'en faisait des armes déloyales. Des querelles avaient eu lieu jusque dans les escaliers; Anaïs avait suivi

Édouard à pied, dans la rue, partout où il allait, ne le quittant pas d'un instant, l'attendant sous la porte des maisons dans lesquelles il entrait pour lui échapper, et le mettant ainsi dans cet état d'exaspération où l'on tuerait comme un chien la femme qu'on a cru aimer.

De temps en temps il y avait un repos, comme au milieu d'un combat il y a souvent une trêve entre les deux armées, puis la guerre recommençait de plus belle, à propos de tout, à propos de rien.

Enfin la maison était devenue un véritable enfer, et Édouard, qui, épuisé, abruti même par ses scandaleuses émotions, n'avait pas le courage de s'en aller sans raison, se créa une nécessité de partir. Il écrivit à son frère, qui habitait la province avec sa famille, de lui écrire que son père était très-malade, et il lui expliqua toutes les raisons qui le forçaient à implorer ce mensonge.

La lettre arriva.

Édouard, fort de cet auxiliaire, entra dans la chambre d'Anaïs, et, lui remettant la lettre qu'il venait de recevoir, il lui dit : — Lisez.

Elle lut.

— Cette lettre est un mensonge, dit-elle en rejetant le papier à son amant ; votre père n'est pas malade.

— Quoi qu'il en soit, je partirai ce soir même.

— Et moi aussi.

— Et vous irez ?

— Où vous allez.

— Je vous le défends bien.

— C'est ce que nous verrons. Suis-je pas libre d'aller où je veux ?

— Prenez garde ! fit Édouard pâlissant à cette raison qui avait le malheur d'en être une.

— Vous allez me battre... encore. Ah ! mon cher, vous m'avez fait trop de mal depuis deux mois pour que je ne vous en fasse pas à mon tour. Vous irez chez votre père, eh bien, moi aussi, j'irai chez lui, et nous verrons s'il me fera jeter à la porte quand je lui aurai dit la façon lâche et infâme dont vous vous conduisez avec moi.

On a assassiné des gens qui le méritaient moins qu'Anaïs.

Édouard se contint et sonna.

— Rosalie, dit-il à la femme de chambre, donnez-moi ma malle.

— Rosalie, vous êtes ici chez moi, fit Anaïs, et vous ne devez obéir qu'à moi. Je vous défends de donner cette malle.

— Allez dire qu'on m'en apporte une, fit Édouard.

— Je vous défends de sortir, cria Anaïs.

— Alors j'y vais aller moi-même, dit tranquillement Édouard, qui avait fini par comprendre que le moment suprême était venu, et qui avait pris la résolution, pour conserver ce que cette vie lui laissait encore de dignité, d'opposer le sang-froid aux emportements de sa maîtresse et de mettre ainsi le beau rôle de son côté, si tant il y a qu'il pût y avoir un beau rôle de part ou d'autre.

— Allez, fit Anaïs.

Édouard prit son chapeau et descendit.

Il n'avait pas fait dix pas dans la rue qu'Anaïs était derrière lui.

Il la vit, mais il ne voulait pas se donner pour battu. Il entra chez un layetier, elle entra avec lui.

— Que désirez-vous, madame? dit le marchand, ne soupçonnant pas que cette femme qui ne disait rien et qui ne lui donnait pas le bras fût avec Édouard.

— J'accompagne monsieur, dit-elle.

Édouard acheta sa malle, la paya et sortit.

Quand il fut dans la rue :

— Écoutez, dit-il à Anaïs, malgré tout ce que vous ferez, je partirai, et cela aujourd'hui même ; ainsi, rentrez chez vous, ce sera plus raisonnable.

— Je ne vous empêche pas de partir.

— Vous allez continuer de me suivre?

— Je ne vous suis pas, je me promène.

— Vous ne voulez pas rentrer chez vous?

— Non.

— A votre aise.

Édouard se mit à marcher pendant un quart d'heure environ, ne sachant vraiment pas ce qu'il devait faire.

Quant à Anaïs, si on lui eût demandé pourquoi elle agissait ainsi et quel résultat elle espérait, il lui eût été impossible de le dire.

Un cabriolet vide passait, Édouard distança de quelques pas Anaïs qui ne se doutait de rien, et sauta dans le cabriolet.

— Tout droit devant vous, dit-il au cocher, et le plus vite que vous pourrez.

Et en même temps il faisait un signe d'adieu à sa maîtresse.

Peindre la figure de celle-ci serait une chose embarrassante.

Quand Édouard fut sûr de n'être pas suivi, il se fit conduire rue du Bouloy, à l'administration des diligences.

— Avez-vous une place pour Limoges? dit-il à l'homme du bureau.

— Il m'en reste deux, répondit cet homme; une dans l'intérieur, une dans le coupé.

— Je prends celle du coupé, dit Anaïs, pouvant à peine parler tant elle était essoufflée.

C'est maintenant la figure d'Édouard qu'il serait difficile de peindre.

Anaïs savait que quand Édouard allait voir son père, il prenait toujours la diligence de la rue du Bouloy, et convaincue qu'il prendrait encore la même, d'autant plus qu'il ne se croyait pas suivi, elle avait couru à ces messageries et elle était arrivée presque en même temps que lui.

Cependant Édouard se remit bien vite, et lui dit comme s'il ne l'eût pas connue :

— Je vous demande pardon, madame, mais j'étais ici avant vous et je prends les deux places.

L'homme du bureau fit un signe de tête qui voulait dire: Monsieur est dans son droit.

Deux larmes de colère et d'impuissance brillèrent dans les yeux d'Anaïs.

— Je partirai, murmura-t-elle en pâlissant, et elle disparut.

Ce premier triomphe enhardit Édouard. Il était content de lui.

A partir de ce moment, Anaïs était vaincue. Édouard revint rue Laffitte.

— A-t-on apporté une malle? dit-il à Rosalie.

— Oui, monsieur.

— Où est-elle ?

— Dans votre chambre.

Édouard trouva en effet sa malle dans sa chambre ; seulement, la serrure était brisée, et le cuir avait été haché en morceaux avec un rasoir.

Il reconnut la main d'Anaïs.

Tous ces petits moyens ne servaient qu'à faire dépenser un peu plus d'argent à Édouard. Il se dit qu'il trouverait toujours une malle, et il ouvrit son armoire pour préparer ses effets.

Pantalons, chemises, redingotes, tout, comme la malle, avait été déchiré, haché, brûlé, foulé aux pieds.

On ne saurait croire comme cette dernière péripétie acheva de perdre Anaïs dans l'esprit d'Édouard et le détacha violemment des scrupules qu'il pouvait encore avoir.

Il remit son chapeau et s'apprêta à sortir.

— Monsieur, lui dit Rosalie en entrant, madame veut vous parler.

— Je n'ai rien à dire à madame, répondit-il, et il se dirigea vers la porte.

Au moment où il mettait la main sur la serrure, Anaïs, tout en larmes, se jetait entre la porte et lui.

— Vous partez ! cria-t-elle avec la voix d'une femme au bout de ses forces et de ses ressources, et qui ne compte plus que sur sa douleur.

— Oui, répondit froidement Édouard.

— Au nom du ciel, ne partez pas !

— Il le faut.

— Pourquoi ?

— Parce que je le veux.

— Que vous ai-je fait ?

— Vous le demandez ?

— Édouard ! fit Anaïs en se mettant à ses genoux, en joignant les mains et en le regardant d'un air suppliant, je vous en supplie, ne partez pas.

— Que vous importe, puisque vous partez aussi ?

— Vous savez bien que c'est impossible.

— Pourquoi m'en avez-vous menacé alors ?

— Pourquoi ? pourquoi ? Est-ce qu'on sait ce que l'on fait dans ces circonstances-là ? J'avais la tête perdue. Je vous aime tant, Édouard !

Édouard haussa les épaules.

— Aurais-je fait tout cela, reprit Anaïs, si je ne vous aimais pas ?

— Allons, en voilà assez, laissez-moi sortir.

— Ne partez que demain, fit Anaïs en se relevant et en passant ses bras autour du col de son amant.

— Je pars ce soir.

— Mon Dieu ! mon Dieu ! qu'est-ce que je vais devenir ? s'écriait-elle en fondant en larmes et en se couvrant le visage de ses deux mains.

Édouard la repoussa un peu pour pouvoir sortir.

— Vous vous repentirez un jour, lui dit-elle, d'avoir ainsi fait souffrir une pauvre femme qui ne vous avait rien fait.

— C'est bon. Adieu !

— Vous partez ?

— Je pars !

— Décidément ?

— Décidément.

— Je vous promets de faire tout ce que vous voudrez,

mon ami ; de ne jamais rien vous dire ; de ne plus être jalouse : voulez-vous rester ?

— Non, mille fois non, il est trop tard.

Et Édouard entr'ouvrit la porte.

Anaïs comprit que tout était inutile et qu'elle avait poussé son amant à bout.

— Quand reviendrez-vous ? lui dit-elle.

Disons que dans ces sortes de scène, quand l'homme se sent le plus fort, il abuse de sa force.

— Je n'en sais rien, fit Édouard.

— M'écrirez-vous ?

— Nous verrons.

En même temps il ouvrait la porte et sortait. Anaïs le laissa sortir.

Ou nous nous trompons fort, ou nous pouvons affirmer qu'Édouard fut fâché qu'Anaïs ne le retînt pas davantage.

— Édouard ! lui cria-t-elle dans l'escalier ; mais il ne répondit pas.

Il alla chez son tailleur, chez son chemisier, se fit remplir une malle d'effets neufs et envoya cette malle aux diligences.

Il entra chez un restaurateur et y dîna après avoir pris une feuille de papier et avoir écrit à Anaïs une longue lettre dans laquelle il lui détaillait toutes les nécessités d'une rupture. Sans les lui reprocher, il lui rappelait les scènes qui avaient eu lieu depuis trois mois, et terminait en lui faisant part des mesures qu'il allait prendre pour qu'elle n'eût besoin de rien, et en l'assurant de son amitié et de son dévouement.

C'était la lettre d'un honnête homme qui a fait la part du

bien et du mal, et qui ne veut pas que la femme qu'il quitte ait le droit de se plaindre de lui.

Il envoya cette lettre à Anaïs par un commissionnaire, une demi-heure avant de monter en diligence.

La voiture allait partir quand Rosalie accourut remettre à Édouard un billet de sa maîtresse.

Dans ce billet elle le suppliait de ne pas partir, ajoutant que s'il partait, elle quitterait Paris et s'expatrierait à tout jamais.

— Revenez, monsieur, dit Rosalie; madame est comme folle, et si vous ne revenez pas, je ne sais pas ce qui arrivera. Madame est capable de se tuer.

Édouard glissa cinq louis dans la main de Rosalie et partit.

Édouard alla voir son père à Limoges, puis de là, ne voulant pas encore revenir à Paris, il partit pour l'Italie. Plusieurs fois, en se disant qu'après tout Anaïs était peut-être très-malheureuse de son absence, il lui écrivit avec une grande douceur et en revenant encore sur les impossibilités d'une plus longue liaison.

Six mois après, il revint à Paris et n'osa se présenter chez Anaïs.

Il craignait les larmes, les récriminations, il craignait surtout qu'elle ne cherchât à le reprendre comme autrefois et qu'elle ne l'aimât encore trop. Bref, il craignait une trop grande secousse de part et d'autre s'il la voyait.

Le fat!

Un mois après son retour, il passait sur le boulevard, quand il vit une voiture s'arrêter et une petite main lui faire signe de venir lui parler. Celle qui l'appelait ainsi avait son voile baissé, de sorte qu'il ne la reconnut pas.

Il s'approcha de la portière du coupé, la jeune femme leva son voile. C'était Anaïs.

Elle était élégamment vêtue et avait pour ainsi dire un air nouveau.

— Eh bien, lui dit-elle, vous voilà donc de retour?

— Oui, balbutia-t-il.

— Depuis combien de temps?

— Depuis un mois.

— Pourquoi n'êtes-vous pas venu me voir?

— Je craignais...

— Vous savez bien que vous serez toujours bien reçu chez moi.

— Vous demeurez encore rue Laffitte?

— Oui. Et vous?

— Rue Richelieu, hôtel de Paris.

— Je vous demande cela pour vous renvoyer des papiers que j'ai retrouvés et dont vous avez peut-être besoin.

— Merci.

— Vous avez fait un bon voyage?

— Très-bon. Et vous, qu'avez-vous fait?

— Oh! mon cher, c'est toute une histoire. Je suis maintenant avec le baron de ***. C'est lui qui m'a donné cette voiture. Il n'est plus tout jeune, mais il est très-bon pour moi. Venez me voir, je vous conterai tout cela. Adieu.

C'était bien la peine de faire tout ce que nous avons raconté!

CÉSARINE

I

Quiconque a vu S... une fois se rappelle avoir vu une affreuse ville. Elle est bâtie sur une hauteur et l'on n'y arrive que par des rues étroites et mal pavées. Quant aux habitants, on garde d'eux un aussi fâcheux souvenir que de leur ville. Il semble qu'ils aient été faits exprès pour elle, ou que la ville ait été faite exprès pour eux. Ils sont curieux, cancaniers, prétentieux, avares. Ils espionnent, jacassent, supposent, inventent. On dirait un nid de pies et de corbeaux.

Si vous êtes forcé d'habiter cette ville, non pas que vous ayez fait choix de cette résidence pour charmer vos vieux jours, car une pareille idée ne pourrait venir à personne, mais si vos affaires, votre position, votre famille, vous forcent à venir habiter ce chef-lieu, et que vous ayez gardé quelques traditions de la capitale, prenez garde à vous !

Si votre femme a plus de deux robes de soie par an, elle sera peu considérée ; si elle donne autre chose que de l'eau sucrée à ses soirées, elle sera montrée au doigt ; si elle a de l'esprit, elle sera mise à l'index.

Vous êtes prévenu.

Maintenant, passons au récit de la bien naïve et bien véridique histoire dont S... fut le théâtre.

Il est bon de vous dire que, malgré ce dont je viens de vous faire part, il y a eu quelquefois et il y a encore de temps en temps à S... de braves gens et de jolies femmes qui ne tiennent pas trop compte des préjugés stupides de leurs compatriotes, et vivent là à peu près comme ils vivraient autre part, en s'y ennuyant un peu plus, voilà tout. Seulement, chaque fois qu'il arrive une distraction, ces gens se précipitent les premiers dessus, affamés qu'ils sont de plaisir, et ils la dévorent jusqu'à la dernière bouchée.

Les courses de Chantilly, qui se trouve à deux lieues de S..., sont les principales compensations que le printemps et l'automne offrent à la ville sous-préfectorale. Aussi, dès le matin des courses ne rencontre-t-on sur la route que chars à bancs, tapissières, cabriolets, voitures de toutes sortes, voyageurs de tous genres, les uns à pied, les autres à cheval. De temps en temps une calèche passe emportée par de beaux chevaux et suivie des regards envieux de ceux qu'elle laisse derrière elle. Ce qu'il y a de plus humiliant pour ce malheureux chef-lieu, c'est que ses environs sont adorables. Outre Chantilly, il y a Ermenonville, Mortefontaine, Pontarmé, c'est-à-dire des pelouses, des étangs et des bois magnifiques qui font à S... une ceinture de parfum, d'ombre et de chants qui, malheureusement, n'arrivent pas jusqu'à elle.

Cependant je vais dire des habitations ce que j'ai dit des gens.

Si vous sortez de S... par la porte de Soissons, et que vous suiviez à gauche un petit chemin orné de deux rangées d'arbres et bordé d'un côté de blés et de labours, et de l'autre d'artichauts sans nombre dressant fièrement leurs casques à piques, si vous suivez une petite rivière, où pour mieux dire un ruisseau nommé la Nonnette, et où les chiens seuls peuvent se baigner, vous arriverez à un ravissant château qu'on nomme Valgenceuse, et qui est une miniature du paradis terrestre.

Valgenceuse a ses péristyles, ses bois, ses étangs, ses escaliers, ses saules, ses oiseaux tout comme un château royal : Valgenceuse a ses compagnies de perdreaux, ses lapins et ses cailles au mois de septembre, et cependant Valgenceuse n'a pas cinquante ans d'existence.

Quel est le solitaire, l'artiste, l'amoureux qui a fait bâtir ce château ? Je l'ignore. Tout ce que je sais, c'est qu'il appartient aujourd'hui à la marquise de G..., qui en fait si gracieusement les honneurs, qu'on a complétement oublié le propriétaire auquel elle a succédé. Personne ne se le rappelle, excepté moi peut-être. Je profiterai donc de cette supériorité que j'ai sur les autres pour vous raconter ce qui se passait à Valgenceuse au mois de mai 1838, c'est-à-dire il y a juste dix ans.

Il était huit heures du soir.

Dans la vaste salle à manger du rez-de-chaussée, des

domestiques en grande livrée desservaient une table élégamment servie, sur laquelle s'étalaient les plus beaux
fruits de la saison, et qu'éclairaient deux candélabres à
huit ou dix branches chacun.

Les convives étaient descendus au jardin pour profiter
des derniers rayons du jour, et ils se promenaient dans une
magnifique allée semée de gazon doux au pied comme
un tapis de haute laine, et au bout de laquelle se trouve
un escalier de pierre qui, se contournant dans toute la lar-
geur du jardin, sert de limite à l'étang dont nous parlions
tout à l'heure.

On n'eût pas été étonné de voir tout à coup descendre
de cet escalier ou apparaître sous les arbres quelques
grandes marquises à la Watteau et quelques bergers vêtus
de soie, murmurant des mots frivoles à l'oreille des belles
promeneuses. Les horizons semblaient faits pour ces personnages. Malheureusement, les horizons seuls avaient
survécu au temps, et les robes à queue, à brassière et à
ramages avaient disparu.

Néanmoins plusieurs groupes, qui semblaient très-con-
solés de vivre à cette époque, s'étaient formés dans l'allée
principale et devisaient presque gaiement.

Ces groupes se composaient de la maîtresse de la maison
et des invités, tous voisins de campagne.

Ces invités étaient le jeune baron de Pérange et la baronne sa femme, une des plus charmantes fleurs coloniales
que la civilisation ait transplantées dans le Nord. C'étaient
la vieille comtesse de Curdy et son mari, petit homme aux
vieilles traditions, aux anciennes habitudes, aux bonnes
manières, prenant du tabac que son nez partageait frater-

nellement avec son jabot, et ressemblant si bien, comme
langage, comme usages, aux petits vieux du règne de
Louis XV, que son habit de drap noir semblait un ana-
chronisme et que l'on était tout étonné de ne pas le voir en
habit brodé, en culotte courte, avec une petite épée aux
basques de son habit.

Ce dernier couple s'était dès la première année de son
mariage enrichi d'une fille, âgée de dix-huit ans à l'é-
poque où nous commençons ce récit et avec laquelle nous
allons bientôt faire connaissance.

Un jeune homme élégant se promenait avec les quatre
personnages que nous venons d'indiquer.

Ce jeune homme avait vingt-cinq ans, les yeux noirs, les
cheveux noirs, les dents blanches. Il était pâle, causait assez bien, montait admirablement à cheval, était orphelin
depuis dix ans.

La suite nous dira ce qu'il venait faire dans cette maison.

La dernière personne de ce groupe que nous ayons à si-
gnaler, était madame de Beauzée. Madame de Beauzée
était la propriétaire du château de Valgenceuse. Elle avait
quarante ans, trente mille livres de rente, était veuve et
possédait une fille, charmante enfant de dix-sept ans à peu
près, et qui, dans une autre allée du jardin, causait avec
la fille du comte de Curdy.

Si vous le voulez bien, nous allons suivre les deux jeunes
filles, qui sont de l'autre côté de l'étang, et qui se promènent
tout en causant et en cueillant de petites fleurs bleues
sur le bord de la Nonnette. Ce ruisseau côtoie la propriété,
au milieu d'immenses peupliers frémissants et harmonieux
quand se lèvent les brises du soir.

Pour que vous n'ayez aucun regret de quitter si vite les grands parents, je vous dirai qu'ils parlaient politique et que leur conversation ne vous eût intéressé en aucune façon ; et la preuve, c'est que le jeune homme qui s'y trouvait mêlé n'y prenait part que par sa présence et que sa pensée sem blait être bien loin de là, du moins à en croire ses yeux, qui de temps en temps sondaient l'épaisseur du jardin du côté où se trouvaient les deux jeunes filles.

La plus grande des deux se nommait Cécile de Curdy.

L'autre se nommait Juliette, et madame de Beauzée était sa mère.

La première était brune, jolie ; elle semblait insoucieuse et gaie. La seconde était blonde et portait ses cheveux à l'anglaise, ce qui ajoutait à la finesse et au charme de sa physionomie ; elle paraissait un peu plus rêveuse que son amie.

Ses yeux étaient bleus, grands, avec l'air étonné des grands yeux ; sa peau était rose et transparente, et ses lèvres légèrement colorées prouvaient que le sang circulait déjà avec exigence dans ce beau corps qu'emprisonnait mal une robe de mousseline ; le corsage ne voilait qu'imparfaitement sous ses plis nombreux une poitrine ferme comme le marbre, blanche comme le lait, et dont les deux seins, quand la jeune fille se déshabillait le soir, devaient ressembler à ces beaux fruits dorés et arrondis de l'automne avec l'un desquels Ève a tenté Adam.

Quelle merveilleuse chose à voir qu'une jeune fille quand aucun nuage n'a encore assombri ce printemps, quand aucune douleur n'a encore effleuré ce front, quand aucune main n'a défloré ce beau fruit !

Vous êtes-vous amusé quelquefois à en contempler une, pendant des heures, comme vous eussiez contemplé un tableau ? Seulement le tableau, si beau, si expressif, si vrai qu'il soit, est insuffisant à faire naître dans l'âme des sensations et les voix qu'y fait éclore la vue d'une belle vierge de seize ans, à qui la nature révèle déjà qu'il y a au monde autre chose à aimer que son père, sa mère et ses sœurs, qui se sent prise de tressaillements nouveaux, agitée de sensations ignorées jusque-là, poursuivie d'insomnies étranges et dont, avec sa seule imagination, elle ne peut se rendre compte. Alors elle interroge tout et demande une réponse à tout ce qui l'environne. Alors, comme elle ne sait à quelle source désaltérer cette soif ardente des choses inconnues, elle se reporte violemment vers Dieu, et il lui semble que ce n'est que dans l'amour infini qu'inspire le Créateur qu'elle pourra s'abreuver et obéir aux ordres mystérieux de son âme.

Il est rare que de quinze à dix-sept ans une jeune fille n'ait pas la tentation de se faire religieuse.

Vous êtes-vous dit, en regardant une jeune fille, belle de formes, vierge de cœur, pure d'impressions :

— Il y aura un homme qui fera battre ce cœur, à qui ce beau corps appartiendra et qui aura cet ineffable bonheur de lui révéler le premier secret de cet amour terrestre si puissant que, ne sachant comment l'assouvir, elle croit que Dieu seul peut le lui expliquer. Heureux sera cet homme, et quelque douleur que lui garde l'avenir, il aura eu dans sa vie un jour qui en sera l'éternelle compensation.

Vous vous disiez cela, n'est-ce pas ? puis un an ou deux ans après, vous revoyiez cette jeune fille, mais mariée. Le

secret que sa chaste ignorance lui cachait lui avait été révélé et n'était plus pour elle qu'une banalité. Sa curiosité
était satisfaite, son amour était assouvi et son rôle de
femme et de mère commençait avec son prosaïsme et sa
réalité.

Le premier mot de cette révélation était une douleur, et
elle s'était aperçue qu'elle n'était que l'instrument de l'impitoyable nature.

Rêvez, jeunes filles! si belle que soit la vérité, elle ne
vaudra jamais votre rêve.

Cécile et Juliette se promenaient donc.

— Tu sais, disait mademoiselle de Beauzée, combien je
suis superstitieuse; eh bien, je me souviens toujours que
c'est un vendredi que je l'ai vu pour la première fois, et
malgré moi je crois que cela me portera malheur.

— Tu es folle. Que t'a-t-il dit aujourd'hui?

— Rien ; il m'a beaucoup regardée, voilà tout.

Et en même temps Juliette se retournait pour s'assurer
que personne ne pouvait l'entendre, excepté Cécile.

— Ainsi il ne t'a pas dit un mot?

— Il m'a parlé, mais il ne m'a parlé que de choses insi-
gnifiantes.

— Pauvre garçon !

— Tu le plains?

— Certes. Vois un peu comme la vie est drôlement faite.
Ce jeune homme t'aime, tu l'aimes aussi, et peut-être seras-
tu mariée à un autre homme, et lui épousera-t-il une autre
femme.

— Qui te dit cela?

— Vous vous aimez l'un et l'autre sans vous le dire.

— D'abord je ne suis pas sûre de l'aimer, moi. Ainsi il y a des jours où je ne pense pas du tout à lui.

— Et quels sont ces jours-là?

— Ceux où il est ici. Il est vrai qu'une fois qu'il n'y est plus, je me demande où il peut être, ce qu'il peut faire.

— Donc tu l'aimes; et lui?

— Lui vient quelquefois jusqu'à deux heures du matin rêver sous mes fenêtres.

— Et toi, pendant ce temps, que fais-tu?

— Je le regarde à travers la persienne.

— Et jamais il n'a su que tu le voyais, j'espère bien!

— Jamais.

— A la bonne heure. Et ta mère?

— Ma mère, je crois qu'elle se doute de quelque chose. Elle me surveille, m'interroge du regard bien plus que de la parole.

— Et si elle te demandait tes intentions, que répondrais-tu?

— Ma foi, je n'en sais rien, et je voudrais bien savoir décidément à quoi m'en tenir sur moi-même.

— Écoute, dit Cécile tout bas, j'ai trouvé un moyen.

— Lequel?

— Tu sais que depuis deux jours il y a fête à S...

— Oui, à l'occasion des courses de Chantilly.

— Il y a une femme qui dit la bonne aventure.

Juliette regarda son amie et partit d'un éclat de rire.

— Et tu y crois? dit-elle.

— Parfaitement.

— Et tu veux que j'aille consulter cette femme?

— Oui.

— Je te dirai ce que tu me disais tout à l'heure : tu es folle.

— En aucune façon.

— Tu l'as consultée peut-être ?

— Justement.

— Et elle t'a dit la vérité ?

— Mieux encore, elle me l'a fait voir.

— A toi-même ?

— A moi-même.

— Ah ! voilà ce que je ne crois pas.

— Assure-t'en.

— Elle me dira qui je suis ?

— Oui.

— Ce que je dois faire ?

— Oui.

— Avec des cartes ?

— Non.

— Avec quoi alors ?

— Viens et tu verras.

— Comment veux-tu que j'y aille ?

— Avec moi et ma gouvernante.

— Mais, ma chère amie, nous ne pouvons pas aller en plein jour au milieu de tous ces gens-là.

— Allons-y le matin, de bonne heure, quand il n'y a encore personne.

— Et elle répondra à tout ce que je lui demanderai ?

— Oui, oui, trois fois oui.

— Alors c'est une sorcière ?

— Selon toutes probabilités.

— Vieille ?

— Jeune.

— Laide ?

— Jolie.

— Et que fait-elle outre cela ?

— Elle dompte des animaux féroces.

— Des vrais animaux féroces ?

— Des tigres et des panthères.

— Elle est sur le Cours ?

— Oui, dans une baraque, avec une toile peinte, des musiciens et un Jocrisse.

— Et tu es entrée là-dedans, toi ?

— Oui.

— Eh bien, j'irai aussi alors. Je vais demander à ma mère si elle veut me le permettre.

Les deux jeunes filles allèrent rejoindre les autres personnes qui se trouvaient dans le jardin, et Juliette s'adressant à sa mère, lui dit :

— Tu ne sais pas ce que je viens te demander ?

— Non.

— Cécile vient de me dire qu'il y a à la fête de S... une véritable sorcière et je voudrais l'aller consulter.

— Enfant !

— Veux-tu me le permettre ?

— Avec qui iras-tu ?

— Avec Cécile et sa gouvernante.

— Autorisez-vous, chère amie ? dit madame de Beauzée à la comtesse.

— Oui, mais à quelle heure irez-vous, mes enfants ?

— Le matin, pour être seules.

— Eh bien, dit la comtesse, demain à huit heures Jeanne et Cécile viendront vous prendre.

13*

— Puis-je vous demander, mademoiselle, le nom de cette sorcière? dit le jeune homme à Cécile, car je voudrais savoir aussi quelque chose; et en même temps il regardait Juliette, qui, pour se soustraire à ce regard, laissait tomber son mouchoir et le ramassait.

— Je ne sais pas son nom, répondit Cécile en riant, mais il est facile de la reconnaître. La baraque qu'elle habite a pour enseigne une panthère sur la tête de laquelle une femme pose le pied.

Une demi-heure après, le jeune homme quittait Valgenceuse.

— Où donc est M. d'Ermenon? demanda madame de Beauzée.

— Je viens de le voir sortir, répondit le comte.

— Il va revenir sans doute, fit la mère de Juliette, car il m'avait promis de passer la soirée entière avec nous, et il n'est encore que neuf heures.

II

Henri d'Ermenon suivit la route qui menait à S...

Après vingt minutes de marche environ il arrivait sur le Cours où se tenait la fête.

C'était un vacarme à briser les oreilles, car c'est surtout le soir que les gens curieux de ces sortes de spectacles affluent et que les saltimbanques emploient pour les attirer les moyens qui devraient au contraire les faire fuir. L'air était infecté de l'odeur des lampions, des saucisses et des différentes exhalaisons qui émanent de ces boutiques malsaines et de ces baraques nauséabondes.

Les bourgeois se promenaient gravement au milieu de ce tohu-bohu de cris, de voix, d'instruments, de détonations, car, comme on le pense bien, le tir au pigeon faisait sa partie dans ce sinistre concert.

Henri chercha l'enseigne de la panthère et ne tarda pas à la trouver. Une espèce de musique intérieure, les tréteaux du devant abandonnés, prouvaient qu'en ce moment la représentation avait lieu.

Henri monta les gradins, donna au contrôle les trois sous qui étaient le prix demandé, souleva une espèce de toile à matelas qui formait portière et entra dans ce qui servait de salle aux spectateurs.

Une jeune fille, vêtue d'un corsage de velours noir, d'une basquine jaune à bordure rouge, qui ne venait que jusqu'aux genoux et laissait voir des jambes assez bien faites, couvertes de bas à peu près blancs, était en train d'arracher de la gueule d'une panthère couchée sur le dos un morceau de viande crue qu'elle venait de lui donner; ce que la bête, à la honte de l'espèce et à l'éloge de la femme, se laissait faire avec une indifférence admirable.

Elle fut saluée d'applaudissements enthousiastes et les badauds se retirèrent.

Henri se mit à la file, et au moment où le dernier spectateur soulevait la portière de la baraque, M. d'Ermenon s'approcha de la jeune fille.

Mademoiselle, lui dit-il, j'ai à vous parler,

— Je vous écoute, monsieur.

— Mais n'auriez-vous pas un autre endroit que cette salle ?

— Ce que vous avez à me dire est donc bien important?

— Oui.

— Alors suivez-moi.

La jeune saltimbanque enjamba les bancs déserts, et, suivie de Henri, elle-se dirigea vers une petite porte fermée au loquet.

Elle ouvrit cette porte et passa dans une espèce de chenil où se trouvaient des malles, des matelas et tout un attirail de cuisine ambulante. Un quinquet enfumé éclairait ce réduit.

Mademoiselle Césarine, ainsi se nommait la jeune fille, fit signe à Henri de s'asseoir sur les matelas, s'il voulait s'asseoir, et resta devant lui, appuyée contre une mauvaise table et jouant avec sa cravache.

— Vous dites l'avenir, mademoiselle ? demanda M. d'Ermenon d'un ton railleur.

— Oui, monsieur, répondit Césarine d'un ton convaincu.

— Eh bien, une personne viendra vous consulter demain et il vous faudra prédire à cette personne l'avenir que je vais vous dicter.

— Vous prendriez une peine inutile, monsieur; je ne suivrais pas vos ordres.

— Pour aucun prix? fit le jeune homme en tirant de sa poche quelques pièces d'or qui brillèrent à la clarté du quinquet.

Césarine regarda les louis et répondit cependant :

— Pour aucun prix.

— Et puis-je savoir la raison de ce refus ?

— La raison est bien simple, monsieur. Je crois à ma science et ne veux tromper personne.

— Ainsi, vous croyez que vos prédictions se réalisent ?

— J'en suis sûre.

— Pourquoi alors, douée d'une telle vertu, ne vous en servez-vous pas pour faire votre fortune, au lieu de jouer avec des animaux abrutis ?

— Parce que le public ne croit et ne paye que ce qu'il voit, et que j'userais inutilement une faculté merveilleuse, et dont peut-être moi seule ai le secret et l'exploitation aujourd'hui.

— Enfin, que cette faculté soit vraie ou fausse, reprit Henri, elle peut me servir, c'est pour cela que je viens vous trouver. Une jeune fille est venue vous consulter hier ?

— C'est vrai.

— Vous la connaissez ?

— Non.

— Vous lui avez dit son passé, cependant.

— Le passé d'une femme de son âge et dans sa position n'est pas difficile à deviner. Si c'était le mien, par exemple, ce serait moins commode.

— Bref, elle est sortie émerveillée d'ici et a parlé de cette visite à une de ses amies, laquelle doit, à son tour, venir vous visiter demain matin.

— Seule ?

— Non, avec la personne que vous connaissez déjà et une vieille gouvernante.

— Eh bien ?

— Eh bien, ce n'est pas seulement le passé qu'il faudra

lui raconter, mais l'avenir qu'il faudra lui prédire.

— Je lui dirai tout ce qu'elle me demandera.

— Elle vous consultera sans doute sur ses impressions les plus secrètes, car elle est superstitieuse et vous aurez vite gagné sa confiance.

— Je lui dirai toute la vérité.

Henri regarda cette saltimbanque aussi sûre de son infaillibilité que la sibylle antique.

— Cette jeune fille, reprit-il, aime quelqu'un qui l'aime aussi. Il faudra lui dire qu'elle a raison d'aimer ce quelqu'un.

— Ce quelqu'un c'est donc vous ?

— Peut-être.

— Écoutez, monsieur, je lui répondrai selon les questions qu'elle me fera, voilà tout ce que je puis vous dire.

— Mais comment saurai-je vos réponses ?

— Vous les lui demanderez.

— Elle ne me les dira pas, et cependant je voudrais être témoin de ses impressions quand elle vous questionnera sur son amour et sur ce qu'elle doit faire.

— Il y a un moyen.

— Lequel ?

En ce moment la porte s'ouvrit, et un grand gaillard en costume d'athlète, c'est-à-dire couvert d'un maillot couleur de chair et d'un caleçon de velours noir à franges d'argent, dit d'une voix éraillée, en regardant sa camarade :

— Que diable fais-tu ici, toi ?

— Je suis en affaires, va-t'en.

— Et la représentation ?

— Fais l'annonce, imbécile ; tu sais bien qu'il n'y a pas foule.

Le colosse referma la porte et disparut.

— Quel est ce moyen ? reprit Henri.

— Il est bien simple : venez demain avant cette jeune fille. Je vous cacherai dans le cabinet où nous sommes et d'où vous pourrez tout entendre. Vous serez libre, après, de faire votre profit de ce que vous aurez entendu.

— Je viendrai. A demain.

— A demain, monsieur.

Au moment où Césarine ouvrait la porte pour faire sortir Henri, celui-ci lui mit deux pièces d'or dans la main.

— Merci, dit la jeune fille en souriant.

Et elle jeta les deux louis dans une petite boîte qu'elle referma à clef et qu'elle cacha au fond du tiroir de la table.

Au moment où Henri sortait, les curieux étaient déjà amassés devant les magnifiques promesses que faisait l'Hercule aux franges d'argent.

Il traversa la foule et regagna Valgenceuse.

Il avait été absent une heure environ.

Quand il revint, les convives étaient rentrés dans le salon, et Juliette chantait en s'accompagnant sur le piano.

Après la musique discordante qu'il venait d'entendre, celle que faisait la jeune fille devait lui paraître une mélodie céleste. Il est vrai de dire que Juliette avait une voix charmante et sympathique qui se voila cependant un peu lorsque Henri rentra.

Il s'approcha de madame de Beauzée et des quatre autres personnages que nous connaissons déjà, lesquels formaient un groupe et causaient dans l'un des angles du salon, tout en écoutant la romance de Juliette, assise à côté de Cécile, qui avait échangé un regard confidentiel avec elle au moment où Henri avait ouvert la porte.

Aussi, la romance finie, Juliette n'en avait-elle pas recommencé une autre, et s'était-elle contentée de faire courir ses doigts sur l'instrument et de faire assez de bruit pour que l'on ne pût entendre ce qu'elle disait à Cécile.

Les deux jeunes filles se demandaient d'où pouvait venir celui qui, toute la soirée, avait été le sujet de leur entretien.

Le baron et sa femme, le comte et la comtesse continuaient à parler politique, assaisonnant leur conversation de ces saillies froides qui font sourire la politesse des gens bien élevés.

Henri et madame de Beauzée causaient à part, et le jeune homme semblait subir un interrogatoire de suppositions auxquelles sa disparition avait donné lieu.

Les questions de la mère de Juliette n'étaient qu'un chemin détourné pour arriver sur le terrain d'une conversation sérieuse. En effet, madame de Beauzée n'avait pas été sans s'apercevoir qu'Henri n'était pas indifférent à sa fille et que sa fille plaisait à Henri. En mère bonne et prévoyante, elle voulait savoir à quoi s'en tenir définitivement sur les intentions du jeune homme. C'était pour cela qu'elle l'avait prié de rester toute la soirée avec elle, espérant surprendre un moment favorable pour obtenir de lui l'explication qu'elle désirait.

Elle allait sans doute arriver à ses fins, quand un domestique vint lui dire que M. Hector Grandin désirait lui parler.

— Faites entrer M. Hector Grandin, dit madame de Beauzée.

M. Hector Grandin était le fils de son notaire.

Un jeune homme vêtu d'un habit noir, d'un pantalon noir, d'un gilet noir et d'une cravate blanche, parut alors, tenant à la main un rouleau de papiers.

M. Hector avait une figure douce et affable. Les bons sentiments seuls avaient leurs lignes sur son visage. Il était de taille moyenne, semblait d'un caractère doux et d'une grande timidité. Ses allures étaient un peu provinciales, roidies par une certaine gaucherie que lui donnaient l'inexpérience du monde et le caractère officiel dont il était presque toujours revêtu, son père le chargeant des affaires dont il n'avait pas le temps de s'occuper lui-même.

M. Hector n'était pas un joli garçon, mais c'était un brave et loyal cœur. Il n'eût pu inspirer une passion à première vue, mais une fois qu'on le connaissait, on ressentait une réelle sympathie pour lui.

Madame de Beauzée, reconnaissant en lui toutes sortes de bonnes qualités, le traitait avec affection.

Quand il vit que madame de Beauzée n'était pas seule, il fut embarrassé; il hésita même s'il ne se retirerait pas. Il rougit et n'osa pas avancer.

— Entrez donc, monsieur Hector, lui dit la châtelaine, et M. Grandin fils, un peu rassuré, referma la porte, salua tant bien que mal les personnes qui se trouvaient là, et après avoir jeté un regard furtif sur Juliette, qui ne s'était même pas retournée en entendant son nom, il vint s'asseoir auprès de madame de Beauzée.

Henri profita de cette visite pour s'approcher de Cécile et de Juliette, et pour causer avec les deux jeunes filles.

— Qui me procure votre visite si tard, mon cher monsieur Hector? dit madame de Beauzée avec un sourire. Est-ce pour moi ce gros rouleau de papiers?

— Oui, madame, et comme il fallait absolument que vous l'eussiez avant demain, répondit le jeune homme, je me suis permis de vous l'apporter ce soir. Je savais que vous receviez, et j'ai pensé ne pas être indiscret en venant même à dix heures.

— Vous n'êtes jamais indiscret, mon cher monsieur Grandin. Quels sont ces papiers?

— Ce sont les pièces relatives à vos derniers placements de fonds, et pour lesquels il faudrait à mon père de nouveaux pouvoirs.

Madame de Beauzée prit les papiers et les ouvrit.

— Vous regarderez tout cela à loisir, madame, reprit Hector, et j'aurai l'honneur de venir reprendre le tout demain.

— C'est cela.

— Vous permettez que j'aille présenter mes hommages à mademoiselle Juliette?

— Allez, monsieur Hector, allez.

M. Hector se leva et s'approcha de la jeune fille qui, les yeux fixés sur une page de musique pour se donner une contenance, causait avec Cécile et Henri.

— Mademoiselle, dit M. Grandin fils en rougissant et d'une voix légèrement émue, votre santé a-t-elle toujours été bonne depuis que j'ai eu le plaisir de vous voir?

— Oui, monsieur Grandin, reprit Juliette en tournant sur son tabouret de piano, et la vôtre?

— Je vous remercie, mademoiselle; et le jeune homme, en contemplation devant la fille de madame de Beauzée, ne sut qu'ajouter à ce qu'il venait de dire.

Pendant ce temps, Henri le regardait d'un air ironique.

M. Hector devina plutôt qu'il ne vit ce regard, et comprit qu'il lui fallait absolument dire quelque chose, car Juliette gardait un impitoyable silence, et, se dandinant sur son tabouret, semblait dire :

— Est-ce pour cela que vous avez interrompu notre conversation ?

— Il a fait bien beau aujourd'hui, dit M. Grandin.

— C'est vrai ; la soirée était magnifique.

— Vous n'êtes pas allée à la fête, mademoiselle ?

— Non, monsieur.

— Vous chantiez, je crois, quand je suis entré ?

— J'avais fini.

— Et vous ne recommencez pas ?

— Non, nous causions.

— De sorte que je vous ai dérangée au milieu de votre causerie ; pardonnez-le-moi, mademoiselle, mais je ne voulais pas m'en aller sans m'être informé de votre santé et sans vous avoir présenté mes devoirs.

La jeune fille s'inclina sans répondre.

Cécile réprimait difficilement une envie de rire causée par l'embarras où s'était mis M. Hector.

Henri battait une mesure lente sur le piano.

M. Grandin fils comprit qu'il était de trop, et que plus il resterait de temps, plus il serait ridicule ; il salua donc mademoiselle de Beauzée, s'approcha une dernière fois de sa mère, et sortit en se cognant le genou, ce qui fit éclater le rire qu'avait si longtemps contenu Cécile.

— Ce monsieur n'est pas amusant, dit Henri.

— C'est selon comment on l'envisage, fit Cécile.

— N'en disons pas trop de mal, interrompit Juliette,
ma mère l'adore.

Pendant ce temps, Hector Grandin avait franchi la grille
du château, et regardant les persiennes du salon qu'il venait de quitter et à travers lesquelles perçait la lumière, il
s'écria les larmes dans les yeux :

— Je l'aime de toute mon âme, et elle ne m'aimera jamais !

Et il reprit tranquillement la route qui menait à l'étude
de son père.

Une heure après, les convives de madame de Beauzée
prenaient congé d'elle, et elle disait à Henri qui la saluait
le dernier :

— J'aurais bien voulu vous parler ce soir, mais nous
n'avons pas eu un moment à nous. Venez demain, dans la
journée.

Henri s'éloigna après avoir promis de ne pas manquer de
revenir, et Juliette cria une dernière fois à Cécile :

— N'oublie pas, demain matin avant neuf heures !

— Sois tranquille, je serai ici avant que tu sois levée.

Quand M. d'Ermenon fut sur la route, il s'arrêta à peu
près à la place où s'était arrêté Hector quelques instants
auparavant, et il se dit en regardant les fenêtres de Juliette :

— Décidément, c'est une jolie fille, et je serais bien
étonné qu'elle ne m'aimât point.

III

Quand madame de Beauzée fut seule avec Juliette, elle la fit approcher d'elle en lui prenant la main ; elle lui dit :

— Mon enfant, j'ai cru m'apercevoir d'une chose.

— De laquelle ? répondit la jeune fille qui, dans le premier regard de sa mère, avait vu qu'il allait être question de ce qui la préoccupait.

— C'est que depuis quelque temps tu n'es plus la même.

— T'ai-je déplu en quoi que ce soit ?

— Enfant, il ne s'agit pas de cela, tu le sais bien ; mais tu es préoccupée, inquiète, enfin tu as un secret pour moi.

La jeune fille baissa les yeux et ne répondit pas.

— Je vais donc aborder franchement la question, reprit madame de Beauzée. Tu es en âge de te marier, Juliette. As-tu quelquefois songé au mariage ?

— Oui, ma mère.

— Et qu'en penses-tu ?

— Je pense que c'est une douce et sainte chose, car je ne t'ai jamais vu qu'une grande douleur, et ç'a été le jour où mon père est mort.

— C'est vrai. Eh bien, si demain un homme te demandait en mariage, accepterais-tu ?

— C'est selon.

— Que veux-tu dire ?

— Je veux dire qu'il y en a dont je ne voudrais pas.

— Alors il doit y en avoir un que tu accepterais ?

— Peut-être.

— Tu n'en es pas bien sûre?

— Si tu me le défendais.

— Et pourquoi te le défendrais-je, mon enfant, si cet homme est honorable, s'il t'aime, si sa position est en rapport avec la tienne, s'il a enfin toutes les conditions d'un bon mari?

— Il doit les avoir.

— Et son nom? demanda madame de Beauzée avec un sourire qui signifiait qu'elle ne demandait ce nom que pour la forme, et qu'elle le savait aussi bien que sa fille.

Juliette regarda sa mère et hésita.

— Eh bien?

— Eh bien, c'est M. Henri. Mais, se hâta d'ajouter la jeune fille, je ne dis pas que je l'aime, je dis seulement que de tous ceux que je connais, c'est lui qui me paraît réunir le mieux les conditions que tu demandes.

— Mais crois-tu qu'il t'aime, lui?

— Je le crois.

— Il te l'a dit peut-être?

— Jamais, ma mère.

— Très-bien. Maintenant, il n'y a pas que lui qui t'aime.

— Il y en a un autre?

— Oui.

— Qui donc?

— Cherche.

— Je ne sais.

— M. Hector.

Juliette partit d'un éclat de rire.

— Lui! s'écria-t-elle. Qui t'a dit cela?

— Je l'ai vu.

— Ah! le pauvre garçon! mais il est très-ennuyeux et très-gauche. J'espère bien que tu ne veux pas me le faire épouser?

— Je ne dis pas cela; seulement, il se désole. Je l'étudiais ce soir, il était visiblement malheureux.

— Que veux-tu que j'y fasse? D'ailleurs, ce n'est que le fils de ton notaire.

— Qu'importe! mon enfant, M. Grandin est un honnête homme, Hector est un honnête garçon, il a de la fortune, et il pourrait faire le bonheur d'une femme aussi bien qu'un autre. Comme toutes les jeunes filles, tu te laisses prendre aux qualités extérieures. Crois-en mon expérience, chère enfant, les plus jolis garçons ne sont pas les meilleurs maris. **Tu réfléchiras.**

— Oh! ma mère! répliqua Juliette d'un petit ton boudeur, je n'ai pas besoin de réfléchir longtemps, je n'épouserai jamais M. Hector.

— C'est bien, n'en parlons plus. Tu sais que j'ai promis à ton père mourant de ne jamais te contrarier et de faire tes volontés, toutes les fois que tes volontés ne seraient préjudiciables ni à ton bonheur ni à ton avenir, et je tiendrai ma promesse comme je l'ai toujours tenue jusqu'à présent. Je voulais avoir cette conversation avec toi, ma chère enfant, car tu es d'âge à la comprendre. Maintenant, attendons les événements, et si tu t'aperçois que tu t'es trompée dans le choix que tu as fait, viens me le dire franchement. Bien des femmes ont été malheureuses en ménage parce qu'elles ont manqué de franchise avec leur mère. Ainsi c'est convenu?

— Oui, ma bonne mère.

— Embrasse-moi et va te mettre au lit, car je crois que demain tu te lèves de bonne heure pour aller consulter une sorcière, m'as-tu dit ? ajouta madame de Beauzée en riant.

— Mais je t'assure que c'est une véritable sorcière. Si tu savais toutes les merveilles que Cécile m'a racontées ?

— Chère folle ! Et quel est le grand secret sur lequel tu veux la consulter ?

— Qui sait ? elle me dira peut-être ce qu'il faut faire à propos de ce dont tu me parlais tout à l'heure.

— Comment ! tu pousserais la confiance jusqu'à la consulter là-dessus ?

— Si je vois qu'elle me dit le passé, je la consulterai sur l'avenir.

— Sois prudente.

— Sois tranquille.

— Bonsoir, enfant.

— Bonne nuit, ma mère.

Madame de Beauzée embrassa sa fille et s'enferma dans son appartement.

Juliette se retira dans le sien.

Pendant ce temps, Hector était arrivé chez lui ; en rentrant, il était venu rendre compte à son père, qui écrivait encore devant son bureau, de la visite qu'il venait de faire à Valgenceuse, puis il s'était assis auprès de M. Grandin, et, la tête inclinée sur sa main, il n'avait plus dit une parole.

Le notaire avait continué son travail pendant quelque temps ; ensuite il avait machinalement tourné les yeux du côté de son fils, et le voyant rêveur, il l'avait examiné un peu et lui avait dit :

— Je ne t'enverrai plus chez madame de Beauzée.

— Pourquoi, mon père? répondit le jeune homme presque avec effroi.

— Parce que toutes les fois que tu y vas tu en reviens triste.

— C'est vrai, murmura le jeune homme, et il tendit la main au notaire, qui ajouta :

— Tu l'aimes donc bien, cette petite fille?

— Hélas! oui.

— Eh bien, je la demanderai à sa mère pour toi.

— Et sa mère vous la refusera.

— Pourquoi cela?

— Parce que je ne suis pas un assez bon parti pour elle, et que d'ailleurs elle ne m'aime pas.

— Elle t'aimera, pardieu! Puis, comme parti, madame de Beauzée n'en trouvera guère de meilleur. Sa fortune est compromise, tandis que la nôtre augmente tous les jours. Quand elle aura pris connaissance des papiers que tu lui as portés ce soir, elle verra que les choses sont plus graves qu'elle ne le croyait et que je ne l'aurais cru moi-même. Aie bon espoir, mon cher Hector, tu sais qu'aucun sacrifice ne me coûtera pour assurer ton repos.

— Je le sais, mon bon père, mais je ne voudrais pas devoir la main de Juliette à un calcul.

— Fais-lui la cour alors.

— Je n'ose; vous savez comme je suis timide, puis il y a là un M. Henri d'Ermenon qui ne la quitte jamais, qui est beau garçon, qui lui dit mille fadaises, et qui finira par l'emporter, j'en suis bien sûr.

— Eh bien! tu te consoleras et tu en épouseras une

14

autre. Il ne manque pas de belles filles dans le département, et si tu ne les trouves pas assez bien ici, tu iras à Paris en chercher une. Courage, mon cher Hector, ne te désespère pas ainsi pour une petite fille que tu oublieras bien vite, et que tu seras peut-être heureux un jour de ne pas avoir épousée. Tu me promets d'être moins triste à l'avenir ?

— Oui, mon bon père.

— Quand dois-tu retourner à Valgenceuse ?

— Demain.

— A quelle heure ?

— A midi.

— M. d'Ermenon n'y sera sans doute pas à ce moment-là, profites-en et fais ta cour aussi, mordieu ! Si l'on avait dit à ta pauvre mère que tu aimerais une femme et que tu n'en serais pas aimé, elle n'aurait jamais voulu le croire ; elle qui ne trouvait rien d'aussi beau que toi sur la terre. Allons, va prendre un peu de repos, et ne fais pas de mauvais rêves. Tu es jeune, bien portant, ton père t'aime, tu as une bonne et belle fortune, que diable! tu as le moyen d'être philosophe.

Le père et le fils s'embrassèrent, et Hector monta se coucher.

M. Grandin rangea ses papiers, referma son bureau, essuya ses lunettes, les remit dans leur étui, et prenant la lampe, il gagna sa chambre en pensant à son fils et en cherchant le moyen infaillible de lui faire obtenir la main de mademoiselle de Beauzée, moyen qu'il n'avait pas encore trouvé quand il s'endormit.

Quant à Henri, il était revenu à S..., et arrivé devant

une petite maison de la grande rue, maison de deux étages, située en face de l'hôtel du Grand-Cerf et qui avait un jardin en terrasse, il s'était arrêté, avait tiré une clef de sa poche, avait ouvert la porte, était entré, avait repoussé la porte, et après avoir pris un flambleau tout allumé qui l'attendait sur une planche, il avait monté le petit escalier qui se trouvait au fond du vestibule.

Quand il avait été au premier, une voix lui avait crié :

— Est-ce toi, Henri ?

— Oui, mon oncle.

— Entre donc un peu.

M. d'Ermenon avait ouvert une porte sur laquelle se trouvait la clef, et il était entré dans la chambre de son oncle, M. Gabriel d'Ermenon.

M. Gabriel d'Ermenon était couché et lisait pour la centième fois, peut-être, le *Sopha*, de M. Crébillon fils, son auteur favori. Il était maigre comme don Quichotte, sa peau jaunie était mate comme la cire et lustrée comme l'ivoire. Ses mains étaient sèches, mais blanches et distinguées. M. Gabriel d'Ermenon avait été un beau sous l'empire et sous la restauration. Il avait été forcé d'émigrer pendant la révolution, car sa grande aristocratie était connue et lui eût joué quelque mauvais tour. L'empereur lui avait rendu une partie de sa fortune, et M. d'Ermenon lui en avait toujours été reconnaissant, à sa façon : ainsi il disait souvent en parlant de l'empereur :

— Eh bien, je vous assure que ce petit Bonaparte avait du bon.

M. d'Ermenon avait perdu son frère cadet, et il avait été nommé tuteur d'Henri quand celui-ci avait quatre ans à peine. Son nom de Gabriel lui venait de sa mère, femme pieuse et dévote, qui, étant restée longtemps sans avoir d'enfants, avait souvent imploré Gabriel, l'ange de la visitation, et avait fait vœu de donner au premier enfant qui lui naîtrait le nom de l'annonciateur divin. Tant que l'enfant avait été enfant, ce nom de Gabriel lui avait été à ravir, car il était blond, rose, joli enfin ; tant qu'il avait été jeune homme, ce doux nom avait plu aux femmes, car il allait admirablement avec ses sentimentales allures, ses moustaches blondes et ses yeux bleus ; mais quand la peau s'était plombée par suite des excès de tous genres, quand les cheveux étaient devenus gris, ce nom était devenu ridicule et l'on ne pouvait l'entendre prononcer sans sourire à la vue de l'être qu'il représentait.

Mais l'oncle n'avait pas pris son parti sur ce sujet-là. Il tenait à son nom de baptême qui lui rappelait tant de bonnes fortunes et de galants exploits, si bien qu'il faisait tout au monde pour être toujours l'homme de son nom. Il se teignait les cheveux, il portait de fausses dents, il s'inondait de parfums, il se couvrait la figure de pâtes et d'onguents, et arrivait par tous ces moyens à avoir l'air d'une momie à ressorts.

Il se mettait avec recherche et croyait toujours avoir les cent mille livres de rente qu'il avait eues, de sorte qu'il jouait gros jeu, achetait des chevaux et mangeait quelque peu son capital.

Vous me demanderez pourquoi il demeurait à S... et surtout pourquoi Henri y demeurait avec lui.

Vous allez le savoir en deux mots.

A Paris, M. Gabriel d'Ermenon n'était qu'un des plus

ridicules parmi les plus ridicules. En province, il était le seul de son espèce et jouissait naturellement d'une sorte de spécialité. A Paris, les femmes ne voulaient plus de lui ; en province, il y avait encore de vieilles coquettes qui le prenaient au sérieux et auxquelles il faisait le genou entre deux parties de trictrac ; à Paris, il ne pouvait faire figure avec les huit mille livres de rente qui lui restaient, quand il l'avait quitté ; en province, en dépensant adroitement son argent, il pouvait se faire une réputation de fortune et de prodigalité.

Enfin, il avait choisi S... parce que c'était là qu'habitait la marquise de Drancy, espèce de conserve brune, âgée de quarante-neuf ans, et qui continuait à avoir des bontés pour le vieux Gabriel, ce qui lui faisait grand honneur, car bien des jeunes gens de la ville la recherchaient.

Henri, qui connaissait les défauts et même les vices de son oncle, vivait cependant avec lui, parce qu'élevé par lui, il l'avait, malgré tout, en grande amitié. Il devait à monsieur Gabriel une éducation tant soit peu voltairienne et des principes passablement débauchés ; mais il n'avait pu oublier les preuves réelles d'affection que son oncle lui avait données, et il n'avait osé lui refuser d'aller vivre avec lui à S..., d'autant plus que madame de Beauzée habitait Valgenceuse huit mois de l'année, et avait une fille charmante que nous connaissons, et dont Henri n'avait pas tardé à devenir amoureux.

IV

Du reste, l'appartement de M. Gabriel d'Ermenon était bien en rapport avec son caractère. Sans voir le vieux galant on l'eût connu en entrant dans sa chambre. En effet, tout y rappelait les habitudes d'une vieille coquette. Les murs étaient tendus d'une soie bleue qui avait toujours été minutieusement soignée par le domestique du baron, et qui cependant commençait à se lustrer un peu en certains endroits. Au fond du lit se trouvait une glace à bordure de soie plissée, retenue par des patères de palissandre. Les rideaux étaient de même étoffe que la tenture. Un canapé, deux petits fauteuils et une grande chauffeuse, complétaient, avec une table de bois de rose, l'ameublement de cette chambre. Un portrait de femme entouré d'une bordure de velours violet était accroché près de la glace. Des étagères supportant des figurines de Saxe et des tasses de Sèvres, étaient appliquées au mur. Une bibliothèque de cent cinquante volumes au plus renfermait Parny, Voltaire, le chevalier de Boufflers, Grécourt, les contes de la Fontaine et Crébillon fils. Jetez une odeur d'ambre et de cassolettes sur tout cela, mettez un tapis sur le parquet, des lettres éparses et entr'ouvertes sur la cheminée, un certain désordre affecté dans le reste, et vous aurez la chambre où venait d'entrer Henri d'Ermenon.

Le vieillard était couché, comme nous l'avons dit.

Il avait un foulard sur la tête, et portait une grande chemise de batiste à manchettes plissées.

La physionomie de cet homme était bonne. C'était le type des restes du débauché. Si ce vieillard avait voulu avoir son âge et en subir les exigences, il eût été un vieillard charmant et spirituel ; car sa nature était élégante, son éducation distinguée, son esprit original.

— Tu montais sans me dire bonsoir ? fit M. d'Ermenon quand il vit entrer son neveu.

— Je vous croyais endormi, mon oncle.

— Tu sais bien que je ne m'endors jamais avant une heure du matin. Eh bien, que me diras-tu de neuf ?

— Rien, mon oncle.

— Madame de Beauzée ?

— Va bien ; elle a été désolée de ne pas vous voir.

— Tu lui as dit que j'avais une invitation à laquelle je n'avais pu me soustraire ?

— Oui, mon oncle.

— Et sa fille ?

— Est toujours charmante.

— Et toi ?

— Je suis toujours amoureux.

— Assieds-toi donc un peu sur mon lit et causons de tout cela.

Le jeune homme déposa son chapeau sur le canapé et revint s'asseoir sur le lit du baron.

— La mère t'a-t-elle parlé ? demanda celui-ci.

— Non.

— Elle m'avait dit qu'elle te parlerait.

— A propos de Juliette ?

— Justement.

— En effet, elle m'a dit qu'elle avait quelque chose à me dire, qu'elle n'avait pu me dire aujourd'hui devant tout le monde qui se trouvait là. Sait-elle que j'aime sa fille?

— Oui, fit le baron avec un sourire malin.

— Qui le lui a dit?

— Moi.

— Et pourquoi lui avez-vous dit cela, mon oncle?

— Parce qu'il fallait bien que tôt ou tard elle le sût, et qu'il est temps que tu te maries pour toi et moi.

— Je ne comprends pas.

— Mon cher ami, nos affaires vont mal. Je n'avais que huit mille livres de rente, tu le sais; toi tu n'en avais que dix. Heureusement j'étais ton tuteur. Il en résulte que je me suis sacrifié, que mes huit mille livres de rente n'existent plus et que tes dix sont fort endommagées.

— Comment cela se fait-il? Je n'ai jamais emprunté un sou sur le capital.

— Oui, mais moi j'ai emprunté.

— Pour vous alors.

— Et certainement pour moi. Cette marquise de Drancy mangerait un galion.

— Mais, mon oncle, si j'avais su que les pouvoirs que vous me demandiez étaient pour emprunter de l'argent en mon nom et le donner à la marquise, je vous eusse refusé ces pouvoirs. Je n'ai aucune raison de soutenir la maison de cette dame.

— Pour une soixantaine de mille francs, voilà une belle affaire!

— Soixante mille francs sur une fortune de deux cent

mille livres, c'est plus du quart, et en admettant que vous continuiez de la sorte, je n'en ai pas pour trois ans. Je vous l'ai déjà dit, je vous aime et je vous respecte, je serais désolé de me brouiller avec vous, mais nous en arriverons là si vous persistez dans vos folies. Vous n'avez pas le moyen de soutenir la vie que vous menez. Résignez-vous, que diantre ! Si madame de Beauzée savait ce qui se passe, elle me refuserait sa fille, et je n'ai pas envie d'être malheureux toute ma vie pour la marquise de Drancy.

Le baron baissa le nez sur son lit et ne répondit rien.

— Ne m'en veuillez pas de ce que je vous dis, reprit le jeune homme, réfléchissez seulement. La marquise a quarante-cinq ans, elle et son mari vivent à vos dépens. Non-seulement vous vous ruinez, mais vous jouez un rôle ridicule. Une femme qui a un fils de vingt-quatre ans, sous-lieutenant en Afrique !

— La marquise a une sincère affection pour moi, répliqua M. Gabriel.

— Elle se moque de vous.

Le baron releva le nez à ce mot, mais il eut l'esprit de ne pas y répondre.

— Je t'avoue que je ne m'attendais pas à t'entendre me reprocher une bagatelle comme celle que je t'ai emprutée, dit-il. J'ai mangé un million dans ma vie, mes amis m'en ont mangé un bon quart, et jamais, au grand jamais, je ne leur ai dit la centième partie de ce que tu viens de me dire. Je te rendrai tes soixante mille francs.

— Avec quoi ?

— Avec ma terre de Bourgogne.

— Elle est hypothéquée, saisie, que sais-je !

— Je vendrai tout ce qui me reste.

— Vous savez bien que ce n'est pas cela que je vous demande, mon oncle; si vous vous en tenez là, ce ne sera qu'un petit malheur très-réparable; mais vous n'êtes pas homme à vous corriger maintenant, et l'avenir m'effraye. Quand nous aurons mangé les cent cinquante mille francs qui me restent, qu'est-ce que nous ferons?

— Nous nous rallierons à la branche cadette.

— Mon oncle, fit le jeune homme avec un sourire méprisant, votre opinion est-elle donc une marchandise?

— Eh! mon cher, tout ce qui s'achète est bon à vendre.

Le jeune homme reprit son chapeau.

— Où vas-tu? lui dit M. d'Ermenon.

— Je vais me coucher.

— Pourquoi?

— Parce que vous avez envie de dormir. Vous ne savez plus ce que vous dites.

— J'ai tort; voyons, reprit l'oncle Gabriel, donne-moi la main et ne parlons plus de cela. Tu sais bien que je ne fais pas ce que je dis. Que veux-tu? je suis amoureux de la marquise, mais je te promets de me ranger.

Henri tendit la main au vieillard, car au fond il adorait son oncle.

— Comprenez, reprit le jeune homme, qu'avec sept ou huit mille livres de rente qui me restent, nous ne pouvons pas faire aller notre maison et une autre.

— C'est convenu. Revenons-en à ton mariage; tu aimes la petite?

— Beaucoup.

— Et elle t'aime?

— Je le crois.

— Alors la chose ira toute seule.

— Qui sait !

— Rien ne peut l'empêcher.

— Vos folies peut-être.

— Il faut bien que jeunesse se passe.

— C'est pour vous que vous dites cela ?

— Oui.

Henri ne put s'empêcher de sourire.

— Juliette sera fière de toi, reprit l'oncle. Les d'Ermenon, diable ! c'est une vieille famille, c'est un beau nom.

— Oui, mais une imprudence suffit pour me la faire refuser. J'ai un concurrent.

— Lequel ?

— Hector Grandin !

— Le fils du notaire ?

— Justement.

— Un petit robin en concurrence avec un d'Ermenon ! Tu rêves.

— Il se peut que je rêve, mais ce petit robin aura quarante bonnes mille livres de rente un jour.

— Cela ne fait rien à la petite, si elle t'aime. D'ailleurs elle en aura bien une trentaine, elle.

— Cela ne fait rien à la fille, mais ce n'est peut-être pas indifférent à la mère, d'autant plus...

— D'autant plus ? quoi ?

— D'autant plus que tous les notaires se connaissent et se voient, et que si le vôtre est indiscret, M. Grandin abusera de son indiscrétion au profit de M. Hector.

— Qui t'a dit qu'Hector aimât mademoiselle de Beauzée ?

— Je l'ai, pardieu ! bien vu.

— Eh bien, si la mère te refuse, tu t'adresseras directement à la fille.

— Que voulez-vous dire?

— Tu aimes l'héritière et elle t'aime ?

— Oui.

— On te la refuse, tu ne peux vivre sans elle, tu l'enlèves, et la mère alors est bien forcée de te la donner.

— Moyen de roman !

— Roman tant que tu voudras, c'est comme cela que j'ai épousé ma première femme. Il est vrai que ce n'était pas pour sa fortune. Elle n'a eu que vingt mille écus à la mort de sa mère.

— Ce qu'il y a de mieux, mon oncle, croyez-moi, c'est de ne pas me faire refuser.

— C'est entendu. Une fois marié, tu me garderas chez toi?

— Vous le savez bien. Est-ce que je peux vivre sans vous ?

— Et tu auras raison. Je te donnerai de bons conseils.

— J'y compte. Bonsoir, mon oncle.

— Tu vas déjà te coucher ?

— Il est minuit.

— Reste encore quelques instants.

— Non. Il faut que je sorte demain de grand matin.

— Pour aller?

— Ah! ceci est mon secret.

Henri embrassa filialement le vieillard et quitta sa chambre après lui avoir dit une dernière fois adieu du regard et de la main.

— C'est un fou, mais c'est un bon cœur, murmura le jeune homme en remontant chez lui.

— C'est un brave garçon, pensa l'oncle quand il fut seul ; mais ça ne sait pas vivre. C'est égal, j'ai bien fait de n'accuser que soixante mille francs.

Et le baron ne put s'empêcher de sourire en songeant à la figure qu'aurait faite son neveu s'il avait appris toute la vérité.

***

V

Le lendemain, à six heures du matin, Henri était debout. Le soleil entrait à pleins rayons dans sa chambre, car, pour être réveillé de bonne heure, il avait eu soin de ne pas fermer ses persiennes.

Le jeune homme ouvrit sa fenêtre et vint dans le jardin aspirer cet air embaumé des matinées de printemps. La nature se réveillait avec des chants et des aromes nouveaux.

Elle se réveille toujours ainsi pour les gens qui approchent d'un bonheur.

De sa fenêtre, Henri pouvait voir la place où avait eu lieu la fête, et elle était complétement déserte à cette heure.

Cependant, comme il savait que Juliette était impatiente de consulter la saltimbanque, il s'habilla et se rendit à la baraque de Césarine.

Quand il entra, celle-ci préparait une table et des chaises entre les bancs destinés aux spectateurs et les tréteaux sur lesquels se trouvait l'espèce de théâtre où mademoiselle Césarine faisait ses exercices.

15

— Vous voyez, dit-elle à Henri, je vous attendais ; et elle appela :

— Bourdaloue !

L'Hercule en caleçon de velours parut alors, tenant un morceau de pain et de viande d'une main, un couteau de l'autre. Il était vêtu d'une espèce de robe de chambre d'indienne, destinée à protéger son maillot rose.

— Tu vas aller sur l'estrade, et quand tu verras deux jeunes filles et une vieille femme, c'est bien cela, n'est-ce pas ? ajouta Césarine en regardant Henri qui fit un signe affirmatif ; quand tu verras, dis-je, deux jeunes filles et une vieille femme se diriger de ce côté et s'approcher de notre théâtre, tu viendras nous le dire. As-tu compris ?

— Oui, mais il me semble...

— File, et pas d'observations.

Le géant obéit à sa camarade, et, toujours maugréant, alla se mettre en vedette sur les planches du devant.

— Pourquoi appelez-vous cet homme Bourdaloue ? demanda Henri à la bohémienne quand il fut seul avec elle.

— C'est le vieux qui l'a baptisé de ce nom-là.

— Qu'est-ce que c'est que le vieux ?

— C'était le chef de la troupe. Il est mort.

— Et pourquoi appelait-il cet homme Bourdaloue ?

— Parce qu'Alcide raisonnait toujours, et le vieux disait comme cela : « Tu raisonnes comme Bourdaloue ; » et le nom a fini par lui rester. Et puis il y avait encore une raison.

— Laquelle ?

— C'est que c'est Alcide qui m'endort ou me magnétise, si vous aimez mieux, quand on vient me consulter, et qu'il paraît que ce Bourdaloue endormait tout le monde.

— Le vieux était un farceur alors?

— Oh! oui, et un fameux encore!

— C'est lui qui vous a donné la science de divination que vous avez?

— Oui.

— Et comment l'avait-il acquise, lui?

— Dans de gros livres qu'il lisait toujours et auxquels je n'ai jamais rien compris quand j'ai voulu les lire.

— Ainsi il était savant?

— Très-savant. Vous me croirez si vous voulez, monsieur, il y avait des jours où je croyais que c'était le diable. Ainsi, la première fois qu'il m'a fait voir ce que je vais faire voir à cette demoiselle, moi qui n'ai pas peur de grand'-chose, je me suis trouvée mal.

— Mais il n'y a pas de danger pour cette jeune fille, vous m'en répondez? dit Henri.

— N'ayez aucune crainte.

En ce moment, Bourdaloue souleva la portière et dit avec cette voix enrouée que nous lui connaissons :

— Les voilà.

— Ferme ta robe de chambre et fais-les entrer poliment, si tu peux, dit Césarine.

— Quant à vous, reprit-elle en s'adressant à Henri, cachez-vous là.

Et en même temps elle ouvrait la porte du cabinet où elle avait, la veille, causé avec le jeune homme, et lui montrait une chaise sur laquelle il s'assit immédiatement.

— Entendez-vous ma voix? dit Césarine quand Henri eut refermé la porte du cabinet.

— Très-bien.

— Silence ! les voici.

En effet, les deux jeunes filles et la vieille Jeanne, introduites par Bourdaloue, entrèrent dans la baraque.

Césarine alla au devant d'elles.

— Que voulez-vous, mesdames? leur dit-elle de sa voix la plus douce.

Juliette regarda Cécile, car elle n'osait dire à la saltimbanque ce qu'elle venait faire chez elle.

Cécile à son tour regarda Césarine.

— Vous ne me reconnaissez pas ?

— Si fait, mademoiselle, c'est vous qui êtes venue l'autre jour.

— Eh bien, mademoiselle veut vous consulter aujourd'hui.

— Vous avez donc été contente de moi ?

— J'ai été plus que contente, j'ai été émerveillée.

Juliette regardait autour d'elle avec étonnement.

— Mademoiselle, dit alors Césarine après avoir fait asseoir les trois visiteuses, et en s'adressant à Juliette, avez-vous quelquefois consulté des bohémiennes?

— Jamais.

— Croyez-vous à la seconde vue, croyez-vous à la possibilité de prédire la destinée et de lire dans l'avenir?

Juliette ne répondit pas.

— Vous doutez alors?

— Un peu, fit la jeune fille en souriant.

— Doutez-vous de vous-même?

— Que voulez-vous dire?

— Je veux dire que si je vous fais voir à vous mêmes

dans l'avenir et dans le passé, vous ne douterez plus?

— Non, mais je crains bien que vous ne réussissiez pas, répliqua la jeune fille qui s'enhardissait peu à peu.

— Nous allons essayer. Bourdaloue !

L'artiste parut grave et solennel comme il l'était toujours.

— Donne-moi une carafe pleine d'eau et un verre.

Alcide obéit et vint déposer sur la table ce qu'on lui avait demandé, puis il attendit.

— Maintenant, laisse-nous, lui dit Césarine.

L'acrobate se retira, et une odeur de tabac qui se répandit quelques instants après dans la baraque prouva qu'il se livrait à la consolation de la pipe.

Césarine prit le verre et l'emplit d'eau.

— Vous voyez, dit-elle à Juliette, que c'est de l'eau pure.

— Oui.

— Du reste, mademoiselle, avec qui j'ai fait cette expérience, peut vous dire qu'elle est d'une simplicité parfaite.

— C'est vrai, dit Cécile.

— Vous n'avez pas peur? reprit Césarine.

— Peur de quoi?

— Du mystérieux. C'est que vous allez voir des choses étranges, si étranges que peut-être refuserez-vous de croire que vous les avez vues.

— Je n'aurai pas peur, répondit Juliette avec un sourire d'incrédulité.

— Vous croyez sans doute que je fais précéder l'expérience de tous ces détails pour vous influencer. Détrompez-vous, il n'y a aucun charlatanisme dans ce que je vais faire. Je le fais, je vous l'avoue, sans pouvoir l'expliquer; c'est de la sorcellerie par ignorance.

En disant cela, Césarine approchait le verre rempli d'eau de Juliette, et lui disait :

— Regardez attentivement dans ce verre et dites-moi ce que vous y voyez.

Et en même temps les yeux de Césarine dardaient l'eau du verre.

Juliette essaya de retenir son sérieux, mais elle ne put y arriver, et regardant Cécile en dessous, elle partit d'un éclat de rire.

— Riez, mademoiselle, fit Césarine, c'est toujours ainsi que cela commence. Maintenant, voulez-vous regarder ?

Juliette se contint et fixa ses yeux sur le milieu du verre.

— Que voyez-vous ? demanda Césarine, dont les yeux ouverts et fixes jetaient un regard étrange sur l'eau.

— Je ne vois rien.

— Regardez attentivement.

— Ah ! dit la jeune fille après un moment d'attention, l'eau change de couleur ! On dirait une opale liquide.

— Très bien. Ensuite ?

— Ensuite, elle semble bouillir un peu.

— C'est cela. Que distinguez-vous ?

— C'est curieux. Je vois des arbres et une maison.

— Connaissez-vous cette maison et ces arbres ?

— Parfaitement. C'est Valgenceuse, la maison de ma mère. Tiens, regarde, dit Juliette en approchant le verre de Cécile.

— Mademoiselle ne verra rien, interrompit Césarine, vous seule pouvez voir.

— C'est étrange, murmura Juliette qui n'avait plus envie

de rire et dont toute l'âme semblait être passée dans les yeux.

— Qu'y a-t-il?

— Je vois ma mère.

— Comment est-elle vêtue?

— Elle a un peignoir bleu et un grand chapeau de paille; elle se promène dans les plates-bandes; d'une main elle tient des papiers, de l'autre elle émonde des fleurs.

— Avez-vous vu madame votre mère ce matin?

— Non.

— Eh bien, en rentrant, vous verrez si ce costume est exact et vous lui demanderez ce qu'elle a fait.

— Tout disparaît, dit Juliette, et je ne vois plus rien.

— Regardez toujours.

— Je vois une chambre, reprit mademoiselle de Beauzée après quelques secondes, une chambre faiblement éclairée, il y a un lit dedans, et un homme est dans ce lit. Une femme est auprès de lui et un enfant est auprès de cette femme. Cet homme, c'est mon père; cette femme est ma mère; l'enfant, c'est moi. Oui, continua la jeune fille, c'est bien cela. Je pleure et ma mère prie. Mon père nous bénit toutes deux et meurt!

Et une larme tomba des yeux de la jeune fille dans le verre qu'elle regardait. Elle s'essuya les yeux à la hâte, et fixant Césarine, elle lui dit:

— Le tableau est exact, mademoiselle, et ce que vous m'avez fait voir est merveilleux.

— Ainsi, vous croyez?

— Fermement.

— Voyons l'avenir maintenant.

— Juliette hésita.

— Vous avez peur, n'est-ce pas, mademoiselle? lui dit Césarine en souriant.

— Je l'avoue.

— Eh bien, voulez-vous que je vous prédise cet avenir sans vous le faire voir?

— J'aime mieux cela.

— Êtes-vous décidée à faire ce que je vous dirai?

— Oui.

— Bourdaloue! cria Césarine.

Le raisonneur parut.

— Donne-moi l'anneau, dit la bohémienne.

L'homme fouilla dans sa poche, y prit un anneau en fer, le pressa quelques instants dans ses mains, et s'approchant de Césarine, il le lui passa au doigt au moment où elle s'asseyait.

La bohémienne tressaillit, ferma les yeux et resta dans l'attitude d'une femme endormie.

Elle dormait en effet.

Juliette regardait tout cela avec étonnement, presque avec effroi.

— Maintenant, lui dit Bourdaloue, donnez votre main à Césarine, mademoiselle, et questionnez-la. Moi je me retire.

Juliette mit sa main blanche et délicate dans la main rude de la saltimbanque, mais elle ne trouva rien à lui dire.

— Que voulez-vous savoir? demanda Césarine.

— Dites-moi à quoi je pense.

— Puis-je parler tout haut devant les deux personnes qui sont là?

— Oui.

— Vous pensez à un jeune homme, mademoiselle.
Juliette fit un mouvement.

— Voulez-vous que je me taise? dit Césarine.

— Non, parlez.

— Vous aimez ce jeune homme. Est-ce vrai?

Mademoiselle de Beauzée murmura une réponse, mais
si bas, que nul ne l'entendit excepté la somnambule.

Nous n'avons pas besoin de dire que pendant ce temps
Henri collait son oreille à la porte du cabinet dans lequel
il était caché.

— Un autre homme vous aime, reprit Césarine.

— Son nom?

— Hector. Est-ce bien cela?

— Oui.

— Lequel des deux m'aime le plus?

— Le dernier.

— Vous en êtes sûre?

— Parfaitement sûre.

Juliette tressaillit.

— Mais vous, reprit Césarine, vous ne l'aimez pas.

— C'est vrai.

— Ce qui le rend bien malheureux.

— Vous le voyez donc?

— Très-bien. Votre mère vous a parlé de lui hier au soir.

— Oui. Continuez.

— Vous vous marierez bientôt.

— Qui épouserai-je? demanda Juliette à voix basse.

— Je ne peux pas vous le dire, mais je puis vous dire
qui vous devriez épouser.

— Dites.

15*

— Oh! je lis dans votre avenir comme dans un livre.
Vous serez malheureuse, mademoiselle, et par votre faute,
à moins que vous ne me juriez de croire et de faire ce que
je vous dirai.

— Pourquoi ce serment?

— Parce que vous ne pouvez être heureuse qu'à la condition de m'obéir.

— Je vous obéirai, fit Juliette, curieuse d'apprendre ce
que la somnambule avait encore à lui dire.

— Vous allez rentrer chez vous, ou plutôt chez votre
mère. Elle va vous parler dans le même sens qu'hier au
soir.

— Vous savez donc ce qu'elle m'a dit?

— Parfaitement. Voulez-vous que je vous le répète?

— C'est inutile.

— Le premier homme que vous verrez, que vous verrez,
entendez-vous bien, après la conversation que vous aurez
eue avec votre mère, est celui que vous devrez choisir pour
mari, quels que soient les penchants de votre cœur pour
un autre; sinon je ne réponds de rien.

— C'est bien, dit Juliette, émue malgré elle par tout ce
qu'elle entendait, c'est bien. En voilà assez.

Et, jetant une pièce d'or sur la table, elle sortit de la baraque avec son amie et la gouvernante.

— Que penses-tu de cela? dit Cécile à mademoiselle de
Beauzée.

— Je pense que je suis heureuse d'être à l'air. Cette
femme a lu au plus profond de mon cœur.

— Feras-tu ce qu'elle t'a dit?

— Je n'en sais rien. Que ferais-tu à ma place?

— J'obéirais.

— Tu obéirais?

— Oui.

— Nous verrons alors.

Et toute rêveuse, Juliette reprit le chemin du château.

Quand Bourdaloue avait vu sortir les trois femmes il était rentré, et retirant du doigt de Césarine l'anneau de fer à l'aide duquel il l'avait endormie, il l'avait éveillée.

<hr>

VI

Quand Césarine reprit ses sens, la première chose qu'elle fit fut de délivrer M. d'Ermenon, qui ayant entendu tout ce qui venait de se passer, ne put s'empêcher de regarder avec étonnement la saltimbanque somnambule.

— Ainsi, dit-il à Césarine, ce que vous venez de prédire arrivera?

— J'ai prédit quelque chose?

— Oui, ne vous le rappelez-vous pas?

— Non; une fois réveillée je ne me souviens de rien de ce que j'ai dit pendant mon sommeil; mais ce que j'ai dit se réalisera. L'avez-vous entendu?

— Parfaitement.

— Est-ce facile à faire?

— Très-facile. Vous avez dit à cette jeune fille d'aimer

et d'épouser le premier homme qui se présentera à elle après l'entretien qu'elle aura eu avec sa mère.

— Il ne s'agit plus pour vous que d'être ce premier homme.

— Aussi, je pars immédiatement. Adieu, Césarine.

— Adieu, monsieur.

— Voici pour vous et pour Bourdaloue.

— Merci, mon gentilhomme, fit l'athlète qui entrait en ce moment et qui prit les deux nouveaux louis que M. d'Ermenon venait de jeter sur la table.

Pendant ce temps, Juliette et Cécile revenaient à Valgenceuse.

Juliette était rêveuse. Ce dont elle venait d'être témoin l'avait frappée. Elle avait hâte de revoir sa mère pour lui demander ce qu'elle avait fait pendant son absence et pour s'assurer si la toilette qu'elle avait mise était celle que lui avait fait voir Césarine.

— Que t'avais-je dit? ne cessait de répéter Cécile.

— C'est merveilleux, reprenait mademoiselle de Beauzée; j'ai vu mon père comme je te vois; pas un détail de sa mort ne manquait au tableau que j'avais sous les yeux. Que t'a-t-elle fait voir, à toi, lorsque tu es venue?

— Tout mon passé.

— Sans erreur?

— Sans erreur.

— Et l'avenir?

— Je n'ai pas osé le demander.

— J'aurais peut-être mieux fait de faire comme toi.

— Peut-être.

— Le premier homme qui se présentera à moi aprés

l'entretien que j'aurai eu avec ma mère, murmurait Cécile avec un sourire. Sais-tu que c'est effrayant cela ! Si cet homme allait être bossu, vieux ou laid.

—Si cet homme allait ne pas être M. Henri, dit tout bas Cécile à Juliette, voilà surtout ce qui est le plus à craindre.

—J'ai une peur affreuse. Écoute; tout cela peut être le résultat du hasard.

— Voilà déjà que tu doutes.

— Je ne doute pas, mais c'est assez sérieux pour que je prenne mes précautions. Voici ce que je ferai. Si ma mère a fait ce matin ce que j'ai vu, si elle a une robe bleue, un chapeau de paille, et si elle s'est promenée dans le jardin en tenant des papiers d'une main et des fleurs de l'autre...

— Eh bien ?

— Eh bien, j'obéirai à la prédiction de mademoiselle Césarine, et, quel qu'il soit, j'épouserai le premier homme que je verrai après avoir causé avec ma mère.

— Dépêchons-nous alors.

Les jeunes filles doublèrent le pas et arrivèrent bientôt à Valgenceuse.

— Où est ma mère? dit Juliette en entrant.

— Dans les salons du rez-de-chaussée, mademoiselle, répondit le domestique qui était venu ouvrir la grille.

Juliette et Cécile coururent au salon.

Madame de Beauzée, vêtue d'une robe bleue, un chapeau de paille déposé à côté d'elle, lisait attentivement les papiers que lui avait remis la veille M. Grandin fils.

— C'est bien le costume, s'écria Juliette avec une réelle émotion.

— Ah! vous voilà, chères enfants, dit madame de Beauzée.

— Maman, qu'as-tu fait ce matin? dit la jeune fille en embrassant sa mère.

— Pourquoi me demandes-tu cela?

— Pour savoir si la sorcière m'a dit vrai.

— Eh bien, je me suis levée.

— Après.

— Après, je me suis habillée et je suis descendue dans le jardin.

— Avec la robe que tu as là?

— Oui.

— Qu'as-tu fait dans le jardin?

— Je me suis promenée.

— Et qu'avais-tu sur la tête?

— Ce chapeau que je viens d'ôter à l'instant; et madame de Beauzée montrait le chapeau de paille qu'elle avait posé près d'elle, sur une chaise.

— En te promenant, que faisais-tu? reprit Juliette.

— Je cueillais des fleurs.

— Voilà tout?

— Oui.

— Tu ne tenais rien à la main?

— Si fait, ces papiers, au sujet desquels il faut même que je cause avec toi. Ma chère Cécile, voulez-vous me laisser quelques instants avec ma fille?, dans un quart d'heure nous vous rejoindrons au jardin.

— Je rentre, dit Cécile; ma mère m'attend.

— Eh bien, va prévenir ta mère, fit Juliette, et reviens ici. Je veux que tu sois près de moi. Tu sais pourquoi?

— Dans dix minutes je suis de retour.

Cécile sortit.

— Ma chère enfant, dit alors madame de Beauzée, nous perdons beaucoup.

— Beaucoup de quoi, ma mère?

— Beaucoup d'argent.

— En vérité?

— Oui, tu ne peux pas encore comprendre tous les papiers de procédure comme moi, sans quoi je te ferais lire ceux-ci et tu verrais que nous perdons près de cent cinquante mille francs.

— Et d'où vient cela?

— Cela vient de ce que ton père était trop confiant et qu'il a prêté cette somme sur une mauvaise hypothèque qui nous échappe aujourd'hui.

— Eh bien, ma bonne mère, nous aurons des robes, des domestiques et des amis de moins, voilà tout.

— Si je parle de cela, ma chère fille, c'est que tu vas bientôt être intéressée dans cette perte.

— Comment?

— Ta dot va souffrir de cette réduction.

— Est-ce que j'ai bien besoin d'une dot?

— Le fait est que tu es assez jolie pour t'en passer; malheureusement, celui que tu épouseras ne se contentera peut-être pas de cette raison.

— Oh! ma mère, M. Henri ne songe pas à l'argent.

— C'est donc décidément M. Henri?

Juliette fit signe que oui.

— La sorcière t'a donc encouragée dans ton choix?

— Non, et même elle me jette dans une grande perplexité.

— Pourquoi?

— Parce que d'abord, pour être sorcière, elle l'est.

Et Juliette raconta à sa mère l'expérience du verre d'eau, si exacte dans ses moindres détails.

— Puis, continua la jeune fille, elle m'a dit : « Vous devrez aimer et épouser le premier homme qui se présentera à vous après l'entretien que vous allez avoir avec votre mère. »

En ce moment la cloche du jardin se fit entendre.

— C'est peut-être lui, s'écria Juliette en se dirigeant vers la fenêtre dont les persiennes étaient fermées.

— Qui, lui? demanda madame de Beauzée.

— M. Henri.

— Eh bien, que fais-tu?

— Je vais m'en m'assurer.

— Pourquoi?

— Pour qu'il soit le premier que j'aurai vu après notre entretien, et pour que de cette façon la prédiction de la sorcière soit d'accord avec mon cœur.

— Et si c'est un autre, et que tu voies cet autre?

— C'est juste.

— Puis notre entretien n'est pas fini. Ainsi, viens te rasseoir. D'ailleurs, quand on croit aux événements prédits par les sorcières, il faut attendre ces événements et ne pas aller au devant d'eux, sans quoi on dérange l'ordre dans lequel ils doivent se présenter.

Madame de Beauzée avait dit cette phrase d'un ton qui prouvait que, pour son compte, elle ne croyait guère aux prédictions.

— Du reste, reprit-elle, il y a un moyen de savoir à quoi nous en tenir.

— Lequel ?

— C'est de demander qui vient d'entrer.

Juliette sonna.

— Qui vient de venir ? demanda madame de Beauzée à la femme de chambre qui se présenta.

— C'est M. Henri d'Ermenon.

— Je m'en doutais, murmura Juliette.

— Il est encore là ?

— Oui.

— Priez-le d'attendre un instant.

— C'est ce que je lui ai déjà dit, madame ; mademoiselle Cécile m'ayant prévenue en sortant que madame voulait être seule avec mademoiselle.

— Très-bien ; maintenant, quand je sonnerai, vous entrerez.

— Te voilà rassurée, dit madame de Beauzée, il est là ; nous sommes sûres que personne n'entrera ici avant lui maintenant, pas même le domestique.

— Oui ; mais qu'as-tu encore à me dire ? reprit Juliette, qui paraissait impatiente d'en finir.

— Tu crois donc réellement à cette prédiction ?

— O ma chère mère ! si tu avais vu ce que j'ai vu, tu y croirais comme moi.

— Et si un autre homme se présentait à toi avant M. d'Ermenon, tu l'épouserais donc ?

— Oui.

— Tu en es bien sûre ?

— Oui, ma mère, répondit Juliette qui, convaincue que M. d'Ermenon était là, pensait ne pas trop s'aventurer.

— Alors hâtons notre entretien, de peur qu'il n'arrive

un malheur, reprit madame de Beauzée, qui, quoique in-
crédule, aimait autant concilier la prédiction avec les événements. C'est de M. d'Ermenon que je voulais te parler ;
tu sais que sa fortune est fort amoindrie, de même que la
nôtre ; on m'a dit cela hier. En admettant que tu l'épouses,
vous n'aurez pas plus de douze mille livres de rente à
vous deux. C'est bien peu à Paris, tandis qu'au contraire...

Madame de Beauzée hésita et regarda sa fille.

— Au contraire ? reprit celle-ci.

— Si tu épousais un autre homme, M. Hector Grandin,
par exemple, qui t'aime, comme je te le disais hier, tu
serais riche, beaucoup plus riche ; car le père Grandin a
au moins quarante mille livres de rente, et quoi qu'on en
dise, la fortune n'est pas à dédaigner.

— Me laissez-vous toujours libre de mon choix, ma
mère ?

— Certes.

— Eh bien, ne parlons plus de M. Hector Grandin, je l'ai
en horreur.

— C'est bien, chère enfant. Alors ne perdons pas de
temps, sonne.

Juliette sonna.

La femme de chambre parut.

— M. d'Ermenon est toujours là ? fit madame de Beauzée.

— Oui, madame.

— Dites-lui qu'il peut entrer.

— Mademoiselle Cécile, qui vient de revenir, peut-elle
entrer aussi ?

— Oui.

Le domestique sortit et Cécile entra.

— Eh bien, dit-elle à Juliette, il est là, au fond du jardin.

— Je le sais bien.

— Fais la moitié du chemin, allons au devant de lui, ce sera plus sûr.

— Tu as raison.

Et les trois femmes ouvrirent la porte, Cécile et Juliette évidemment émues, madame de Bauzée souriant à ces enfantillages.

Juliette quitta le bras de son amie; mais au moment où elle allait descendre dans le jardin, elle poussa un cri.

Elle venait de se trouver face à face avec M. Hector Grandin.

Quand Henri se présenta, il trouva la jeune fille évanouie.

Il était aussi pâle qu'elle, car, comme on s'en souvient, il savait à quoi s'en tenir sur la prédiction, et l'état dans lequel était Juliette lui prouvait qu'elle avait pris cette prédiction au sérieux.

VII

Cécile et madame de Beauzée transportèrent Juliette dans la salle qu'elles venaient de quitter.

Hector et Henri restèrent à côté l'un de l'autre sur les marches du perron.

— Allons, il paraît que décidément elle m'aime, se disait M. d'Ermenon ; ce qui ne l'empêchait pas d'être fort irrité contre M. Grandin fils, que le hasard venait jeter ainsi devant lui, et auquel la superstition de Juliette pouvait, malgré l'amour qu'elle avait pour Henri, faire donner la préférence.

Aussi eût-il voulu trouver l'occasion de dire une impertinence à ce fils de notaire dont la seule apparition causait un si grand bouleversement dans la maison.

Quant à Hector, qui ne savait à quoi attribuer le cri et l'évanouissement de la jeune fille, malgré l'antipathie qu'il avait pour M. d'Ermenon, il s'approcha de lui en disant :

— Qu'est-il arrivé, monsieur? Mademoiselle Juliette se serait-elle blessée ?

— Il y a, répondit Henri d'un ton impertinent en regardant de haut en bas M. Grandin fils, il y a qu'il est tellement désagréable à mademoiselle Juliette de vous voir, qu'elle s'est trouvée mal en vous voyant.

Hector pâlit à cette réponse et fit de visibles efforts pour se contenir.

En ce moment, la femme de chambre que madame de Beauzée venait de sonner mettait le pied sur la première marche du perron.

— Mademoiselle, lui dit Hector, voudriez-vous dire à madame de Beauzée que je la prie de vous remettre les papiers que je lui ai apportés hier, et lui demander de ma part des nouvelles de mademoiselle Juliette?

Pendant ce temps Henri se promenait de long en large, tandis qu'Hector, toujours à la même place, attendait la femme de chambre. On eût dit que rien ne s'était passé entre les deux jeunes gens et que c'était la première fois qu'ils se trouvaient ensemble.

Quand la domestique entra dans le salon, Juliette venait de reprendre ses sens.

— Eh bien, chère enfant, lui disait madame de Beauzée, comment te trouves-tu?

— Bien, ma mère, ce n'est rien. Tu sais combien je suis impressionnable, et j'ai été si étonnée en me trouvant face à face avec M. Grandin, car j'avoue que je ne m'y attendais pas, que je me suis trouvée mal. Mais c'est fini maintenant.

Juliette embrassait sa mère et tendait sa main à Cécile.

— Aussi, pourquoi t'ai-je laissé aller consulter cette maudite femme? c'est elle qui est cause de ce qui arrive.

— Voyons, cela ne vaut pas la peine qu'on s'en occupe plus longtemps. Où sont ces messieurs?

— Ils sont dans le jardin, répondit la femme de chambre, et M. Grandin m'a chargé de demander des papiers à madame et de lui reporter des nouvelles de mademoiselle.

— Remerciez M. Grandin pour ma fille, dit madame de Beauzée, et remettez-lui ces papiers. Dites-lui qu'il nous excuse si nous ne le recevons pas en ce moment, n'est-ce pas, Juliette?

— Oui, ma mère, tout ce que vous faites est bien fait.

— Faut-il en dire autant à M. d'Ermenon? demanda la femme de chambre.

Madame de Beauzée interrogea sa fille du regard.

— Non, fit-elle, ne lui dites rien.

— Merci, murmura Juliette en souriant.

La femme de chambre sortit.

— Voyons, causons un peu maintenant, dit madame de Beauzée à sa fille, car je viens de te voir si bouleversée que je commence à croire que la prédiction de cette demoiselle Césarine a fait sur toi plus d'impression que je ne l'eusse supposé. Ce qui s'est passé change-t-il quelque chose à ce que nous avons dit hier au soir?

Juliette regarda Cécile.

— Que ferais-tu à ma place? dit-elle à son amie.

— Moi, je n'hésiterais pas.

— Que ferais-tu?

— J'obéirais à mademoiselle Césarine.

— Et vous, ma mère?

— Moi, ma chère enfant, j'obéirais à mon cœur, car, comme je te l'ai déjà dit, je ne crois pas beaucoup à toutes ces sorcelleries-là.

— Que faire, mon Dieu! que faire? répétait Juliette. Je suis sûre que Césarine a raison.

— Eh bien, épouse M. Hector, dit Cécile.

— Oui, mais je ne l'aime pas, je ne l'aimerai jamais.

— Alors, épouse M. d'Ermenon.

— Et si le hasard voulait que ce mariage ne fût pas heureux, je me repentirais toute ma vie de n'avoir pas suivi le conseil que la Providence m'aurait donné.

— Réfléchis.

— Mais, chère enfant, dit madame de Beauzée en prenant les mains de sa fille, ta petite imagination se met à la torture inutilement. Ni M. Henri ni M. Hector ne se sont encore expliqués, et tu raisonnes comme s'ils t'avaient demandée tous les deux et que tu eusses à choisir aujourd'hui même. Peut-être ne songent-ils à toi ni l'un ni l'autre.

— Oh! Henri m'aime, dit Juliette.

— Eh bien le mieux est d'attendre. Es-tu de cet avis?

— Je pense toujours comme toi, ma bonne mère, tu le sais bien.

— Et pendant ce temps-là, l'impression produite par cette expérience de ce matin s'effacera, et tu pourras plus tranquillement prendre conseil de tes impressions naturelles et des événements. Tu vois que je te traite comme une grande fille, et que je te laisse ta maîtresse dans les questions les plus sérieuses de la vie.

Madame de Beauzée embrassa Juliette en ajoutant:

— Maintenant, viens faire un tour dans le jardin.

Juliette prit le bras de Cécile et sortit du salon avec sa mère.

Henri était toujours sur le perron.

— Il est peut-être indiscret à moi, dit-il en s'approchant de madame de Beauzée, d'être resté ici; mais je ne voulais pas me retirer sans avoir eu des nouvelles de mademoiselle.

Et il regardait Juliette qui, les yeux baissés, rougissait un peu.

— Je vous remercie, monsieur, fit la jeune fille, je vais très-bien.

— Puis-je savoir, mademoiselle, ce qui a pu vous faire peur ainsi? ajouta Henri, qui, sachant fort bien à quoi s'en tenir sur les causes de cet évanouissement, voulait voir quelle raison lui donnerait la jeune fille.

— L'orage qu'il y a dans l'air, répondit Juliette en souriant à sa mère, sourire qui n'échappa point à Henri.

— Allons, se dit-il, tout va bien.

— Madame, continua-t-il à haute voix, mais en se rap-

prochant de madame de Beauzée et en continuant d'étudier
la physionomie de Juliette, mon oncle voulait venir vous
voir aujourd'hui, pour s'excuser de n'avoir pu se rendre
hier à votre invitation, et pour vous parler, disait-il, d'une
affaire importante. Je me suis donc permis de venir vous
demander si ce soir il vous trouverait à Valgenceuse, et si
sa visite ne vous importunera pas.

— Dites à votre oncle, mon cher monsieur Henri, qu'il
est toujours le bienvenu à Valgenceuse, et que je ne lui
fais qu'un reproche, c'est de n'y pas venir plus souvent.

— A propos, mademoiselle, reprit M. d'Ermenon après
s'être incliné devant l'invitation de madame de Beauzée
et l'en avoir remerciée du geste, sinon de la voix, avez-
vous été consulter votre sorcière?

— Oui, monsieur, répliqua Juliette que la question de
Henri avait brusquement tirée de la rêverie où elle était
retombée depuis quelques instants, quoi que pût lui dire
son amie.

— Et vous a-t-elle émerveillée autant que vous le promettait mademoiselle Cécile?

— Oui.

— Elle vous a dit le passé?

— Mieux que cela, elle me l'a fait voir.

— Et l'avenir?

— L'avenir, répondit Juliette en échangeant un regard
avec sa mère, elle me l'a dit aussi.

— Est-il tel que vous le désiriez?

— Non, fit la jeune fille qui ne se doutait pas qu'Henri
savait tout ce qui s'était passé chez Césarine, et que par
conséquent ce non était un aveu.

— Mais, puisque vous voilà prévenue, vous n'avez qu'à aller au devant des événements prédits, et les forcer à se transformer.

— Que me conseillez-vous?

— C'est bien grave ce que vous me demandez là, répondit Henri, qui ne s'attendait guère à cette question.

— Dites toujours.

Et la jeune fille interrogeait son interlocuteur autant des yeux que de la bouche.

— J'attendrais les événements, répliqua Henri.

— C'est ce que me disait ma mère tout à l'heure, mais ce n'est pas cela que je demande. Je répète donc ma question : Si mademoiselle Césarine dont la science est indiscutable, vous avait dit : Deux choses se présentent à vous, l'une que vous désirez, l'autre que vous ne voulez pas ; si vous consentez à la première vous serez malheureuse ; si malgré votre répulsion présente pour la seconde, vous la faites, votre bonheur en résultera, que feriez-vous?

— Je ferais la seconde, répliqua Henri, curieux de voir l'impression que ce conseil produirait sur la jeune fille, et déjà convaincu que Juliette l'aimait assez pour ne pas suivre cet avis.

— Ah ! vous feriez la seconde ? murmura Juliette, qui pâlit à cette réponse.

— Oui certes.

— Sans regrets?

— Je ne dis pas sans regrets, mais je dis sans hésitation.

— Si vous saviez ce que vous me conseillez, monsieur Henri, peut-être ne parleriez-vous pas ainsi.

16

— Vous vous trompez, mademoiselle, je dirais parfaitement la même chose.

— Et toi, ma mère, toi qui sais ce dont il s'agit?

— Ma foi, ma chère enfant, répondit madame de Beauzée,
j'avoue que le conseil de M. d'Ermenon me paraît, en passant par sa bouche, un conseil de la Providence et que je
pense comme lui.

En entendant cette phrase dont le sens était bien clair
pour lui, Henri se repentit de ce petit jeu auquel il venait
de se livrer.

Quant à Juliette elle paraissait émue.

— Et toi? dit-elle à Cécile.

— Oh! moi, répondit celle-ci, je t'ai déjà dit mon opinion là-dessus, j'obéirais aveuglément.

— Eh bien! s'écria mademoiselle de Beauzée avec un
petit ton de colère et sans soupçonner le moins du monde
qu'il y avait là deux yeux qui avaient tout vu et auxquels
ce qu'elle allait dire ouvrirait son cœur comme un livre,
eh bien! il ne sera pas dit qu'une mauvaise saltimbanque,
dompteuse de mauvais animaux, m'aura fait faire ce qu'elle
aura voulu; et malgré ce que me disent monsieur, Cécile
et ma mère, non-seulement je ne lui obéirai pas, mais je
ferai tout l'opposé de ce qu'elle m'a dit de faire.

Un sourire de triomphe et d'amour illumina le visage
d'Henri, qui ne put s'empêcher de dire à la jeune fille:

— Et qui sait! Dieu vous saura peut-être gré de la confiance que vous avez eue en lui.

— Dites à votre oncle que je l'attendrai ce soir et qu'il
ne manque pas de venir, fit madame de Beauzée, qui venait de voir, dans la réponse de sa fille, la résolution bien

arrêtée d'épouser Henri, et qui était convaincue que de la visite de M. d'Ermenon résulterait la demande de la main de Juliette.

En même temps elle jetait à Henri un regard qui voulait dire :

— J'ai compris, espérez.

— Eh bien ! moi, répéta pour la dixième fois Cécile, j'aurais obéi à Césarine, et ajouta-t-elle tout bas en se penchant à l'oreille de Juliette, j'aurais pris l'autre.

VIII

Pendant que cette conversation avait lieu à Valgenceuse, Hector rentrait à S.....; mais au lieu de retourner chez son père, il se rendait chez un de ses amis, et lui racontant ce qui venait de se passer entre lui et M. d'Ermenon, il le priait d'aller, avec un autre de ses camarades, demander des explications à M. Henri, ces explications dussent-elles s'étendre jusqu'au duel.

L'ami fit tout ce qu'il put pour faire renoncer Hector à cette résolution, car il savait le fils du notaire peu expert en ces sortes de choses, tandis qu'Henri d'Ermenon était connu par sa force sur les armes; mais Hector était brave et sa résolution fut inébranlable.

L'ami accepta la mission et M. Grandin fils alla rejoindre son père, qu'il embrassa comme un bon fils embrasse toujours ses parents à la veille d'un danger.

Tout le jour, Hector fut non pas triste, mais soucieux. Ce n'était pas la crainte d'une rencontre qui le préoccupait ainsi ; au contraire. Il sentait que lorsque Juliette allait avoir épousé M. d'Ermenon, comme il ne doutait pas que cela se fît, il sentait, disons-nous, combien sa vie à lui serait désolée, puisque ce mariage emporterait sa plus chère espérance. Alors il souhaitait de se battre avec Henri, d'être blessé grièvement, de façon à ce que pendant quelque temps la douleur physique fît taire en lui la souffrance morale.

Cependant cette préoccupation n'échappa point à M. Grandin, et comme il en cherchait la cause dans l'amour que son fils avait pour mademoiselle de Beauzée, il se promit bien, dès le soir même, d'aller demander la main de la jeune fille à sa mère.

A quatre heures environ le témoin d'Hector vint le trouver et lui rendit compte de sa mission. Ces messieurs s'étaient rendus chez M. Henri d'Ermenon, qui leur avait immédiatement répondu qu'il n'avait aucune explication à donner et que, quelques regrets qu'il eût d'avoir fait une chose, il ne l'avouait jamais et ne faisait jamais d'excuses avant une rencontre. En conséquence, il les priait de monter chez son oncle qui règlerait avec eux les conditions du combat.

M. d'Ermenon, l'oncle, était un homme à qui ces sortes de choses agréaient fort, car elles lui faisaient croire qu'il était encore au beau temps de sa jeunesse, en lui mettant devant les yeux des souvenirs d'uniformes, d'épaulettes et de mauvais lieux.

Les témoins d'Hector expliquèrent à l'oncle d'Henri ce

dont il s'agissait, et ledit oncle les recevant et les faisant asseoir avec une politesse exquise, leur dit :

— Ainsi, vous avez vu mon neveu ?

— Oui, monsieur.

— Et il ne veut pas faire d'excuses ?

— Aucune.

— Vous savez qu'il tire très-bien ?

— Nous le savons.

— Son adversaire le sait aussi ?

— Oui, monsieur.

— Cette considération lui fera peut-être retirer son cartel ?

— Non, monsieur, répondit sèchement un des deux amis de M. Grandin fils ; Hector est brave et ne recule devant personne.

— C'est un brave jeune homme ; mais entre nous, vous préférez qu'il ne soit pas tué.

— Naturellement.

— Par conséquent, puisqu'il faut qu'il y ait duel, autant que ce duel ne soit point meurtrier, n'est-ce pas ? Choisissez donc l'épée, et nous veillerons à ce que l'honneur soit vite satisfait, un petit duel ne peut que bien poser M. Hector Grandin, et il ne faut pas qu'un brave jeune homme se fasse tuer au début de sa carrière pour une vétille. Qu'en pensez-vous ?

— C'est notre avis.

— Nous choisissons donc l'épée.

— Va pour l'épée.

— Le plus grand secret, n'est-ce pas ?

— Certainement.

— Le marquis de Drancy sera l'autre témoin de mon neveu, et si vous voulez bien me dire où nous vous trouverons
demain, les choses se termineront tout de suite.

— Eh bien! demain à six heures du matin, à l'entrée du
bois de Pontarmé.

— C'est dit.

Les deux témoins se retirèrent.

Il fut donc convenu entre eux et Hector que celui-ci se
tiendrait prêt le lendemain à cinq heures et partirait seul
de chez lui pour que son père ne soupçonnât rien.

On prend toujours au sérieux son premier duel.

Une fois ses amis partis, Hector s'enferma dans sa
chambre, et prévoyant le cas où il serait tué, il écrivit
deux lettres, l'une à son père, l'autre à mademoiselle de
Beauzée.

Dans la première il consolait à l'avance la douleur pater-
nelle, dans la seconde il avouait à Juliette qu'il l'aimait de
toutes les forces de son âme et qu'il mourait en pensant à
elle.

Ces deux lettres écrites il les cacheta, les mit dans son
tiroir et la clef du tiroir dans sa poche.

Après quoi il redescendit auprès de son père, dîna avec
lui le plus gaîment qu'il put et le prévint que le soir il sor-
tirait.

— Cela tombe d'autant mieux, fit M. Grandin, qu'il faut
aussi que je sorte ce soir.

Après le dîner Hector se rendit chez son ami avec lequel
il devait faire des armes, car il aimait trop son père pour
se laisser tuer sans s'être défendu, malgré tout son décou
ragement. M. Grandin s'achemina vers Valgenceuse.

Quand il y arriva, on le pria d'attendre en lui disant que madame de Beauzée était avec M. d'Ermenon et avait défendu qu'on la dérangeât.

Je fais une démarche inutile, pensa le père Grandin, et il attendit.

En effet, pendant qu'il attendait, M. d'Ermenon demandait à madame de Beauzée sa fille pour son neveu.

— Vous savez combien j'aime Juliette, disait madame de Beauzée, vous savez que si Juliette était malheureuse je mourrais de désespoir; eh bien! sur votre foi de gentilhomme, me jurez-vous que M. d'Ermenon aime assez ma fille pour la rendre heureuse et que si elle a un malheur à attendre, ce malheur ne viendra jamais de lui?

— Je ne sais et ne puis dire qu'une chose, madame, répondit l'oncle Gabriel, qui parlait sérieusement; c'est que si vous lui refusez la main de mademoiselle Juliette, il est capable de devenir fou. Ce matin il a provoqué le fils de M. Grandin sur le simple soupçon que ce jeune homme aimait votre fille.

— Mais cette provocation n'aura pas de suites, je l'espère bien.

L'oncle Gabriel vit qu'il avait fait une sottise, et il se hâta de répondre.

— Non, soyez tranquille, madame.

— Eh bien! monsieur le baron, vous pouvez dire à votre neveu que ma fille l'aime, et que je lui accorde sa main.

— Mille grâces, madame, pour tout le bonheur que nous vous devrons.

— Il ne restera plus qu'à dresser le contrat.

— Vous avez votre notaire.

— Oui, mais ce notaire est justement M. Grandin, et ce serait un chagrin pour lui que de dresser pour M. Henri ce contrat qu'il eût voulu faire pour son fils. Il est même probable qu'il me refuserait ; mais vous avez le vôtre, n'est-ce pas ?

— Oui, madame.

— Eh bien ! ce sera le vôtre qui se chargera de cela.

Madame de Beauzée sonna.

— Dites à ma fille de venir me parler.

— M. Grandin est là qui désire voir madame.

— Dites-lui que je le prie d'attendre encore un instant. Je suis à lui tout de suite.

Juliette entra.

— Tu sais, lui dit sa mère, ce que M. le baron venait faire ici ce soir ?

— Je m'en doute.

— Ainsi, tu consens ?

— Oui, ma mère.

— Tu as bien réfléchi ?

— Oui.

— Et la sorcière ? dit tout bas madame de Beauzée.

— Je n'y pense même plus.

En disant cela, Juliette mentait, car elle n'avait pu depuis le matin arriver à faire taire en elle cette voix mystérieuse qui lui disait : tu as tort.

— Eh bien ! mon enfant, à partir d'aujourd'hui, continua madame de Beauzée, tu es la femme de M. Henri d'Ermenon, qui viendra ce soir même me voir, n'est-ce pas, monsieur le baron ? car il faut que je lui parle.

— Je vais vous l'envoyer.

— Sera-t-il chez lui?

— Il attend mon retour impatiemment.

Le baron prit congé de madame de Beauzée et de sa fille, et repartit, le visage rayonnant.

Une demi-heure après, M. Grandin reprenait aussi le chemin de la ville; mais son visage était aussi triste et aussi altéré qu'était joyeux et confiant celui de l'oncle Gabriel.

Henri passa toute la soirée avec Juliette et madame de Beauzée.

Le père Grandin passa toute la soirée avec son fils. Il ignorait qu'Hector se battît le lendemain, mais il lui avait avoué sa démarche, le peu de succès qu'elle avait eu et le mariage prochain de M. Henri d'Ermenon.

— Si j'allais le tuer! se disait en souriant Hector, qui jusqu'à ce jour n'avait jamais souri à une mauvaise pensée.

A minuit le père et le fils se séparèrent.

Hector ne dormit pas.

A cinq heures du matin, il entr'ouvrit la porte de la chambre de son père, et le voyant endormi il l'embrassa sans le réveiller.

Puis il quitta la maison et rejoignit ses deux amis qui l'attendaient au commencement de la route.

— Suis-je en retard, messieurs? dit Hector.

— Non.

— Marchons vite, cependant.

A l'entrée du bois de Pontarmé, les trois amis se retournèrent, car ils ne voyaient personne devant eux, et ils aperçurent Henri et ses deux témoins qui venaient à grands pas.

— Prenons cette allée, messieurs, dit Hector; car, si nous rencontrions un gendarme, il se douterait de ce que nous allons faire. Toi, reste ici, et tu diras à ces messieurs que nous les attendons à la première clairière à gauche.

Hector disparut avec son second témoin.

Dix minutes après, tout le monde était sur le terrain.

— Monsieur, dit alors Henri en s'approchant d'Hector, je viens vous exprimer tous mes regrets et vous faire des excuses de la scène qui s'est passée entre nous hier. Veuillez me tendre la main en signe que vous me la pardonnez.

— Que veut dire cela? fit Hector, étonné de cette rétractation tardive, et ne pouvant, malgré lui, croire que ce fût à un sentiment de peur que son adversaire obéît.

— Cela veut dire, monsieur, qu'en faisant ce que je fais, j'obéis à la première volonté de ma femme, mademoiselle Juliette de Beauzée, qui m'a dit hier qu'elle ne voulait pas que je me rencontrasse avec vous autrement que comme avec un ami. J'ajouterai, monsieur, que ce qu'elle a voulu que je fisse, je sentais au fond de mon cœur que je devais le faire.

En disant cela, Henri tendait la main à Hector, qui lui tendait la sienne.

— Ainsi, monsieur, tout est oublié?

— Oui, monsieur, répondit Hector.

— Et pour m'en donner le gage, me ferez-vous le plaisir d'assister à mon mariage? dit Henri d'un ton qui prouvait que ce n'était pas un sarcasme qu'il adressait au jeune homme, mais qu'il avait le sincère désir de se faire un ami de ce rival malheureux.

— Cela me sera impossible, répliqua Hector d'une voix émue.

— Pourquoi ?

— Parce que ce soir je pars pour une affaire importante, et qui me tiendra absent cinq ou six mois.

Les deux adversaires se saluèrent de nouveau et se séparèrent.

Hector rentra chez lui, brûla les deux lettres qu'il avait écrites, et se mit à pleurer à chaudes larmes.

Son père le trouva abîmé dans le désespoir.

— Voyons, mon enfant, lui dit M. Grandin, que veux-tu que je devienne si tu souffres toujours ainsi ?

— Je me consolerai, mon bon père; mais pour cela il faut que je parte.

— Fais tout ce que tu voudras, mon ami; pourvu que je te sache heureux, c'est tout ce qu'il me faut.

Le soir Hector partit pour Paris.

— Tu m'écriras souvent, lui dit le notaire en l'embrassant une dernière fois.

— Sois tranquille, mon père.

Hector arriva à Paris, prit une place dans la malle-poste, et s'en alla retrouver à Marseille un parent qu'il y avait, et auprès duquel il s'établit.

Douze jours après le départ d'Hector, Henri épousa Juliette.

Ce fut une solennité à S....., car les mariés étaient jeunes, beaux, riches, et paraissaient heureux.

Le mariage eut lieu sous les meilleurs auspices, ce qui n'empêcha pas Cécile, qui avait été demoiselle d'honneur, de dire le soir à son amie :

— Tu riras de moi si tu veux; mais, à ta place, j'aurais épousé M. Hector Grandin.

Quant à Césarine, elle avait disparu avec tous les autres bohêmes de la fête, et avait continué avec Bourdaloue ses excursions dans les villages des environs.

IX

Trois ans après les événements que nous venons de raconter, une voiture de voyage s'arrêta devant la porte de la maison où demeurait la mère de Cécile. Une femme de chambre descendit de cette voiture et sonna à la porte. Un domestique vint ouvrir.

— Mademoiselle Cécile de Curdy, demanda la femme de chambre, est-elle ici?

— Mademoiselle est mariée depuis dix-huit mois, répondit le domestique.

— Où demeure-t-elle maintenant?

— A Paris, rue de la Paix, nº.....

— Et elle se nomme?

— Madame Grandin.

La femme de chambre remonta dans la voiture et rendit compte de cette nouvelle à sa maîtresse.

La voiture se remit en route, relaya et prit le chemin de Paris.

Trois heures après elle s'arrêtait à la porte d'un hôtel de la rue de Rivoli, et la femme qui se trouvait dedans, vêtue de deuil, prenait un fiacre, abandonnant à sa femme de chambre le soin de faire transporter ses malles dans son appartement.

Arrivée rue de la Paix, au numéro indiqué, elle demanda :

— Madame Grandin ?

— Au second, lui répondit le portier.

Elle monta.

Madame Grandin était chez elle.

— Qui dois-je annoncer, demanda le domestique à la visiteuse qui lui remit une carte.

A peine le domestique avait-il remis cette carte à sa maîtresse, que celle-ci se leva et, courant dans le salon, se jeta dans les bras de celle qui la faisait demander, en s'écriant :

— Comment ! c'est toi, ma bonne Juliette !

— Moi-même, chère amie.

— Entre donc dans ma chambre à coucher, que nous puissions causer à notre aise.

Les deux femmes entrèrent dans la chambre voisine, meublée avec beaucoup de luxe et de goût.

— Sais-tu que je te croyais morte, continua Cécile, quand elle eut débarrassé son amie de son chapeau, et qu'elle l'eut embrassée une seconde fois.

— Il s'en est fallu de bien peu. Mais je trouve bien du changement aussi en toi, ma chère Cécile.

— En effet.

— Te voilà mariée ?

— Tu sais à qui?

— A M. Hector?

— Justement.

— Et tu es heureuse?

— Très-heureuse. Toi seule manquais à mon bonheur, et te voilà!

— Ton mari t'aime?

— Oh! pas comme il t'aimait; mais il m'aime bien, fit Cécile en souriant.

— Mais comment es-tu arrivée à l'épouser?

— La prophétie de Césarine me trottait dans la tête. Tu sais que le jour même de ton mariage je te dis que tu avais tort de ne pas suivre le conseil qu'elle t'avait donné. Je me demandais si le bonheur qu'Hector devait te donner, il le donnerait à une autre. Plusieurs partis se présentèrent pour moi. Je les refusai tous. Tu partis de Valgenceuse. Au moment des courses, au mois d'octobre, c'est-à-dire quatre mois après ton mariage environ, les saltimbanques du mois de mai revinrent. Parmi eux se trouvait Césarine. J'allai la consulter, et comme elle me disait qu'elle voyait de grands malheurs te menacer, je lui demandai s'il y avait moyen d'aller au devant de ces malheurs. Elle me répondit que c'était impossible, ces malheurs ne venant ni de toi, ni de ton mari, mais d'un parent de M. d'Ermenon, dont les erreurs étaient irréparables. Est-ce vrai?

— Hélas! oui, murmura Juliette.

— Alors, continua Cécile, je lui demandai si Hector épouserait une autre femme et s'il la rendrait heureuse. Elle me dit qu'il serait longtemps à se consoler de ta perte, mais que si je voulais entreprendre sa guérison, je la mènerais à bien, et qu'elle ne voyait pas un nuage dans mon avenir.

A partir de ce moment, ma résolution fut bien arrêtée. Hector revint deux mois après ton départ environ. Il était encore d'une grande tristesse, son père avait vendu son étude, et tous deux venaient souvent chez mes parents. Peu à peu je le consolai, et il prit l'habitude de me voir. Bref, comme je m'étais mis dans la tête que je l'épouserais, il fallut bien qu'il en passât par là, et je dois avouer qu'il ne paraît en aucune façon s'en repentir. Voilà toute mon histoire.

— Et toi, l'aimes-tu ?

— Beaucoup. Ce n'est pas une passion, mais c'est une belle et bonne affection, bien sincère, bien vraie, bien dévouée, ce qu'il faut enfin pour un ménage qui a de longues années à vivre.

— Et ton père, et ta mère ?

— Ils vont bien ; ils ont, comme tu dois le penser, fait de grandes difficultés pour me laisser épouser Hector. Ils criaient à la mésalliance ! ils me présageaient toutes sortes de malheurs. Moi, qui avais toujours ma prophétie en tête, je n'ai rien écouté, et ils ont fini, comme toujours, par faire ce que je voulais. Maintenant ils en sont enchantés.

— Tu es donc vraiment très-heureuse ?

— Très-heureuse.

En ce moment on frappa à la porte.

— Entrez, dit Cécile.

Une bonne entra, tenant une enfant dans ses bras.

— Ah ! j'oubliais ma fille, s'écria madame Grandin en montrant à madame d'Ermenon une charmante enfant qui lui souriait et lui tendait ses petites mains. Vois comme elle est jolie.

Et en même temps Cécile présentait l'enfant à son amie, qui l'embrassait.

— Tu sais comment elle s'appelle?

— Non.

— Juliette, ma chère, comme toi.

— Est-ce par hasard ?

— Non pas. Je l'ai bien fait exprès, pour que ce nom lui portât bonheur.

— Pauvre enfant, puisse-t-elle ne pas être aussi malheureuse que moi !

— Tu vas me conter tous tes chagrins, j'espère?

— Ai-je des secrets pour toi? fit Juliette en tendant la main à madame Grandin.

— Eh bien ! Annette, allez promener la petite et ayez bien soin d'elle, dit Cécile à la bonne, qui sortit emportant l'enfant.

— Et d'abord pourquoi encore ce deuil, puisque voilà deux ans que ta mère est morte?

— C'est le deuil de mon mari.

— M. d'Ermenon !

— Est mort il y a six semaines.

— Et tu as tout de suite pensé à moi ! cela est bien à toi. Oh ! mon Dieu, et moi qui te parle de mon bonheur et qui ne vois pas que tu souffres ; pardonne-moi, ma bonne Juliette, pardonne-moi.

— C'est une consolation pour moi de te voir heureuse; car si tu souffrais aussi, je souffrirais deux fois.

Et Juliette essuya ses yeux, qu'elle avait essuyés bien

des fois depuis son mariage, car bien des fois elle avait pleuré.

— Mais le bonheur que j'ai est un bonheur qui te revenait de droit, répliqua Cécile ; pourquoi ne l'as-tu pas voulu ?

— Ce n'est pas à toi de me le reprocher.

— C'est juste. Voyons, conte-moi toutes tes douleurs.

— Tu sais comment ma mère mourut tout à coup, ma pauvre mère qui m'aimait tant ?

Et de nouvelles larmes couvrirent la voix de madame d'Ermenon.

— Après la mort de ma mère, continua Juliette, mon mari me persuada qu'il fallait quitter la France qui me rappelait ce douloureux souvenir, et voyager un peu pour me distraire. Tu sais combien j'aimais Henri ; je fis tout ce qu'il voulut. En outre il me conseilla de faire vendre Valgenceuse, me disant que cette maison de campagne, après ce qui s'y était passé, ne pourrait jamais être une distraction pour moi. J'étais épuisée par la douleur, je ne fis aucune résistance. Valgenceuse fut vendu. Nous partîmes pour l'Italie.

Il y avait une chose que je ne savais pas, c'est qu'en partant, Henri abandonnait à son oncle Gabriel une partie de l'argent qu'avait produit la vente. Tu ne peux pas soupçonner ce qu'était cet oncle, ma chère Cécile. Tu t'en douteras cependant quand tu sauras qu'il fut la cause de tous nos malheurs, auxquels heureusement ma pauvre mère n'a pas assisté, et qui l'eussent fait mourir dans le chagrin et le désespoir, tandis qu'elle est morte en croyant à un avenir heureux pour moi. Cet oncle avait mené une vie très-dissolue. D'abord, quand je me mariai et qu'il fût question de nos fortunes respectives, je m'aperçus qu'Henri était bien moins riche qu'on ne le croyait. A peine s'il lui restait six mille livres de rentes. Quant au baron, il ne possédait absolument rien. J'aimais trop M. d'Ermenon pour m'arrêter à de pareils détails. Le mariage se fit. Ma mère se réserva dix mille francs de rentes, nous en abandonna quinze et vint vivre avec nous. Quant aux six mille francs de revenu qu'avait encore Henri, il en fit don à son oncle, sur la promesse formelle que lui fit celui-ci qu'il se rangerait et se contenterait de cette rente.

Pendant un an, nous vécûmes assez heureux, heureux même, quoique de temps en temps Henri eût des inquiétudes qui lui venaient toujours de cet homme, et qu'il me cachait le plus possible, mais que je devinais. Tu sais que lorsqu'une femme aime, elle lit dans le cœur de son mari comme dans un livre ouvert. L'oncle Gabriel venait nous voir de temps en temps à Paris, mais il y avait des scènes entre lui et son neveu presque toutes les fois qu'il venait. Deux ou trois fois j'écoutai à la porte, et toujours le nom de la marquise de Drancy se trouvait mêlé aux réponses qu'Henri faisait à son oncle.

— La marquise de Drancy! dit Cécile avec étonnement.

— Oui, ma chère amie, la marquise était entretenue par le baron, et voilà ce que M. d'Ermenon reprochait éternellement à son oncle, car tu sais quelles dépenses folles elle faisait.

— Pauvre chère, comme tu devais souffrir de tous ces désordres !

— Mais cela n'était rien. Tu ne peux pas te douter quelle

honte me venait au cœur quand j'entendais les reproches que mon mari faisait au baron. Cet homme, à moitié abruti par sa vie passée et par cette dernière passion, car il était amoureux fou de cette femme, m'inspirait un dégoût que je ne puis dire. Ce vieillard, qui avait trois fois l'âge de son neveu, et qui était forcé de rougir devant un jeune homme, me faisait à la fois honte et pitié. J'aurais de la peine à te faire comprendre ce caractère avili. Plus le baron vieillissait, plus les derniers sentiments d'honneur et de loyauté s'éteignaient en lui. Il y avait des jours où Henri me disait :

— Cet homme fera quelque mauvaise action pour se procurer de l'argent, si je ne lui en donne pas.

— Donne-lui-en, mon ami, disais-je toujours. Il se corrigera peut-être.

— Jamais, répondait Henri, et il en avait pour toute une journée de tristesse et de douloureuses confidences.

Quelquefois je disais à mon mari :

— Fais interdire ton oncle comme fou ; cela ne te sera pas difficile.

— Je ne puis pas, me répondait-il. Entre nous, je peux lui faire tous les reproches possibles, mais je n'aurais jamais le courage de lui faire un affront public. C'est à lui que mon père m'a confié ; c'est lui qui m'a élevé, il m'aime dans le fond de son cœur, je le sais encore, mais il me rend bien malheureux.

Sur ces entrefaites, ma mère mourut, et je vendis Valgenceuse. Henri m'avait caché la véritable raison pour laquelle il quittait la France.

M. d'Ermenon, l'oncle, avait mangé les cent vingt mille

francs que mon mari lui avait abandonnés en m'épousant, et il se trouvait de nouveau sans ressources.

Henri fit un dernier sacrifice, lui plaça cinquante mille francs inaliénables, et pour ne plus être témoin de ses désordres sexagénaires, il partit se disant :

— J'ai fait ce que je devais faire, mon oncle deviendra ce qu'il pourra.

Tout cela joint à la mort de ma mère ne me rendait pas fort heureuse, comme tu penses. Je devenais triste, j'étais quelquefois malade, moi qui ne l'avais jamais été. Henri ne trouvait plus autant de plaisir à rester avec moi. Mon caractère se ressentait de ces catastrophes inattendues, et, s'il faut te l'avouer, la prédiction de Césarine me repassait souvent dans l'esprit. Pour éviter les fâcheuses nouvelles que nous pressentions, nous n'avions dit à personne où nous allions, pas même à toi, quand un jour Henri reçut une lettre et pâlit aux premiers mots qu'il en lut.

Je m'approchai de lui et lui demandai ce qu'il avait.

Il me tendit la lettre.

Elle était du baron, et voici ce qu'elle contenait :

« Mon cher neveu, quand tu recevras cette lettre, je serai
» mort. Je n'ai plus d'argent. La marquise, sans l'amour de
» laquelle je ne puis vivre, m'a chassé de chez elle. Je ne
» sais plus que devenir, et je ne te dis pas tout. Je t'écris la
» même lettre dans toutes les grandes villes d'Italie. Par-
» donne-moi tout le chagrin que je t'ai causé. Hélas ! je
» n'aurai eu qu'un bon moment dans toute ma vie, c'est ma
» mort.

» Ton oncle qui t'aimait bien,
» G. D'ERMENON. »

— As-tu lu ? me dit mon mari.

— Oui, lui dis-je, atterrée par cette nouvelle.

— Écoute, me dit-il tout bas, il faut que nous partions.

— Pourquoi?

— Parce que, me répondit M. d'Ermenon après avoir hésité quelque temps, et en baissant de plus en plus la voix, parce que mon oncle, si ce qu'il m'écrit est vrai, n'en sera pas arrivé là sans avoir fait auparavant quelque infamie.

— Oh! mon Dieu! m'écriai-je, partons bien vite.

Nous partîmes, nous arrivâmes à S.....

— Oui, j'ai su cela, fit Cécile.

— Qui te l'a dit?

— Ma mère me l'a écrit.

— Alors tu sais ce qui s'était passé?

— Parfaitement; je ne t'en parlais pas la première, parce que je craignais de te faire de la peine. M. d'Ermenon, ruiné pour la dixième fois, n'avait pu se résoudre à n'avoir plus d'argent et surtout à ne pas voir la marquise. Il avait fait des faux.

— Oui, murmura Juliette.

— Et sais-tu entre les mains de qui ces faux se trouvaient?

— Non; mon mari n'a jamais voulu me le dire.

— Entre les mains de mon beau-père. La signature était celle d'un commerçant connu. Les effets passèrent sans difficulté; quelques jours avant l'échéance, M. d'Ermenon vint se jeter aux pieds de M. Grandin et lui avoua tout. M. Grandin voulait donner suite à l'affaire, car il n'a jamais pardonné à ton mari de l'avoir emporté sur son fils; mais Hector fit payer à présentation, et l'on n'a jamais su ce qui

17*

s'était passé, car ni Hector, ni M. Grandin, sur la prière de son fils, n'en ont parlé. Ton mari est venu, Hector lui a tout conté ; toi, pendant ce temps, tu étais à Paris, est-ce bien cela ?

— Parfaitement.

— Ton mari a remboursé les lettres de change et est parti immédiatement.

— Oui, mais sans avoir pu résister à un mouvement de colère qui nous a perdus, car l'oncle mort, nous pouvions être heureux. Henri ne put se consoler du déshonneur qui avait failli tacher son nom et de la faute que le baron avait commise. Il alla trouver le marquis de Drancy et le souffleta, car cet homme qui spéculait sur l'adultère de sa femme était l'auteur de ce que nous avions eu à craindre et à souffrir.

Le marquis se laissa souffleter et ne dit rien, seulement il écrivit à son fils ce qui venait de se passer, en s'abstenant naturellement de lui donner les raisons de cette scène, et le fils, qui était officier en Afrique et brave, demanda un congé et voulut venger l'affront qu'avait reçu son père.

Un matin, il y a de cela deux mois, nous étions à Nice, car toutes ces émotions avaient si fort ébranlé ma santé, que l'air du midi m'était devenu nécessaire ; un matin donc, le comte de Drancy se présenta chez nous et vint demander raison à mon mari de l'insulte qu'avait reçue son père.

Ils se battirent, et l'on me rapporta mon mari avec une balle dans la poitrine.

Trois jours après ce duel, Henri mourut.

Je fis une maladie horrible; dès que je fus en convalescence, je partis et me voilà; je n'ai pas vingt ans et tu vois ce que j'ai déjà souffert. En admettant la progression, je ne sais pas ce que cela deviendra.

— Maintenant, dit Cécile en prenant les mains de son amie, tu ne nous quitteras plus.

— Tu es folle.

— Pas du tout, tu vivras avec nous, cela te distraira un peu, tu verras comme Hector est bon et comme il t'aimera; tu te consoleras. A notre âge on se contente de tout; tu es jeune, tu es belle, tu te remarieras.

— Jamais.

— Ne dis pas cela; que te reste-t-il de fortune?

— Cent cinquante mille francs au plus.

— Tu confieras cette somme à Hector, et dans six mois il t'aura doublé ton capital. Oh! M. Grandin fils est aussi intelligent que son père qui, du reste, a tellement l'habitude de faire des ventes, des mariages et des affaires de toutes sortes que depuis qu'il a vendu son étude, il en fait plus que jamais. A présent tu vas voir mon mari, ou plutôt notre mari, ajouta Cécile en riant, car si tu m'en avais cru, ce serait le tien.

— Hélas! j'aurais mieux fait.

— Maintenant, il est un peu tard; si j'avais su ce qui devait arriver, j'aurais attendu et je te l'aurais laissé.

— Tu es donc toujours aussi folle?

— Toujours, tu le vois bien.

Cécile sonna.

— Priez M. Grandin de venir me parler, dit-elle au valet de chambre.

Hector arriva quelques instants après, ne se doutant pas que Juliette fût là.

— Ma chère amie, fit Cécile, je te présente M. Hector Grandin, mon mari.

Juliette se leva, et le fils du notaire ne put retenir un cri en la reconnaissant.

— Et je t'annonce, continua madame Grandin en se retournant vers son mari, que Juliette, qui est veuve, va rester avec nous. Ah! maintenant qu'elle est veuve, voilà que tu regrettes de m'avoir épousée. Si tu étais libre, tu mettrais ta fortune, ton amour et ton nom à ses pieds. Console-toi, mon pauvre Hector, cela ne se peut plus.

Cécile interprétait d'une façon si charmante l'émotion toute naturelle que la vue de Juliette avait produite sur son mari, que celui-ci l'embrassa sur le front, en tendant sa main à la jeune veuve.

X

A partir de ce jour, madame d'Ermenon resta dans la maison de M. Grandin. Elle revit tous ceux qu'elle avait connus autrefois, le père et la mère de Cécile, le père d'Hector qui l'aima comme sa fille.

Ce que lui avait dit son amie se réalisa.

Hector doubla la petite fortune de Juliette; mais, malgré

lui, la présence continuelle de cette femme qu'il avait tant aimée et qu'il n'avait pas oubliée tout à fait, le jetait de temps en temps dans des tristesses soudaines, qui n'échappaient ni à Cécile, ni à M. Grandin père, ni à Juliette.

Celle-ci vint donc trouver son amie et lui fit part de sa résolution de quitter sa maison.

— Je comprends le noble sentiment qui te fait agir, lui répondit Cécile. Tu t'es aperçue de l'effet que tu produis encore sur mon mari, et tu as peur, en restant, de me faire de la peine. Je ne suis pas jalouse d'Hector. J'aime mieux le voir comme il est qu'indifférent, cela me prouve qu'il a du cœur. Reste encore avec nous, chère bonne, achève ta cure. Si tu t'en allais, peut-être te regretterait-il.

Les deux amies s'embrassèrent et Juliette resta encore.

De son côté, l'ex-notaire vint trouver son fils.

— Sois franc avec moi, lui dit-il, tu aimes toujours madame d'Ermenon.

— Non, mon père, je ne l'aime plus comme autrefois ; mais, depuis qu'elle est ici, je suis autre que je n'étais.

— Il faut remédier à cela, pour ton repos et pour celui de ta femme.

— Nous ne pouvons renvoyer madame d'Ermenon.

— Non, mais nous pouvons la marier.

— C'est vrai, balbutia le jeune homme qui ne s'attendait pas à ce moyen. Cela vaudrait même mieux. Vous avez raison, mon père ; mais qui épouserait-elle ?

— Jules d'Ivry.

— Il l'aime ?

— Oui.

— Et elle ?

— Elle ne l'aime pas encore, mais elle l'aimera. Il est jeune, riche, beau garçon.

— Oui, elle l'aimera sans aucun doute, murmura Hector, en passant la main sur son front, comme pour en chasser une pensée tenace, il continua :

— Qu'elle l'épouse, ils seront heureux.

— C'est ton avis?

— Oui.

— Alors je vais dire à Cécile d'en parler à Juliette.

— Allez, mon père.

Hector, après cette conversation, s'enferma dans sa chambre. Nous ne savons pas ce qu'il y fit, tout ce que nous pouvons dire, c'est que lorsqu'il en sortit, il avait les yeux rouges comme s'il avait pleuré.

Pendant ce temps, le père Grandin était venu dire à sa bru ce qu'il avait décidé, et il l'avait priée de questionner madame d'Ermenon à ce sujet.

— Je ferai ce que tu voudras, avait répondu Juliette.

— Eh bien! ne te marie pas encore.

— Pourquoi?

— Parce que cela ferait trop de peine à Hector.

— Que veux-tu dire?

— Je veux dire qu'il t'aime toujours, et que si tu quittais la maison dans ce moment, c'est moi qui en souffrirais. Je te demande encore six mois pour le guérir tout à fait.

Cécile, dans cette circonstance, n'a-t-elle pas agi en épouse de cœur et femme d'esprit?

Six mois se passèrent, et pendant ces six mois, elle entoura son mari de tant d'amour et de soins, que peu à peu Hector oublia ce qu'elle tenait à lui faire oublier.

De son côté, M. Jules d'Ivry avait fait sa cour à madame d'Ermenon, et celle-ci attendait presque avec impatience l'autorisation que son amie devait lui donner.

— Tu as mon consentement, lui dit un jour Cécile en lui tendant la main.

— Et M. Hector? fit Juliette, avec un sourire dont madame Grandin pouvait seule comprendre le sens.

— M. Hector consent comme moi.

Le mariage se fit, mais M. d'Ivry est presque toujours malade, tandis que Cécile et son mari sont toujours heureux, sans que rien paraisse devoir mettre obstacle à leur bonheur.

Si vous passez aux Champs-Élysées, un jour de fête, entrez dans la baraque au-dessus de laquelle vous verrez :

Animaux féroces domptés par mademoiselle Césarine.

Parlez à cette femme de Cécile et de Juliette, et elle vous racontera, si vous y tenez, l'histoire que vous venez de lire, à l'exception de ce qui regarde l'oncle Gabriel.

Cécile ayant retrouvé la baraque de la bohémienne à l'un des anniversaires des journées de juillet, n'a pu s'empêcher de lui dire à quel point sa prédiction s'est réalisée, et Césarine raconte ce fait à qui veut l'entendre.

Si vous avez confiance en elle, interrogez-la sur l'avenir de Juliette, et elle vous dira que son second mariage ne sera guère plus heureux que le premier, que Jules d'Ivry mourra jeune, qu'heureusement il lui laissera un enfant qui la consolera de tout ce qu'elle aura souffert; mais que si elle l'avait écoutée et qu'elle eût épousé Hector, elle eût été la femme la plus heureuse du monde, ce qu'est Cécile.

Quant à Bourdaloue, il raisonne toujours; mais ses forces diminuent, et il ne peut plus jongler qu'avec des poids de cinquante livres.

Maintenant, si la prédiction de Césarine ne s'est accomplie que par hasard, avouez que le hasard est curieux.

FIN.

Paris. — Imprimerie de Wittersheim, 8, rue Montmorency.

TABLE.

FIN DE LA TABLE.

COLLECTION MICHEL LÉVY.

Volumes parus et à paraître. — Format grand in-18, à 1 franc.